共和国重大历史事件回顾

NONGYEXUEDAZHAI

农业学大寨始末

宋连生◎著

九州出版社
JIUZHOUPRESS

图书在版编目（CIP）数据

农业学大寨始末/宋连生著．—北京：九州出版社，2011.7

ISBN 978-7-5108-0971-2

Ⅰ.①农…　Ⅱ.①宋…　Ⅲ.①农业学大寨—史料
Ⅳ.①D652

中国版本图书馆CIP数据核字（2011）第085681号

农业学大寨始末

作　者	宋连生　著
出版发行	九州出版社
出 版 人	徐尚定
地　址	北京市西城区阜外大街甲35号（100037）
发行电话	（010）68992190/2/3/5/6
网　址	www.jiuzhoupress.com
电子信箱	jiuzhou@jiuzhoupress.com
印　刷	北京通州佳明伟业印务有限公司
开　本	710毫米×1000毫米　16开
印　张	16.5
字　数	245千字
版　次	2011年7月第1版
印　次	2011年7月第1次印刷
书　号	ISBN 978-7-5108-0971-2
定　价	30.00元

目录

c o n t e n t s

第一章

穷山沟里出能人

1. 虎头山下大寨村

大寨是太行山深处的一个不大的村庄。

按照中国古典名著《列子》的说法，太行山原在今天河北省的南部，与它并排着的还有一座王屋山。相传很久以前在山北住着一位叫愚公的老人，见两座大山挡住了他家的出路，便率领他的儿子和孙子要把这两座大山背走。有个叫智叟的人看到他的这种行为，感到不可思议，就对他讲：这两座山太大了，你怎么能搬得走呢？愚公回答说：你这人怎么这么糊涂！你难道不知道，我死了以后有我的儿子，儿子死了又有孙子，子子孙孙是没有穷尽的，而山不会再增长，搬一点就会少一点，为什么搬不走呢？于是，愚公一家老小每天挖山不止。后来这件事感动了“上帝”，他派了两个神仙把两座大山给背走了。太行山这才被移到了今天河北、山西两省交界的地方。

《列子》一书讲述的很多故事属寓言性质。寓言主要用来说明道理，故事本身却不可以太当真。

我们要讲述的大寨村，就位于愚公当年曾试图迁移过的太行山的深处。而大寨人所做的事情，竟真的与愚公移山相似。

大寨位于山西省昔阳县城东南 5 公里的虎头山下，地处太行山腹地，平均海拔 1000 米，总面积 1.88 平方公里，全村现有居民约 160 户，500 多口人。

关于大寨村的形成，由于缺乏史料记载，只能根据传说推测。相传在北宋年间，宋军为抵御金兵，曾派兵把守距今天的大寨东北方约 5 公里的

▶ 本书作者赴大寨调查时与原大寨党支部委员宋立英合影。

虹桥关，大寨就是宋军的一个驻军营寨。据说当时守军建有两个营寨，大的叫大寨，小的叫小寨。这便是大寨村名的由来。据当地人讲，小寨村一直到 20 世纪 60 年代还存在，但住户已经很少，再后来就没有了。

山西自古战事多，因此叫“关”、“堡”、“寨”的地方也就多。在山西，有名的大寨就有两个，除了昔阳县的大寨，榆社县也有一个叫大寨的地方，一度也较有名。因为那里也出过一个有名的农业劳动模范，叫张志全。还在 1950 年，张志全就成了全国劳模，而陈永贵当时还少有人知。

昔阳县的大寨位于虎头山的一个坡面上，村中间是一条沟。在人民政权建立前夕，全村有约 800 亩耕地，64 户人家，190 多口人。这些耕地如果平均占有的话，每户约合 10 多亩。但实际情况却不是这样。按照大寨展览馆提供的数字，当时全村约 800 亩土地，有 60 %，也就是大约 480 亩为 1 户地主和 3 户富农所占有；另有 22%，即 170 多亩为 12 户中农所占有；而其余 48 户贫农、下中农一共才占有不到 150 亩耕地。太行山区的耕地十分贫瘠，生产条件又极为简陋，粮食产量很低。1 亩地 1 年能收获 140 斤粮食就算不错了。广大农民生活之艰难可想而知。大寨人说他们过去有三穷、五多。三穷是：人穷，地穷，村子穷；五多是：当长工打短工的多，负债欠账的多，讨吃要饭的多，卖儿卖女的多，寻死上吊的多。后来使大

寨闻名天下的陈永贵，他的母亲和姐姐就被卖掉，而他的父亲在万般无奈的境况下，就是上吊寻死的。由于人穷，大寨村的住宅也十分简陋。人们多在山沟的两边土坡上挖土窑居住。只有少数有钱的人家盖得起砖房或用石头垒起窑洞。

大寨穷也没有穷出名来，因为太行山深处的乡村普遍很穷，大寨并非特殊。

大寨村之所以名闻天下，是因为在新中国成立以后，村里出了个陈永贵。在他的领导下，大寨村民自力更生、战天斗地、艰苦创业，重新安排家乡的山河面貌，从而引起了世人的景仰。而在陈永贵之前，大寨几乎没有在历史上留下什么印记。民国年间编修《昔阳县志》，尽管大寨距县城只有5公里，但由于“无可道也”，县志竟连大寨的村名都不记载。

昔阳在1940年被日本人占领，成了沦陷区。不过在当时，凡有日本军队的地方，也有中国共产党领导的抗日武装。太行山区是中国共产党抗日武装斗争的重点区域，除了正规军，还有许多抗日游击队。当时在昔阳一带活动的就有一个共产党领导的独立营。共产党的军队在抗日斗争中发展壮大，也教育了广大生活在太行山区的老百姓。

1945年8月，日本军队无条件投降，昔阳县建立了共产党领导的人民政权，大寨的贫苦农民盼来了翻身解放的一天。在随之而来的土地改革中，大寨35户贫农和下中农分得了土地400多亩、房屋41间、窑洞32眼，还分得了一些牲畜和生产工具。第二年，大寨贫苦农民贾承福、贾承财、贾进财先后加入中国共产党，成为大寨村的第一批中共党员。开始，他们被编入邻村武家坪的党支部。1947年，便在大寨正式建立了党支部，贾进财为首任党支部书记。

2. 成立互助组

为了巩固土地改革的胜利成果，防止农村出现新的土地买卖和两极分化，中国共产党在进行过土改的地方，积极稳妥地引导农民逐步走上互助合作的道路。昔阳县解放早，属于老解放区，土改进行的早，合作化进行的也早。

还在1946年，共产党员贾进财就在大寨组织起了第一个互助组。这个互助组由15户农民组成，当时叫“变工组”。即在农闲时，各家干自己的活，到了农忙时节，便采用换工互助的方式，今天帮这家干活，明天帮另外一家，群众称这种办法是“工换工，不敢啃”。这个互助组后来被人称为是“临时互助组”。

在自然环境十分恶劣的大寨，互助合作显然比一家一户的单干有优势，再加上党和政府的大力提倡，互助合作发展很快。1947年，贾进财的“临时互助组”已经发展到了20户农家，另外，还出现了由陈永贵组织起来的由11户人家组织的第二个互助组。

陈永贵此时还不是中共党员，但已经成为贾进财下一步准备发展入党的对象。本来，贾进财这个互助组也是想争取让陈永贵参加的，因为陈永贵是大寨村数一数二的庄稼汉，凡是地里的活，哪一样他都拿得起，放得下。起初陈永贵也答应参加这个由村支书牵头组织的互助组。但后来情况发生了变化，陈永贵决定另起炉灶，自己牵头组织另一个互助组。

互助合作的基础是自愿，一方愿意参加，另外一些人也愿意与他合作便可以互助到一个组里。因此，各村开始成立的互助组，组里各家各户的

劳力、牲畜和其他生产条件大多比较接近。因为只有彼此相接近，各方面才都不会感到自己吃亏。但是在大寨却发生了这样一件事，一些缺乏“整劳力”的人家也想加入互助组，但组里有人不同意接收，因为如果让他们加入进来，别人就感到吃亏了。身为党支部书记的贾进财此时似乎也爱莫能助，他总不能违反自愿互助的原则强行吸收他们入组吧。这便给了陈永贵一个崭露头角的机会。

那些老的老、小的小不被互助组接收的人们找到了陈永贵。人们在困难的时候之所以会找他，说明他平时就具备济危助困的品格，说明大家信任他。陈永贵也确实没有令他们失望。他说：“咱们都是贫下中农，咱们的土地都是分果实得来的。如果这些土地种不好，打不下粮食，那就等于白白放弃了革命的果实。所以我打定主意，给咱们这伙老老少少的爷儿们牵头，种好这些土地。他们不收你们，我们就再成立一个组。”

◄ 全国著名劳动模范陈永贵

对于陈永贵的表态，大家在高兴感激之余，也多少有些不好意思，觉得这样太让他吃亏了。而陈永贵却说："不要说吃亏不吃亏。我那时候给人家放牛，连条裤子还挣不下，吃亏不吃亏？毛主席给了我地种，这就是最大的便宜！事情就这么定了。但是有一条，要跟着我干，就要齐心。只要齐心，不次于他们那个组！"

他说了就干，一共联合了 4 个老汉和 6 个娃娃成立了大寨村的第二个互助组。

陈永贵出身贫寒，小时没有读过书。但从他创办互助组及以后的所作所为来看，他懂得人的心理，懂得辩证法。他知道在这个除他以外全部是老汉和娃娃组成的互助组里，一定会十分团结，一定会充满了干劲。人的力量来自体质，也来自精神与意志，来自团结奋斗。当听到有人讥讽他这个组是老的老，小的小，老的上不了马，小的拉不开弓时，他一点都不在乎。他对组里的人们说："不怕，老的有经验，小的会长大。我们会超过他们。"这句话里，不仅有了辩证法，甚至还体现出一种关于未来的发展战略。

陈永贵率领他的小组，与贾进财的大组暗暗展开了竞赛。全组在患难之中，团结奋进，人人争先，谁都怕落在后面，谁都不愿意拖累大家。陈永贵当时已是村里的干部，是个忙人，夜夜有会开。他早上还没起床，老老少少们就已经下田了。

贾承联是这个组年龄最小的，那年才 14 岁。按照现在人们的看法，这正是一个读书上学的年龄。但在当时的大寨却没有那个条件。贾承联入互助组前，母子二人种着几亩土改分得的耕地，度日十分艰难。加入互助组后，他总怕自己干在别人后面，每天早早地就起来干活。他往地里送粪，跑六个来回天还不亮。锄草时，陈永贵在前面，他就紧紧地跟在后面学习。几十年后，当年的孩子已成老人，但回忆起那段经历仍激动不已："我在'老少组'是最小的一个，比梁便良还小几岁。父亲很早就去世，家里就我和母亲，可是还耕种着土改分下的几亩地。当我刚进'老少组'的时候，一直为自己这么小，却种着那么多地而感到理亏。可是老陈却说，你跟着我干就行了，且不说几亩，就是 20 亩也保证你荒不了。从那时

起，我就脚踏实地跟老陈干。他在前面锄地，我就紧紧地跟在后面。挑担子他担多少，我也担多少。我老怕老陈骂我不干，结果老陈不是骂我不干，而是骂我不听话。比如说，秋天往场里送谷子，老陈事先就把我们的担子安排好，谁担多少都由他来决定。可是我们把担子往肩上一搁，总觉得他装得太少，就偷偷地加上一两把谷子。这事一旦被他发现，他就要批评一场，不让我们这样干。他说不仅要强调大干，而且还要保护劳动力。像我们这些十几岁的娃娃，他生怕担得多把身体搞坏。那时候有他掌舵，干起来比一个成年人也不差上下。”

春天往地里送肥，陈永贵挑着150斤重的大担往坡上走，那一群小孩有的两个抬着，有的背着，一路跌跌撞撞，虽说辛苦，却也充满了欢乐。后来陈永贵又想了个办法，将力量差不多的人分满全程，一段一段地接。每个人每次少跑路，在接担时还可以互相说说话，将劳累的事情变个方式，加进欢娱的成分，便轻松了不少。

这两个互助组劳动竞赛的结果是双赢。两个组都提高了劳动效率，都表现出了组织起来的优势，都增加了粮食产量，都获得了上级的表彰，也都使自身获得了大发展。

当然如果细分析起来，陈永贵领导的互助组取得的成绩要更大一些。他们的粮食产量增加得多，由互助前的亩产100多斤，猛增到亩产200多斤，个别地里还甚至达到了500多斤。平均亩产也比贾进财的组多出了30斤。特别是他济贫济困，真正体现了中国共产党人要带领广大农民走共同富裕道路的宗旨。而且，经此一搏，陈永贵还带出了一支队伍，这个组里的许多人后来忠心耿耿地跟着陈永贵干，即使再苦再累也毫无怨言。

可是令人多少有些遗憾的是，十几年后，出于政治斗争的需要，人们把贾进财的互助组称之为“好汉组”，把陈永贵的互助组称之为“老少组”。这种称谓本身就褒贬分明，就与历史的本来面目有了很大的出入。而且人们还用阶级斗争的观点，把“好汉组”说成是代表富裕中农利益的，把“老少组”解释成代表贫下中农利益的，把两个组的劳动竞赛说成是两条路线的斗争。这显然是对历史非常不负责任的说法。

通过组织互助组，陈永贵逐步显示出了他的高尚品德和杰出组织才能。他是组里唯一的壮劳力，可是在评分时，他才比一般劳力高一两分。大家都说他评的太低，他却说：“行了，这也是数我分高。”像梁便良、贾承联这些娃娃们，他也要给到8分。娃娃们说，我们的分太高了，他却说，评分就是叫你们好好干嘛！

互助组之间的劳动竞赛，形成了热烈的劳动场面。区里的干部在综合了各地的情况后，总结出几句“顺口溜”式的话，叫做：大寨好生产，武家好意见，留庄好寺院，金石坡好剧团。留庄和金石坡都是村名，武家就是大寨的邻村武家坪。在所有这些“好”中，只有大寨的“好”是真正的好，由此也可以看出，大寨已经在区领导干部中间留下了很好的名声。

1949年，大寨在临时互助组的基础上发展成为常年互助组。贾进财的互助组与陈永贵的互助组也合并在了一起，其规模比后来上级要求的初级农业生产合作社还要大。在农业互助合作的道路上，大寨确实取得了突出的成绩。1950年11月，昔阳县人民政府授予大寨互助组一面锦旗，上面写着“组织起来，发展生产”八个大字。这是大寨所获得的第一面锦旗。

3. 迈出第一步

1947年冬，大寨所在的昔阳一区为了发展壮大党的组织，准备吸收一批新党员，陈永贵是发展对象之一。陈永贵平时就积极靠近党组织，又响应党的号召带头参加互助合作，并作出了突出成绩。加上大寨村党支部成立不久，党员人数少，亟须加快发展。而且村支书贾进财对他的表现也十

分满意。当陈永贵又一次向贾进财表示了入党的愿望后，贾进财满口答应。按说，有了这些条件，陈永贵入党应当不会有什么障碍。

但也就是在这个时候，上级下达了新的指示：发展新党员要从严掌握。过去入党只要党支部决定吸收，报到区委就可以了。但这个新的指示要求，凡吸收新党员要有正式党员二人介绍，支部大会通过，报区党委批准，还要由区党委书记亲自签字才算生效。之所以会有这些新的规定，主要是由于中国共产党在广大解放区已经处于执政党的地位，要求入党的人越来越多，许多地方的党组织已经出现了组织不纯的问题，个别地方甚至出现了坏人混进党的队伍的现象。因此，当时共产党在解放区普遍开展了整党运动。运动过后，为了纯洁党的组织，便对入党作出了更严格的规定。

严格入党手续，不仅表现在要有二名正式党员介绍，区党委批准，区委书记签字等具体程序上，还表现在对入党申请人建立了一种比以往更加严格的审查制度。

就是在这个审查过程中，陈永贵险些栽了跟头。

当陈永贵的入党问题被提到区委审批时，区委有人提出了陈永贵的历史问题，说他在抗日战争时期曾经当过“伪代表”。

人们的反映确有其事，陈永贵确实曾经在日伪时期当过“伪代表”。不过那是在一种特殊情况下的特殊使命。

日伪时期，在各地乡村都要有代表为他们办事。日本人进村先找这些代表，有事也找他们办。这是个既危险又没有脸面的事，村里没有人愿意干。特别是在太行山区，白天是日本人的天下，夜晚就是八路军的天下；日本的大部队来了是日本人的天下，大部队刚走，游击队进来，就成了共产党的天下。在这种情况下当“伪代表”更是个弄不好要掉脑袋的差事。

在中国的乡村里，宗族是一种很强大的势力。一个村里的多数人家姓一个姓，就是大姓；只有一两户的姓是小姓。大姓有势力，小姓就要依附于大姓，听命于大姓。在大寨贾姓是大姓，陈永贵是从本县石山村流浪来的。于是，贾姓人家便把他推举出去当这个为日本人办事的代表。陈永贵虽然势单力薄，但为日本卖命的事却坚决不干。正在这时，八路军独立营一位姓曹的人找到了他，要他表面上为日本人干，暗地里为自己人干，说这样还有可能探出一些对八路军有用的情报，为自己人提供点情况。于是，陈永贵就答应下来了。

1945年8月昔阳解放时，陈永贵被村里抓起来审查，还开大会斗争了他，说他是“伪代表”，为日本人卖命。陈永贵争辩说自己是受共产党派遣去干的，是独立营姓曹的让他去的。但此时，那位姓曹的人已不知了去向，他的话也就没有人相信了。好在他在当“伪代表”的日子里，没有干什么对不起乡亲们的事，而且还曾被日本人关押过，靠了村里的担保才被放了出来。有了这些因素，他没有被镇压，否则的话，也就没有大寨后来那段风云历史了。

当陈永贵的入党材料报到区委时，区委书记是24岁的张怀英。这又是本书的一个重要人物，他的决策和行为对于陈永贵以及大寨村影响重大。如果放在别人手里，陈永贵的入党可能就“泡汤”了，但张怀英当时是个办事很负责任的人，他知道自己下笔之处将关系到一个要求进步的青年人一生的政治生命。于是便决定把陈永贵的这个历史问题弄清楚。

但在那个特殊的历史岁月里，要想弄清这样的历史问题也实在不容易。在战争年代，敌后工作都是单线联系，工作人员行踪不定。今天在这里，明天就可能到了另外一个地方；在这里的时候姓曹，到了另一个地方就可能姓刘了。时间过了这么多年，世事变化翻来覆去，要想再找到当年那位姓曹的人可谓大海捞针。但张怀英还是找到了一些间接证明材料。他在当年独立营常驻的后龙铺垴村找到了村支书李先模，李先模证实陈永贵确实曾经与独立营一位姓曹的人有联系。至于姓曹的现在何处，他也说不清楚。张怀英又到了陈永贵的家乡石山村，看了陈永贵一家人原来住过的破窑洞，他不相信住在这样破烂地方的人还能给日本人卖命。是当年提倡的阶级感情帮助张怀英明辨了是非，终于，他在陈永贵的入党申请书上签了“同意”二字。

当着贾进才通知陈永贵，区委已经批准了他的入党申请时，他心中的激动是我们今天难以用文字来形容的。在以后的几十年里，他曾干出了惊天动地的伟大成就，当然也曾出现过严重的失误。但无论怎样，他从未动摇过对于共产主义的信念。

加入中国共产党是陈永贵政治道路上的关键一步。张怀英多少冒着些风险批准了陈永贵的入党申请，对于他的这个决定，用“英明”二字来形容也毫不过分。

4. 贾进财“让贤”

1964 年 12 月 26 日是毛泽东 71 岁的生日。毛泽东平时不喜欢操办庆祝生日，但这次有些异乎寻常。因为当时第三届全国人民代表大会第一次会议正在北京举行，各行各业的劳动模范作为大会代表都来到了北京。毛泽东借生日之机，用自己的稿费设宴，将几名在全国最为著名的劳模请到了人民大会堂的小宴会厅。那天毛泽东在与陈永贵交谈时就说：“贾进财举能让贤，才使你露出峥嵘，这种事历史上也有过，但确实少。”

十几年以后，1977 年 9 月 12 日，叶剑英刚刚过完他的 80 大寿就来大寨视察。当他走进贾进财的家，当时贾进财正在地里劳动，家里只有宋立英一个人。叶剑英突然冒出一句：“让贤。”随行的汪东兴、郭凤莲没有听清他的话，女儿叶向贞则以为他记错人了，就说他“乱点鸳鸯谱”。随行的昔阳县委副书记李喜慎则解释说：“贾进财和宋立英是两口子。”但叶剑英又用更清楚的语言说了一句：“让贤。”这次人们都听清楚了，大家随之附和道：“对，对，让贤。”

毛泽东和叶剑英所说的都是贾进财在 50 年代初期，坚持推荐陈永贵代替自己担任大寨村党支部书记的事情。

贾进财是大寨村的党支部书记，又是陈永贵的入党介绍人。但通过组织互助组及随后两个组展开的劳动竞赛，贾进财意识到，陈永贵比自己更

► 贾进财给孩子们讲大寨奋斗史

具备组织领导才能，由他来担任大寨村党支部书记，对大寨的发展更有利。于是，他便打定主意推荐陈永贵代替自己担任大寨村党支部书记。

陈永贵入党后，工作更积极，干劲也更大了。入党不久就被推荐担任党支部的副书记。贾进财的想法是进一步让他担任支书，自己担任副支书。在一次支部会议后，贾进财将陈永贵留在自己家里。他对陈永贵说："我有一个想法，不知道你同意不同意。我想把村党支部书记的职务让给你……"

陈永贵有些不理解他的意思，说："你干得就挺好嘛！"他甚至还问："你是不是觉得开会点了你的煤油，上级的同志来村下乡吃了你的派饭，你怕吃亏？"他进一步说："那好，开会点灯，煤油钱我出。"

贾进财只好再给他解释："你比我有能耐，你当书记我放心。我是想把咱俩人的职务换一下。你当书记，我当副书记。我从不反口，也对你没有二心。你给我提意见我没二话。我只是跟着你好好干就行。开会的时候，你主持会议，如果同时开两个会，你主持一个，我再主持另一个。"他还说到了开会点灯用油的问题："点灯的煤油咱轮着出，我一心想着是如何出一个能人把大寨的事情办好！"

当天晚上，贾进财又把自己的心事与妻子宋立英讲了。他的妻子小他20多岁，也是村里的党员。妻子支持了他的想法。

第二天，贾进财又到县城找到区委书记张怀英。张怀英对这件事比较慎重，第一次没有同意。第二次贾进财又来找他时，他仍没有明确表态。但说话时已有了松动，表示要与组织科长商量商量。

当时区委的组织科长叫张永顺。既然区委书记态度都松动了，张永顺自然不会坚决反对。于是，贾进财终于争得了区领导的同意。他回到村里再找陈永贵时，已是成竹在胸。他对陈永贵说："事情办成了。张书记开始不同意，后来叫我找张永顺商量一下，老张叫商量着办，我看就这样吧！"

到了这一步，陈永贵自然也不好推辞。再说，从他的性格来看，他也是个乐意承担责任的人。他所担心的只是贾进财不能就这样搁下担子，什么事情都不管了。而贾进财也安慰他："我那天黑夜怎么说的？我对你没有什么二心，你走着看！"

在贾进财的提议下，大寨村党支部大会重新进行了选举，选举的结果是陈永贵担任村党支部书记，贾进财担任副支书。两个人果真换了个位置。

几天以后，贾进财再次进城见到张怀英。张怀英还在考虑着大寨村党支部的事情。当贾进财告诉他，陈永贵已经当选为大寨村党支书时，他虽事先听贾进财说过两次，但仍吃了一惊："换了？"

贾进财说："换了。我管保没有二心！"

这就是大寨村有名的贾进财让贤的故事。后来人们说，用"让贤"这种说法来表述贾进财推荐陈永贵代替自己当村支书并不贴切，因为说到"贤"的话，贾进财堪称大寨第一贤人，他推荐陈永贵当支书，自己甘当配角，更表明了他的贤者风尚。他是大寨的伯乐，是他发现并培养了陈永贵这个大寨的"千里马"。他介绍陈永贵入党，并推荐、支持他担任支部书记，为大寨村日后的大发展建立了第一功勋！

陈永贵刚当上村党支部书记没多长时间，就成为山西省劳动模范。在山西省政府的统一组织下，他曾随山西劳模代表团到天津市郊区农村参观学习办社经验。这是他第一次走出太行山，见到了华北平原。有人说，这对于他日后大搞“人造小平原”产生了重要的影响。

5. 办农业合作社

昔阳县是老解放区，到1951年，中共党内领导层对老解放区的农村政策发生了一场重要争论。这年4月，中共山西省委向中共中央和华北局写了一份《把老区的互助组织提高一步》的报告，提出一些新的看法。报告说：“随着农村经济的恢复与发展，农民自发力量是发展了的。它不是向着我们所要求的现代化和集体化的方向发展，而是向着富农的方向发展。”“如搞不好，会有两个结果：一个是使互助组涣散解体，一个是使互助组变成富农的‘庄园’。”报告主张“对于私有基础，不应该是巩固的方针，而应当是逐步地动摇它、削弱它，直到否定它”。

华北局不同意山西省委的意见。为了慎重起见，华北局负责人薄一波、刘澜涛先后去请示刘少奇。刘少奇明确表示不同意山西省委的意见。刘少奇认为，土地改革后农村小生产者的自发力量是不可避免、不能阻止的，也是不可怕的。它具有两重性：一方面使农业生产提高，农村生产发展，另一方面使农村重新发生阶级分化，少数人变成富农，一部分农民重新破产变成贫雇农。刘少奇这样设想土地改革后中国农村的发展方向：土改后，一方面是广大的自发势力、富农经济的发展，另一方面是工会、党的政治教育和集体主义教育的发展。两种潮流同时发展，其中有斗争，最后要依靠国家领导，只要共产党人的脑筋不糊涂，就能保证社会主义的胜利，而不是自发势力的胜利。

毛泽东知道刘少奇对中共山西省委的批语和谈话后，把刘少奇、薄一波、刘澜涛找去，明确表示他支持山西省委的意见，而不支持刘少奇等人的意见。随后，毛泽东要陈伯达起草了《中共中央关于农业生产互助合作的决议（草案）》，并在1951年9月召开的中央第一次农业互助合作会议上通过。12月15日，毛泽东把这个决议草案批转全党，要求各级党委“把农业互助合作当做一件大事去做”。互助合作运动由此在全国农村逐渐大步开展起来。

1952年，中共昔阳县委按照山西省委的意图，开始在白羊峪、赵壁等村试办初级农业生产合作社。这一年年底，昔阳县委决定，在全县原有5个初级社的基础上，1953年要发展到34个。为了办好初级社，已经升任昔阳县委书记的张怀英派出县里的三个劳动模范，即畜牧业模范刀把口村党支部书记张老太、林业模范白羊峪村党支部书记王殿俊和农业模范、已经成为大寨村党支部书记的陈永贵到晋中地区参加培训，学习有关试办初级社的办法。陈永贵等人本来就有走合作化的积极性，再加上领导提倡，又学习了先进经验，便越发热情高涨。回村后陈永贵逢人便讲集体化道路的好处，讲合作社的优势。随后，他就向县领导提出了办社申请。县委随即就批准了他的申请，于是大寨便成立了初级农业生产合作社，由陈永贵任社长。

当时合作社尚属试验阶段，县里对此事比较慎重。上级有一项原则规定：每个合作社在初办的时候不得超过30户。但大寨的常年互助组已达49户的规模，大家的积极性都很高，都要求加入农业社，在这个局面下，人们看出了陈永贵的能力。他搞了个变通办法，向上报的时候初级社为30户，对有些农户暂时不上名册，但实际上凡愿意参加合作社的随时都可以参加。用他的话说，这个办法是既考虑到上级的精神，又要照顾到具体情况。像这样的事情，如果是贾进财当家的话，可能就办不成。

大寨的初级农业生产合作社办起来了。合作社采用劳动日分配和土地股分红相结合的方法，规定：劳动日分配占55%，土地入股分红占40%，公积金、公益金占5%。因此这种合作社通常被称做是“半社会主义性质”的。

为了充分调动社员的劳动积极性，在劳动管理上，大寨初级社由原来的“死分活评”改为“包工与评工相结合”。即对于责任明确的农活，确定出劳力、时间、报酬和完成任务的数量与质量，然后包给社员，到期后经过验收，给社员记工。对于那些一时看不透，不好包和不能包的农活进行评工记分。与此同时，在社里还开展了各种形式的劳动竞赛，进一步调动社员的生产积极性。

按照陈永贵的提议，为了加强党支部对没有入社农户的领导，由贾进财负责他们的工作，这就意味着贾进财将要留在社外。陈永贵征求贾进财的意见。本来，贾进财也是打算入社的，但此时他信守了“让贤”时的诺言，对陈永贵说：“只要支部交给我的任务，我办就是了。”于是，社外的3个互助组、4个单干户的工作就由贾进财负责了。

由于走组织起来的道路，激发了社员群众的劳动热情，大寨村的生产搞得热火朝天，粮食产量全村平均达到亩产250斤，其中农业社亩产262斤。集体化的优势明显。到1955年，大寨除一户地主被留在社外，73户农家全部加入了农业生产合作社。大寨在集体化的道路上又一次走在前列。

大寨村的成绩和陈永贵的才干在这个时候不仅受到县委的表扬，也开始引起晋中地委领导的重视。1953年，在晋中召开的一次号召成立初级社的学习会上，陈永贵作了典型发言，时任中共晋中地委书记的姚宗泰听后大为高兴，他对昔阳县委书记张怀英说：“你们县大寨村的陈永贵发言质量高，讲得好，有水平!”

1954年，王成旺接替姚宗泰任晋中地委书记。1956年5月，他来昔阳县视察工作，在大寨住了一夜。看到大寨各方面的工作搞得有声有色，他高兴地对陪他前来的张怀英说：“大寨各项工作做得不错．陈永贵有能力。宋立英同志不错，要好好培养这样的妇女干部。”

6. 响应统购统销

就在大寨取得丰收的那一年，国家实行了粮食的统购统销政策。如何既要圆满完成国家的统购统销任务，又要安排好村民的生活，是对刚担任村党支部书记和农业社主任的陈永贵的一次考验。

1953 年大寨农业获得了丰收，特别是农业生产合作社丰收更为明显，陈永贵也就名声在外了。但大寨村里还有人对他不服气。初级社刚成立的那年冬天，粮食已经收下来了，一个在社外的单干户不知出于什么心理，在村里说起了风凉话。他说：“不要再吹农业社的优越性啦！亩产 250 斤也值得大惊小怪？我这个单干户，一亩地还打了 300 多斤哩！”

在今天我们听起来，一个人对新成立的农业社有成见说几句风凉话也算不上什么大事情，但陈永贵却不这样认为。他知道那个人的地里不可能打下那么多的粮食，他认为那个人说这番话的本意就是向初级社挑战，不承认合作社的优越性。但是，那人毕竟没有直接攻击合作化，陈永贵也不便正面追究他的什么责任。但这难不倒陈永贵。

陈永贵马上召集了全村会议。他先在大会上宣布国家今年将实行粮食统购统销的政策，这是一项新的政策，它禁止粮食在自由市场上销售，要求农民要把口粮之外的余粮全部卖给国家。在当时的特定历史情况下，国家把粮食的价格定得比较低，以此来增加国家积累，增强工业化的实力。陈永贵当时不可能对统购统销政策的意义了解得这样清楚，但国家要求农民卖余粮这个关键环节他把握住了。他说：“今年，农业社、互助组、单干户都丰收了，这很好！党支部相信国家第一次分给咱村的征购任务一定能超额完成。现在就按各家自报的产量，把余粮卖给国家吧！”

那位说风凉话的人，到现在才发现自己“撞到枪口”上了。他本来没有产那么多粮食，实际上他的亩产只有200斤多一点，如果按亩产300斤卖余粮，就意味着连口粮也不够。这可是涉及到全家人能否吃饱肚子的大问题，于是也就顾不得脸面了。陈永贵后来多次讲到过这件事，说那个人这时的行为就像电影镜头一样，一会儿蹲在脚角，一会儿又左右开弓，打开了自己的嘴巴。一边打还一边作践自己，说自己的嘴“是坏嘴，是屁嘴”。说这张屁嘴“不值钱，净是胡说”。他一再说明实际情况：“我每亩地的产量，连秸秆过了也打不够300斤。”

村里的人爱看热闹，这时都跟着说：“产量是你自己报的，不能有假。就按你说的数字算统购粮吧！”

在关系到是否饿肚子的问题面前，那人只好四处讨饶。他“交待”说：“我自己不入社，还反对别人入社。我是怕入了社吃亏，才这么捣乱。”

陈永贵当然不是真想让那人按亩产300斤的数量卖余粮，他要做的其实就是要扫除发展农业合作社的障碍，完成好国家的统购统销任务。他见“电影镜头”表演得也差不多了，便说道：“共产党从来讲实事求是，反对说谎话。你究竟打多少粮食，一看你的庄稼还不知道？你想把产量降下来，就得挨门挨户向群众认错，由群众讨论处理。”

一场风波算是过去了，但实行统购统销才刚刚开始。

新中国成立初期，中国共产党在财经战线上曾经领导了三大战役：第一个战役是稳定物价，第三个战役是对资本主义工商业的社会主义改造，第二个战役就是我们现在要介绍的对粮食等主要农产品的统购统销。

中国是一个人口众多、耕地相对不足的国家。粮食问题是历代政府都面临的一个非常棘手的问题。新中国成立伊始，粮食产需矛盾、供求矛盾就十分尖锐。新中国成立初期的几次剧烈的物价波动都与粮食问题有着密切的关系。经过土地改革和几年的经济恢复，这一矛盾得到了一定的缓解，但并未从根本上解决问题，1953年大规模的经济建设开始以后，这一矛盾即迅速激化。这一年城镇人口比1952年增加了600多万，农村吃商品粮的人口

也增加到1亿人。农民的土地里虽然增产不少，但随着农民生活水平的提高，不少粮食都由农民自己消费掉了。由于供需矛盾的突出，加上粮食自由买卖及投机商的扰乱市场行为，使国家粮食收购计划不能完成，粮食牌价与市价脱节。当时山西省的粮食市价就高于牌价10%—20%。

为了解决粮食紧张的问题，1953年10月2日中共中央政治局召开扩大会议专门研究粮食问题，陈云提出实行粮食征购和配给的办法，也就是后来说的粮食统购统销，即实行农村征购，城镇配给，严格管制市场和集中统一管理粮食的办法。10月16日中共中央作出了《关于实行粮食的计划收购和计划供应的决议》，中央人民政府政务院也于11月23日发布了《关于实行粮食的计划收购和计划供应的命令》。

粮食统购统销政策的实施，关系着5亿农民和8000万城镇居民的吃饭问题，事关重大。为此，中共中央强调必须"全党动手，全力以赴"。接到中央的决议和政务院的命令后，全国各地在1953年11月底和12月初即开始在农村贯彻粮食统购统销政策。仅山西省投入这一工作的力量，就有130万人。

统购统销是国家制定的政策，多向国家卖余粮是各级领导反复提倡的事情。凡是国家的政策，陈永贵都要模范地执行，凡是领导提倡的事情，陈永贵都要带头照办。对于这方面的问题，在大寨村的几次党支部会议上，陈永贵总是经常讲。那时老区的共产党员思想觉悟普遍比较高，只要是上级号召办的事情，即使一时思想上想不通，也会去照着执行。陈永贵自己更是发挥了带头作用。他这年一下子卖了5000多斤"余粮"，贾进财和其他党员也都学着他的样子，卖了太多的"余粮"，以至于连口粮都没有留足。在党员的带动下，大寨当年向国家卖出了40000多斤粮食。

统购统销的任务总算完成了，但来年开春大寨村民却面临着缺粮难题，陈永贵卖的粮食比谁都多，劳动强度又最大，生活的困难可想而知。可以说，这是前一年卖过头粮的必然结果。

当然，由于第一年大家都没有经验，卖了过头粮的不仅只大寨一个村，别的村也有这种情况。为了解决群众生活中的实际困难，县委在第二年曾三次下放"返销粮"，也就是政府按照牌价向农民"返销"一部分粮食。但大寨村没有去要返销粮。此时大寨已经成为县里的一个先进典型，为了保护这个典型，县委书记张怀英徒步5公里来到大寨，找到陈永贵了解情况。

陈永贵在与张怀英的谈话中，虽然承认自己由于没有经验而使村里卖了过头粮，村民生活有些困难，但是坚持不向国家伸手。他说：“大寨群众的吃粮倒是紧一点，但差不多都还能吃得下来。倒是我的粮食成了问题，又三天两头有下乡的同志。可是瓜豆也快下来了，没粮有菜还能饿着人？你那粮食还是先考虑其他地方吧！”

这是陈永贵第一次在困难面前谢绝了上级的支援，以后他曾多次这样做。这也成为大寨自力更生精神的一种生动体现。

第一章

向穷山恶水宣战

1. 重新安排河山

大寨是个农村，大寨的辉煌离不开土地。

大寨的自然条件原本很差，全村的耕地都挂在虎头山一侧的七沟、八梁一面坡上。新中国成立时，全村约800亩耕地，零零散散地分布成4700多块，每块的面积小得可怜。这些坡梁地缺边少堰，“三天无雨苗发黄，下点急雨地冲光”。由于耕地面积小，又缺肥缺水，自然就十分贫瘠，产粮很少。

为了改变自然面貌，初级社刚成立，陈永贵就在酝酿着大寨的《十年造地规划》，要将七沟八梁变成田地。陈永贵也有他的道理：山区有山区的好处，沟多坡多潜力大，深沟筑坝能淤成“刮金板”，山坡里切外垫是好梯田。没有长流水，蓄住洪水也能种好田。没有机器，就靠人、靠扁担。他的具体设想是，将沟垒起一层层石坝再填上土，使耕地小块变大块，斜坡变平地。

为了动员大家共同奋斗，识字不多的陈永贵还根据一篇文章给人们讲述过愚公移山的故事。他用自己的话表述着文章中的意思：“三年不行五年，五年不行十年，我们这一辈子不行，还有我们的子孙。”

庄稼人都没什么好饭食吃，但吃饭时的乐趣却不小。每个成年男人到了吃饭的时候，就端上一个大碗在村子的场地里边吃边聊，人们都把这种场合叫做“饭场会”。在最近的饭场会上，他们议论最多的就是修地、造地的事。大家又想起了贾举元和贾升元修地的事。这兄弟俩旧社会在赵北峪有3亩地，两人就在这3亩地周围的荒坡上，整年整月地开荒、修梯田。

修地，累弯了腰，累圈了腿；修地，把贾升元的胳膊也砸断了。到底修下了十亩好地。可是，贾举元和贾升元修下地，却没有种的本钱，不得不向富人家借钱，结果，他们一滴血一滴汗修的十亩地，最后又都成了有钱人的家产。人们都说，如今地主打倒了，又办了农业社，60 户人家合成一家，难道这么大的集体，就治不了大寨这点山？

有人问：山大沟深，满村不过才 50 来个劳力，哪年哪月才能把地修好？陈永贵又用他所学到的愚公移山的故事回答说：“山再大，沟再深，治了一山少一山，治了一沟少一沟。”

一次又一次的争论，争了又争，党员思想统一了，干部的思想统一了，村民的思想也统一了。于是，改造大寨山川的第一场战斗在 1953 年的冬天开始了。

第一个改造的对象是白驼沟。那是一个斜挂着的山槽，长 750 米，宽约 10 米，是大寨村的七条大沟中最小的一条沟。虽然说它小，但改造起来也不容易。他们数了数，为改造白驼沟并把这条槽砌成梯田，共需筑 24 道堤坝，其工作量不算不大。

改造白驼沟的行动在冬天开始，这也是大寨人“修地”工程的特点，他们从来都是利用冬季农闲时节改造山梁。在合作化以前，依靠个人的力量造地、修地是根本不可能的，于是人们冬季就只能闲着，依靠少运动，多睡觉，少吃饭来减少粮食的消耗。只有在走上集体化道路的情况下，集

▶ 陈永贵主持召开“饭场会”

中大家的力量，才能向恶劣的自然环境宣战。

太行山区的冬季，寒风刺骨，滴水成冰。但走上集体化道路的大寨人，劳动热情空前高涨，对冰天雪地毫无畏惧之情。50多个劳力全部上阵，就连70多岁的贾金元也乐呵呵地到了劳动工地。人们见他年纪大了，劝他回去，他却说：“我喜欢修地，可一辈子也没能修一亩地。现在这么好的机会，就是没有工分，我也高兴。”

虎头山大雪纷飞，劳动工地上却热火朝天，人人干得浑身淌汗。每天天刚亮他们就出了村，星星眨眼才收工。他们吃在地里，憩在地里。陈永贵领着四个壮劳力垒坝打先锋，二三百斤的大石头，两人一努劲就垒上去了。石头把他们两只冻得麻木的手碰破了，血一点一点滴在石板上，陈永贵却像没有那么回事，连火都不烤一烤。

在冰天雪地里筑坝造地，饭都要由村里的妇女们做好后送到沟里。天冷路远，刚出锅的热饭，挑到工地上，饭的上面便冻上一层冰，这就是大寨人常说的“冰碴饭”。梁便良后来回忆说：“冰碴饭不是大寨人实在想吃，因为这也和打仗一样，形势逼着我们非吃不可。”陈永贵也说到过冰碴饭：“谁不想吃好的？如果把冰碴饭和热面条同时端上来，谁也是先端起热面条吃。可是，在冰天雪地里，哪里来的热饭吃？”

困难没有压倒大寨人，相反，是大寨人战胜了困难。人们一直干到腊月二十九才收工，刚过完年，正月初三，他们就又上了工地。

冲天的劳动热情使工程进度大大提前，原计划用一个月时间完成的工程，结果只用了18天就干完了。完工后经过丈量，他们新造了5亩耕地。这个数字与后来的造地数字相比还是很小的，但它毕竟是大寨人破天荒地第一次通过自己的力量，在与大自然的搏斗中取得了胜利，对于坚定村民改天换地的信心意义重大。为了纪念合作社依靠集体的力量所取得的这个胜利，人们将白驼沟改名为合作沟。

大寨村民治理白驼沟的行动，引起了中共昔阳县委的重视。这年年底，昔阳县推举陈永贵出席了晋中地区劳模大会，陈永贵还在会上作了典型发言。这是陈永贵第一次在大型会议上发言，他讲得客观实在，还有一定的逻辑性。晋中地委书记岳太忠在总结讲话时说：“大寨的陈永贵就很有头脑，是个很好的人才。希望其他合作社也像大寨那样，不仅要搞好当年的生产，而且也要大搞农田基本建设。这样，集体经济才能逐步壮大，社会主义的优越性才能逐步发挥出来!”

也就是在治理白驼沟的先后，《十年造地规划》在陈永贵的头脑里渐渐成型。其基本内容是：条条荒沟变良田，块块坡地变梯田，跑土、跑水、跑肥的“三跑田”变成保土、保水、保肥的“三保田”，使大寨的土地旱涝保收。

《十年造地规划》的具体做法是：沟里分段打坝，坡梁地打桩筑埂，对于土层薄的地块担土垫地，对于坡度大的地块起高垫低。在具体实施中可以先易后难，先小后大，全面规划，集中治理。在时间安排上，一般是每年秋收以后集中劳力治沟，春节到春耕前集中劳力平整土地，夏秋两季抽空打埂，并维护现有土地。

陈永贵把这个规划先拿到支委会，又拿到支部会讨论，征得支部大会同意后便在社员大会上宣布。此时的陈永贵已经是个见过世面的人了，他是个天生的鼓动家。他对乡亲们说：“十年规划是长远之计，一个时期有一个时期的目标。比如眼下我们要大战狼窝掌。尽管山沟深，可山是死的，人是活的。垒了一条坝是一条坝，垫了一堰地是一堰地，为什么干不成呢?”这简直就是一个现代版的《愚公移山》了。他又说：“工程倒是大一些，但工程越大，越要及早动手。只有干才能变。不敢动手，消极等待，再过几辈子，大寨还是老样子。所以，不要有任何幻想，要有长期战斗的准备。三年不行，五年；五年不行，十年；十年不行，二十年；这一辈子不行，还有儿孙后代嘛！只要像老愚公那样，挖山不止，总有一天大寨会变样的!”

村民被说服了，一场更大规模的造地行动紧接着就展开了。

闸住了白驼沟，大寨人又乘胜前进，1954 年冬到 1955 年春，把后底沟闸住了，赶牛道沟闸住了，念草沟闸住了，小北峪沟也闸住了。

但是，哪一棵树不经过风吹雨打？哪一条船不经过浪击潮颠？大寨人在改造山川的第六个回合——闸狼窝掌的时候，就一连失败了两次。

狼窝掌，又叫“黑老山沟”，是大寨村的七条沟中最大的一条，这条

沟长有 1500 多米，宽约 13 米，高低落差约 200 米。这条沟山高坡陡，乱石堆积，野草杂生，相传常有野狼出没，因此得名狼窝掌。

狼窝掌最凶险的时候是每年的夏秋时的雨季。由于山高坡陡，高低落差大，每逢大雨时节，雨水就会沿着两旁的山坡泄入沟里，狼窝掌便如脱缰的野马，奔腾咆哮。一块块巨石在洪水的冲击下顺势乱滚，肆虐横行。如果不是有了陈永贵，大寨肯定不会有第二个人想要治理狼窝掌。

在治理狼窝掌的会战中，大寨村 58 个劳动力全部上阵。也是快过春节的时候才收工，春节刚过就又接着干了起来。依然是起早贪黑，依然是吃着冰碴饭。经过艰苦奋战，他们筑了 38 道堤坝，填了几万方土，造出了 30 多块地。量了量，足足有 20 亩！

开春以后，大寨人高高兴兴地在新造的地里播下了种子，眼看着种子破土出芽，长成禾苗。社员们在地里施肥、松土，期待着秋天的收获。

然而雨季来了，一场暴雨冲垮了大坝，也冲走了地里的土、肥和禾苗。社员们心痛，陈永贵更是心痛。但是他只能把痛苦埋在心里，而不能表露出来，因为他还要带领着大家再次上阵，二战狼窝掌。

这年的冬天，狼窝掌第二次响起了劳动的号子。这次他们总结了第一次失败的教训，认为是坝基不深，坝身不厚，石块太小，阻挡不住洪水的冲击。于是这一次，他们便加深了坝基，条条石坝的基础挖到 1 米半深，坝身的厚由 1 层加到 4 层，石头也全找那些一个人搬不动的大石头用。为了减缓洪水的冲击，他们还在沟的上方修了一个一亩地大小、约两丈深的“水库”，并在山坡上刨了些鱼鳞坑。

将近一个冬天的时间过去了，在春耕前，狼窝掌再次呈现出喜人的景象：30 多道大坝整齐排列，20 多亩耕地平平展展。春耕播种，夏季锄草，他们又一次期盼着秋季在昔日野狼出没的地方能收获粮食。

天公又一次考验起了大寨人。一阵电闪雷鸣之后，接着便是倾盆大雨。据人们后来回忆，那是一个漆黑的夜晚，陈永贵从睡梦中被大雨唤醒，他披了件衣服，提着盏马灯就奔狼窝掌去了。在暴雨中，他仍能听得到那一条条石坝轰然倒塌的巨大声响，这一声声的巨响告诉他：狼窝掌仍是野狼的家园，那里长不了庄稼。

苍天这一次给予大寨人的打击不能算不重，除了陈永贵以外，许多人都动摇了，各种风凉话、泄气的话、讽刺挖苦的话都在村里传开了。什么：“人有人道，鬼有鬼道，水有水道，要把这么大的水闸住，水往哪流?”什么“人不和水斗，猫不和狗斗，人有多大本事，还能斗过龙王爷?”还有人说这是“千日打柴一火烧，一冬辛苦一水漂”“卖豆腐置下河湾地，浆里来，水里去!”更有人说：“跟上你们白白挨了两冬冻，往后守在家里闲一冬，不挣工分也不闸这条沟了。”

陈永贵认定的事，就不会半途而退，他一定要干下去，而且一定要干成功。这种性格在以后的岁月里，助他成就了一番惊天动地的事业，当然，后来也给他惹下了不少麻烦。

在第三次会战狼窝掌之前，陈永贵和大寨村党支部的干部们一起总结了前两次失败的教训，共同寻找失败的原因，制定了新的方案。这个新方案变直线坝为拱形坝，拱背朝着来水的方向，以增加石坝承受洪水冲击的能力。据说这个方案是陈永贵躺在他家的土窑洞里想出来的，是窑洞顶的形状给了他启发。他抬头望着窑洞顶想：窑洞的上面是一座土山，但窑洞为什么不会被压塌呢？他想明白了，因为窑洞顶是拱形的。由此他又想到了天天走过的那座石桥，那桥是什么年代修建的，陈永贵也不知道，反正是很早以前了。这么多年，天天那么多的人、车负重从桥上通过，但桥却从不会倒塌，为什么？还是由于拱形承受着重量。如果将狼窝掌里的石坝也筑成拱形的，洪水来了不是也不会被冲垮吗？

陈永贵虽然没有学过什么物理力学，但他勤于观察，肯动脑筋，能够发现别人发现不了的情况，想出别人想不出的办法。这是他的过人之处。

自己有了主意，还要说服党支部委员和全体党员。陈永贵又召集了支部会议和党员大会。他把自己拿定的主意说给大家听，让人们讨论。他还特别强调：我们走的是前人没走过的路，怕摔跤还能爬山？不能从狼窝掌撤退，不能挫伤人们革命的锐气，不能让阶级敌人高兴，不能给共产党、集体经济脸上抹灰！大家的劲头又被他鼓动起来了。他们说：“我们属龙

◂治理后的狼窝掌

的还不如他属熊的?”

关键时刻村党支部支持了陈永贵，陈永贵激动地噙着眼泪说：“要退东吴兵，还得自己人!”

第三次大战狼窝掌的劳动号子又吹响了。这次的任务更艰巨，全沟要筑 32 条大坝，最高的大坝是 2.5 丈，灌浆用的石灰就要 6 万斤。打坝用的石头要从山上开，要从山上运下来。几万方土被水冲走，几万方土又要重新垫起来。这样巨大的工程只能靠人的两只手、两个肩膀来完成。计划一公布，大家都争着要上“前线”。开工那天，全村 17 对夫妻一起进了沟，7 户社员全家上了阵。当时，只有 60 多个劳力的大寨，就有 70 多人出了工。

陈永贵把三战狼窝掌当成了一场战役，他就像个战场指挥官一样调兵遣将。所不同的是，作为一名指挥官，他永远是身先士卒，出现在最危险、最艰难的地方。陈永贵是个垒坝的能手，石头不论大小、方圆，只要到了他的手里，就变成了听凭摆布的东西，放在哪里都合适。太行山区的冬天，北风刺骨，但有陈永贵带头，人们个个奋勇争先。陈永贵一边干活还一边鼓舞士气，他说：“天冷冷不了热心，地冻冻不了决心，寒风吹不倒信心。”

大寨最老的共产党员贾进财在旧社会当了半辈子长工，他两个肩膀扛着一张嘴，还吃不饱肚子。如今他担负着开凿石头的任务。每天启明星一露头，他就背着工具上了山，严酷的冷风把他的双手冻裂了，手上的血染到了石头上，头上的汗珠也滚到石头上，而他还是干得那么欢。

开工第十天，一场大雪下了尺把厚。贾进财像往日一样，早上起来，拿了一把扫帚进了山，把工地上的雪扫开，打碎了冰凌，又叮叮当当干了起来。太阳升起来了，上工的社员给他捎来饭，揭开一看，这可不是冰碴饭了，而是整个冻成了冰疙瘩。贾进财感到肚子饿了，拿起饭来就啃。有人劝他点火烘一烘，他说："这算什么！咱这苦里生穷里长大的人，没那么娇嫩！"大家听了，更感动了，议论说："老贾，有朝一日你下世了，大家定为你立个碑。"贾进财却笑着说："狼窝掌20多条大坝，哪条坝不是我的碑，还用再立?!"

贾进财就是这样，哪里条件最艰苦，哪里活最累，他总是在哪里出现。因此，他也被大寨村民誉为老英雄。由于常年的过度劳动，贾进财的身体也落下不少的病，因为一辈子握锤把打石头，他的手已变了形，这双手，谁看了都会为之感动。许多人都用文学语言形容过这双手，有人形容这双手像"百年老松的树根"，有人形容像"磨损了短了钝了的铁耙"、像"铁一样的老茧，敲上去铮铮有声"；有人形容他那关节大的像"几枚乒乓球"。他由于常年抡锤击石，下肢长期过力地支撑，使他的脚板变得扭曲，尤其是到了晚年，每一个脚趾骨节都粗大变形，第二个脚趾被挤翘起来压在大脚趾上，无法穿鞋，无法行走，最后，竟不得不动手术把第二个脚趾割掉！

1992年5月28日，国务院副总理朱镕基在山西省领导的陪同下视察大寨，当他在贾进财家与老人握手时，朱镕基握着那双因为长期劳动已经严重变形、布满老茧的手，心情沉重地说："你是一个老功臣，一辈子吃苦了。"

那时候在工地上拼命干的决不只是一个贾进财，在征服狼窝掌的战场上，大寨人个个都在往前闯。此时，当年跟随陈永贵在"老少组"里劳动的娃娃梁便良已经成为第一生产队的队长，他与村支部委员贾来恒等四人在没膝深的大雪里抬着大石头从山上往山下走，一路不知摔了多少跤，四个人滚成雪人，却天天超额完成任务。

大寨人在冰天雪地里大干了27天，比计划提前3天完成了任务。狼窝

掌，这个自然界给大寨人设置的一个最顽固的堡垒，终于被攻下来了。

从大战白驼沟到三战狼窝掌，整整过了五个冬春。在这五年时间里，大寨人把七条沟的“命”给革了。在那里垒起了总长约 15 公里的 180 多条大坝，修下了两条盘山渠，两个水库，3000 多个鱼鳞坑、蓄水池；把 300 亩坡地垒成了水平梯田；把 4700 多块地修成了 2900 多块，还新增加了 80 多亩好地。

把大寨人艰苦创业的过程说成是战天斗地，一点都没有夸张。从 1953 年到 1962 年，十年工夫，他们把 200 亩梁地大部分围起了一尺多高的地埂；400 亩坡地修起了硬直如墙的石堰，变成了水平梯田；7 条共 7000 米长的山沟，治理成 30 尺一坝、20 尺一埂的 80 亩好地；经过土地加工，使原来 4700 多块地连成了 2900 多块。在没有水浇、电力和机耕的条件下，粮食亩产量从 130 多斤增长到 774 斤，家家户户丰衣足食，78 户有余粮和存款。11 年中，共向国家卖余粮 170 多万斤。

2. 营造“海棉田”

大寨人有文化的少，像陈永贵也不过是后来读了几天扫盲班识了几个字。大寨人干事情肯吃苦，肯出力，甚至不怕牺牲。有的人就是在大寨改天换地的劳动中落了疾病，留下伤残，还有人献出了生命。但是如果据此就认为大寨人只知蛮干，不讲科学，那就错了。

大寨村早先流行过一句顺口溜：“这块好，那块好，哪块也不如贾承恩的掏银垴”。贾承恩是大寨村的一个农民，土改前他在掏银垴那里有一块地亩产能打到二三百斤，这在当时是很了不起的产量了。但到后来，大寨随便一块地就比他的那块地原来的产量高。

大寨村的自然条件很差。修水库防洪、灌溉，没有合适的库址。引水灌溉，山上没有水源，引远处河水提水灌溉，扬程太高。而且灌溉只能解决旱的问题。但是，这并没有难住大寨人，大寨群众在长期生产实践中，找到了真正的出路。根据当地常年雨量并不算少，坡地、梁地的土层也比较厚的有利条件，采取提高耕地蓄水保墒能力的办法，抗旱、抗涝。即：设法使雨季、雨天既不致造成洪涝灾害、水土流失，又能把雨水保存起来供应旱季、旱天农作物生长的需要，由土壤承担起对农作物供应水分的调节作用。

在土地治理中，大寨人的具体做法是：第一步，修水平梯田、闸山沟淤地，做到“三保”（即保水、保土、保肥），克服水土流失；第二步，通过深耕、深刨、客土和大量施用有机肥料等措施，加深了耕作层，改善了土壤团粒结构，大大提高了土壤蓄水保肥的能力。大寨耕地疏松的活土层几乎都在一尺左右，就像一层一尺厚的海绵。另一方面，又采取相应的措施，培养土壤的肥力，使土地成为农作物的一个储存养料充足的供应仓库，促使农作物生长，增强抗灾能力。大寨村经过加工改造的土地，经受了一般旱涝的考验，保证了农业的稳定增产。这是大寨人建设稳产高产农田的一条重要经验。他们这种加深土地耕作层，提高蓄水保肥的能力，培养土壤肥力的经验，在农业上是具有普遍意义的，面对那些发展水利灌溉的条件十分困难，但常年雨量并不太少的旱作地区，则具有特殊意义。

大寨田，在相当长的一个时期内成为高产稳产的代名词，在以后的农业学大寨运动中，各地都在修大寨田，人们把山坡地修成了水平梯田就叫大寨田。其实这只是形式上的大寨田，并不是实际上的大寨田。真正的大寨田，应该是水平的“海绵田”。

大寨人除了把坡地修成水平梯田，还通过不断深耕土地、连年不断地大量施用秸秆沤制的农家肥，使耕地里腐殖质增加，团粒结构增加，微生物增殖快，结构绵软，十分有利于农作物根系发育。这种地，一脚踩进去，像踩在棉絮上一样，国家农业部将其总结为“海绵田”，并在北方普遍推广。这种田，保水性能好，肥力高，抗旱能力强，因此是稳产高产

田。

大寨田并非古来就这么肥沃。恰恰相反，陈永贵等大寨人从祖上继承下来的是一小块一小块贫瘠的土地，人们形容当时的土地是：土块打不烂，风吹遍地干，地边白草绣成团，地墙荆棘围了个严。一亩地好年景打不下140斤粮食。合作化以后，大寨人多采用“土掺沙”、“沙掺土”相互调剂的方法，收到了一定的效果，但没有从根本上解决问题，于是，他们便在增加土壤腐殖质上下了功夫。

他们的具体做法简单说就是秸秆还田。这就是在秋后把玉米、高粱等秸秆铡碎铡烂，然后掺水，拌上圈肥或人尿粪，搅和后用土蒙盖起来，使其发酵。等秸秆完全腐烂后，撒在地里。采用这种办法，每年大约有40万斤秸秆还到田里，每亩要有500多斤玉米秸秆沤肥还田，加上其他农家肥，每亩地一年施肥80多担。年复一年的大量施用农家肥，使土壤结构发生根本的变化，厚厚的活土层，既松软，又能够吸收水分，这便大大提高了耕地的蓄水保墒能力。山西大同市郊区的农民有一次来参观，用自己戴的毡帽装了一毡帽大寨土和自己那里的土作比较，同样一毡帽土，大寨的土要轻七两。这就是全国有名的大寨田。因为它踩上去很松，所以被称为“海绵田”。

大寨人在土地加工改造的基础上，又抓住了扩大玉米种植面积这一重要环节，充分发挥玉米的高产潜力。

玉米是当地的高产作物。但是，由于玉米生长需要水肥比较多，过去只有百分之三十左右的好地勉强可以种上玉米。大寨有个老传统，即沟地、肥地种玉米，坡地种谷子，梁地薄地种豆子和高粱。按过去大寨的气候、地力、土质，这种布局安排是合适的，可集体化以后就不行了。以前，地是各家的，豆子烟叶瓜菜都要种。后来地成为了合作社的，各社之间产量竞争越来越厉害，而玉米产量最高，可大寨满打满算也不过200来亩沟地、肥地，要扩大高产作物就得往坡上挤、梁上挤，于是玉米便把其他的农作物都挤跑了。在当时人们生活还普遍比较困难的情况下，粮食产量在农民眼里确实有着特殊的重要意义。1957年大寨将80亩种那4种农作物的地减成了5亩，粮食总产量也就由过去的20万斤增加到了40万斤，也就是说产量增加了一倍。可豆子少了，谷子少了，还有瓜菜等都减少了。可村民们的生活中又不能没有豆、麻和瓜菜等品种，总不能天天光吃玉米面吧？这一年增产了反倒弄得村民们有意见。

又要产量高，又要花样多，怎么办？他们就搞试验，试验带种、地区间作。先试几分，再试几亩；先试一种，再试几种。几年工夫，他们就试验出了一个新套套，叫做“四不专种”和“三不空”。

“四不专种”和“三不空”是大寨人在种植方式上的一种创新。所谓“四不专种”就是：黑豆不专种，菜不专种，麻不专种，瓜不专种，都带种在玉米地和谷子地里。所谓“三不空”，就是地边不空，地头不空，地角不空。这就是说没有地方能空了。陈永贵算过一笔账：大寨有 2900 块地，每块地有一道边，两个地墙，四个角，加在一起就有 30 多亩地，能种 7 万多株苗。如果按亩产 700 斤计算，就可以多打两万多斤。他把这笔账算给社员们听，社员们觉得是这个理，就按着他说的办了。“三不空”配合起那个“四不专种”，高产把稳了，品种也全了。人们高兴地说：“这是大寨的一件宝。”后来在大寨还有几句顺口溜专门称赞这种种植方法：高垅地掉堺瓜，低垅种小麻，垅堰根底种高粱，大豆满地爬。春天吃菜有芥辣，秋天摘回大倭瓜。

由于搞了“四不专种”和“三不空”，到六十年代，大寨村的玉米种植面积已扩大到占耕地面积的百分之六十五左右。

3. “三浅”变“三深”

大寨人种田有不少创造，“三浅”变“三深”就有大寨人创造的成分。

玉米“三深”种植法，是大寨人粮食高产的主要技术经验。这一套成功的经验，是大寨人总结本地经验和学习外地经验，并经过长期的科学实验，逐步形成和发展起来的。

“三浅”是指浅耕、浅种和浅锄，“三深”就是与三浅相对应的深耕、深种、深刨。

农业合作化以后，大寨人首先抓住了春旱、土薄、水土流失等不利于农作物生长的主要问题，进行了大规模的闸沟垒坝、修水平梯田等农田基本建设工作，初步控制了水土流失。在治山治水、增施肥料的基础上，根据当时当地的需要和可能，扩大了玉米种植面积，并且逐步创造和推广了玉米“三深”种植法：即由秋季浅耕改为秋季深耕，浅种改为深种，定苗后浅锄改为深刨。大寨后来的生产实践证明，玉米“三深”种植法是当地玉米稳产高产的综合措施中一个重要内容。

大寨位于晋中东部海拔1000米左右的太行山麓，是个典型的土石山区，自然条件的特点是：“沟深坡陡土瘠薄，出门上地就爬坡，一亩土地五六块，旱、洪、风、雹灾情多。”全年无霜期仅160至170天，年平均温度9.1度。年降水700毫米左右，但分布很不均匀，主要集中在7、8、9月。这里又缺乏水利资源，全是旱地，经常遭受春旱秋涝和夏季洪灾的威胁。过去是“地里上粪地边流，冲走肥土露石头”，水、土、肥三不保，农作物产量很不稳定。

为了战胜春旱秋涝和夏季洪灾，大寨人除积极采用工程措施，闸沟修坝、蓄水排洪以外，还根据玉米的生物学特性，采取耕作栽培措施——“三深”种植法，中心目的是把大部分雨水蓄存在较深的土层里。这样，既满足了当年玉米生长发育的要求，又有保水、保土、保肥的作用，把当前生产和长远利益巧妙地结合起来，在没有水利条件的土石山区创造了玉米连年稳产高产的范例。

玉米“三深”种植法的主要内容是：秋后深耕蓄墒，变秋涝为春墒；深种防旱、保苗、蹲苗；深刨蓄水养墒、蹲苗。

“三深”种植法也不是一步实现的。1956年秋后收割，陈永贵发现改出来的沟地亩产500斤，而坡上的耕地亩产好的才300来斤，差的只有

100多斤。后来他悟出了道理，沟地里每年淤土，土层厚，旱时有水，涝时又滤水。

合作化以前，由于耕畜少，体力弱，秋耕深度只能达到3寸左右。因此当地流传着“三寸三，走遍天”的说法。合作化以后，耕畜多了，为深耕创造了条件。大寨大部分是用牛耕地，不能一次耕得很深。从1954年开始，他们用套耕的方法，前面用一犋牲口犁过去，后面用一头牛走犁沟内，拖上去掉犁镜的犁铧，深串2寸，总深度可达五六寸左右。这样就突破了犁底层，使耕作层加厚，促进土壤熟化，增强了土壤的蓄水保墒能力，减少水土流失，变秋涝为春墒，缓和了春旱，为玉米稳产高产创造了一个重要条件。从1954年到1958年，他们用套耕的方法，将大寨土地轮耕过一遍。以后由于活土层已经增厚，并采用了玉米深刨的中耕方法，就停止了秋季套耕。这是一深。

有一年贾承让给一名军属耕地，种得深了，迟迟不出苗，长出来也不好看。而陈永贵种得浅，出苗早，又长得壮。但拔节的时候，陈永贵种的那块地就越来越落后了，而贾承让种的地里庄稼越长越好，一亩地多收了六七十斤。这件事给陈永贵留下的印象很深，也使他对深种有了新的认识。

昔阳一带长期流传着一句农谚：“深耕浅种，强如上粪。”按照这种传统，玉米一般种2寸深。过去土薄肥少，为了利用表层肥土，浅种是合理的。但经常由于春旱，很难全苗。合作化以后，生产条件改变了，需要采取新的栽培措

▶ 大寨人自编自演的舞蹈：虎头山上插稻秧。

施。

经过试验，大寨改用犁开沟点播玉米。播后用脚踢土少许将种子覆盖，再在上面踩一脚，使种子覆土深浅一致。如果地墒不好，要死踩，踩实，可起提墒作用。如果土壤湿润，要活踩，轻踏一下，以免形成土壤板结，不易出苗。踩后集中穴施沤制成熟的磷肥和条施有机肥料，起到保温和节约用肥的作用。然后再覆土耱平。这种播种方法，在深播的情况下，有利种子发芽出土。大寨玉米深种的深度，因地因品种而不同。向阳的坡梁地，地温上升快，土壤湿度低，出芽快，适宜深种 3 至 4 寸。背阴沟坡地，地凉潮湿，发芽慢，只能播种 2 寸半至 3 寸深。活土层薄的种浅些，活土层厚的种深些。这是二深。

玉米深种，在春旱严重的土石山区，不仅有抗旱保苗的作用，而且可以蹲苗发根，控制幼苗早期生长过旺，促进根系下扎，扩大吸收面积，增强后期抗旱能力。因此，深种的玉米后劲大，越长越好，产量高。

玉米深刨是 1958 年大寨从外地学来的先进经验。当时人们还议论纷纷，有的说：“自古以来用锄头锄地，没有听说庄稼用镢头刨。”有的说：“深刨会刨断根子，跑了墒。”原规定深刨 6 至 8 寸，有的人赌气就刨了 1 尺深。刨后一连 10 多天不下雨，玉米苗子蹲得好。以后暴雨一来，由于深刨地松，蓄水能力强，一点水也没有流走，为玉米旺盛生长时期需要大量水分创造了良好条件。秋后，深刨玉米比上年增产 200 多斤。以后他们就年年坚持玉米深刨，并在实践中发展了深刨的技术。

后来深刨成为大寨人最具特点的一种田间耕作方式。它要求在玉米定苗后，当苗长到 1 尺高之前要进行深刨。即用 9 寸的镢头，在玉米行间距苗 2 寸半到 3 寸的地方刨一个鱼鳞坑，要求刨得深，刨得匀，刨得细，刨后不留草，不碎土。刨的时候，人要光脚入地，脚不乱动，以免把地踩实，刨过以后留下一个一个脚窝子，下雨的时候就成为一个一个盛水的坑，对土地吃饱水分特别有利。刨的深度因地看苗而异：苗小深刨，苗大浅刨，以免大量伤根和打叶。沙地、漏地（土层很薄，下面是石头底子的地）和淤土地不宜深刨，以免水肥下渗流失。通过深刨，早期可以蹲苗发根，以后又能蓄水保墒，还能减轻地面径流，控制水土流失，防止夏季洪灾。深刨对于清除杂草，特别是宿根性杂草，作用更大。这样做既对当年玉米生长有利，又能促进土壤熟化，加厚活土层，符合长远利益。因此，大寨人在种种困难条件下坚持玉米适时深刨，从不动摇。

大寨人办这件事还在太行山区造成了一场小小的社会革命。因为那里的妇女还挺传统的，过去在外人面前，妇女脚上不能没有鞋，因此，也就不能光着脚下地干活。大寨妇女后来光脚下地，党支部还做了不少工作。

大寨玉米“三深”种植法，是在长期科学实验的基础上，逐步形成、充实和发展起来的。它的特点是：针对当地的自然条件，以农田基本建设为基础，水、土、肥、温四结合，以蓄水保墒为中心。“三深”之间有密切的相互关系：秋后深耕有利于缓和春旱和熟化土壤；春季深种有利于保苗扎根，更好地利用土壤水分养分；夏季深刨可以蓄水养墒，提高土壤温度，有利于玉米发根蹲苗，也可以促进土壤养分分解，增加土壤有效养分，有利于玉米旺盛生长，还可以减轻夏季洪灾的威胁，变水害为水利。“三深”的一整套做法，把当年玉米增产措施和长远的培养肥沃土壤、加工改造耕地结合起来。深耕为深种创造了良好的土壤条件，深种以后再加深刨，就能更好地满足玉米对土壤深层水、肥、气、热的要求。大寨之所以能够长期保持稳产高产，“三深”种植法立了大功劳。

4. 种试验田

大寨人种田有不少创造，用陈永贵的话说，就是年年要有“新套套”。这些新套套有的来自长期种田积累的经验，但更多的还是来自种试验田。

一次县农业技术推广站的技术员告诉大寨人：白发病的谷苗不能喂牲口，牲口吃了拉下粪，上到地里要传染。村民们听了半信半疑，他们觉得

技术员是故弄玄虚，因为大寨人祖祖辈辈都用这种谷草喂牲口，也没有把谷子都变成白发病。对此，陈永贵主张试验。他弄了 8 分谷地，专门施用白发病谷草沤成的农家肥，春天苗出得不错，夏天长得也好，到秋天果然是白花花一片，100 根苗就有 82 根害上了白发病。村民们也都服气了，都承认科学技术厉害、管用。

按新技术要求，作物要适时播种。所谓适时，就是要适合地温。大寨是山地，谷子宜迟不宜早，玉米宜早不宜迟。这与老辈子的说法也不一样。老年人都说："小满玉茭，不迟不早"，所谓玉茭就是玉米，也就是说农历小满时节播种玉米。又说："小满谷，不如不"，意思是说，小满播种谷子就太晚了。到底哪种说法对？大寨人又作了试验。试来试去，发现新的说法对，旧的说法不对。芒种种上谷子，二伏天吐穗，既防了旱，又不怕"雾花"；谷雨前后种洼地玉米，能躲过大风头，又不怕水浸倒伏。村民们看了试验，都信服了。他们说："要增产，还得靠这些新套套哩！"

为了提高产量，大寨人搞合理密植。大寨搞密植也有便利条件，这就是大寨的坡地、梁地多，地块小，通风透光比较好，而且经过改造，土壤肥力已大大提高。密植当然要有个数据，一亩地种多少株苗才算合理密植。这也要搞试验。他们分别在三块地里试验，将一块地种了 2000 株苗，另一块地种 1500 株，还有一块地种了 1000 株。结果发现只要管理得当，合理密植可以增加产量。当然，土质不一样，株数也不一样。于是他们就反复试验，一次看不清，再试一次，最后，将玉米种植由过去的每亩 800 至 1200 株，增加到 1600 至 2200 株。而且，同一块地里因为边行比中间通风透光条件好一些，所以，地边又比地中间种得稍密一些。于是密植就成了玉米大增产的手段。

庄稼有几十种，每一种又有许多品种，大寨光谷子就有十种，哪种最好？哪种产量高？也要搞试验。试验来试验去，最后定下来两种，一种叫大寨谷，一种叫毛植红，它们的产量比其他品种产量高许多。在玉米种植方面，经过试验，播种期提早了半个多月。并随着播种的提早，相应地淘汰了生长期比较短的玉米品种，扩种了生长期比较长、生产潜力大的金皇后等良种。

听说化肥能提高产量，他们就买回了许多磷肥，开始就像其他地方一样往地里上化肥。结果，春天撒到地里，秋天还是灰面面，没有任何作用。他们便再次试验，又失败了，就第三次试验，终于找到了成功的途径。他们把磷肥和成泥汤汤，与农家肥拌在一起，发了酵，再配上 5%的氨肥，算是解决了这个问题。经过试验后，他们给玉米施用了过磷酸钙的磷素化肥，促使玉米茎秆坚韧，子粒饱满，子粒出粉率比未施磷肥的提高百分之五以上。

原来大寨的大田作物就是玉米，从 1958 年开始，大寨人在陈永贵的带领下试种小麦，结果也成功了，这就使得大寨的粮食品种更丰富了。

庄稼种在地里，如果遇到一场灾，地里缺了苗，再种是不可能的了。而太行山区天灾随时可能发生，他们就寻找解决的办法。在一次讨论会上，一个村民说："每年雨天锄苗，把拔掉的谷苗扔在地边，雨后，有些谷苗还大模大样地长了起来，咱们能不能试试谷子地里移苗?"

他们就开始试验。他们将间下来的谷苗移栽到缺苗的地方，浇上水，果然有效，谷苗大多数都能成活。于是，他们就把这个成果推广开来。后来，他们又针对高粱和玉米的断垅进行移苗试验。开始有人说，玉米不比谷子，它根大茎粗，不好成活；还有人说，移苗时必须带着土胎，否则活了也不会出穗结子。为了证实这方面的情况，他们就试验。经过反复试验，他们发现高粱、玉米都可以移栽，而且带不带土胎都可以结出穗子结出果实。

大寨的试验田越搞越红火。山后的试验田搬到山前来，差地的试验田搬到好地里来；党支部书记陈永贵有试验田，大队长贾承让也有试验田；两个生产队长有试验田，村民们也都有试验田。坡地有坡地试验田，沟地有沟地试验田，梁地有梁地试验田。他们试验各种作物、各种技术，真是百花齐放，万紫千红。

5. 干部，先干一步

陈永贵有一句名言："干部、干部，先干一步，多干一步。"从互助组时起，大寨的干部就坚持做劳动的楷模。合作化以后，农业社无论干什么活，总是由陈永贵、贾进财、贾承让、梁便良这些人干在前面，由他们带领村民们冲锋陷阵。收工的时候，其他社员扛起工具回村，陈永贵等干部还得留下来检查当天的农活。正是由于干部们本身劳动过硬，大寨的社员们才干劲冲天。

陈永贵在入社以后的第一个支部会上就宣布：谁当大寨的干部，谁就得说在前、干在前。不劳动的人不能当干部，劳动不好的人就不能算是好干部。久而久之，这就成了陈永贵用人的一条原则，哪个干部劳动不积极，首先就过不了他这一关。

1955 年 7 月 31 日，毛泽东在中央召开的省市自治区党委书记会议上作《关于农业合作化问题》的报告，批评了中共中央农村工作部部长邓子恢主张稳妥发展农业合作社的主张。同年 10 月 4 日，中共七届六中全会（扩大）开幕。248 篇发言或书面发言，一致拥护毛泽东《关于农业合作化问题》的报告，一致批评了合作化运动中的"右倾机会主义"。此后，合作化跳跃式发展，在初级合作化基本完成的同时，高级合作化的高潮也随之而来。

这一年的 12 月，大寨与几个相邻的村合办了新胜高级农业生产合作社，陈永贵任社长。陈永贵由于忙于高级社的事务，就安排一个党员负责大寨村的生产。这个人只注意抓村里的各项工作，而忽视了参加劳动这一

▶ 大寨干部带头参加生产劳动

环，陈永贵回村后了解到这一情况大为不满。在一次由他主持的党支部会议上，陈永贵叫这个党员汇报近期的工作。他刚汇报了一半，就被陈永贵打断了。陈永贵问他：“这三个月你参加了几天劳动?”那人知道陈永贵不高兴了，但也只好硬着头皮说，最近事情太多，工作太忙，没有顾上参加劳动。陈永贵提高了嗓门问了他几个问题：“我忙还是你忙？我三个月参加了几天劳动，你三个月参加了几天劳动？怪不得工作上不去，地头都不到，还能把工作搞上去?”就为这件事，陈永贵在会上当场宣布撤销他的代理生产队长职务。

有一句从大寨讲起的话，后来曾经传遍全国：“火车跑得快，全凭车头带。”车头就是指领导干部，领导干部靠什么来带动火车跑得快呢？陈永贵认为，就是靠参加劳动，而且要在劳动中发挥模范作用。

根据陈永贵的提议，大寨党支部曾经为干部参加劳动作出了一则“三不准”的规定：一是没有特别重大的事情，一般不准占用劳动时间在村里

开会；二是不准干部占用劳动时间在办公室里办公；三是不准从地里叫走社员谈话。干部给社员做工作，都要利用“三会”时间，即碰头会、饭场会、地头会。每天晚上，党支部委员们要在一起开碰头会，总结当天的工作，商量第二天的劳动安排。安排的结果在第二天的饭场会上宣布，也就是边吃饭，边开会，边议论。这是一种不占用劳动时间的开会方式，大寨的干部很重视这种饭场会，虽然参加饭场会不记工分，但谁要是不参加，还要说出个理由来。据说陈永贵以后到中央做了大官，还曾在大寨询问过某某人几天没有参加饭场会了。饭场会开过以后，放下饭碗大家就一起下地干活了，干部如果还有什么问题需要找社员解决，那就只能利用劳动中间的休息时间，大家坐在地头上，抽袋烟，喝点水，干部们乘机谈些劳动安排或其他事情，这就叫做地头会。后来政治空气越来越浓，地头会又与政治学习、社员讨论、革命大批判结合起来，成为大寨经验的重要内容之一。此是后话。

大寨党支部的许多工作能够布置得开，群众能够指挥得动，有时主要并不是靠开会动员，而是靠了干部的率先垂范。

一次村里决定要盖房子。在社委会上讨论这个问题的时候，有人就提出石头从哪里来，怎么往村里运石头的问题。还没等会议统一了意见，陈永贵就说：“算了吧，这个事不讨论了，到时候就有了办法。”自从农业社开始，陈永贵在村里就有了一言九鼎的权威，当然这种权威在开始的时候，也是凭着率先垂范取得的。尽管房子过几天就要动工兴建了，马上就要用到石头，但陈永贵不让讨论，会议也就不再讨论，但大家心里并没有底。

第二天上午劳动，中午收工的时候，陈永贵走在路上，找到路边的一块大石头，把工具放下，叫过一个社员指着那块石头说：“你给我搬上肩。”在那人的帮助下，陈永贵扛起石头往回走，别人看见陈永贵这个架势，也都纷纷找到石头扛了起来。一些走在前面的人这时也只好折回来扛石头，而头一天晚上参加社委会的人们此时方如梦初醒，不得不跟上陈永贵的节拍。团支部由此得到启发，还组织了“青年突击队”，并规定了“时不空过，路不空行”的临时制度，上工时“捎带着”担粪，下工时

“捎带着”扛石头。当天晚上，陈永贵夸奖说：“孩子们干上来了，老的怎么样？老将上马，一个顶俩嘛!”从此，他们就利用下工的机会，一天每人捎带两块石头，不几天就把盖房子需要的石头都捎回来了。陈永贵面对那堆石头露出了满意的笑容，他说：“要在会上讨论，怕到现在也讨论不出个办法来。可这几天一不派劳力，二不出工分就把石头搞回来了!”他们就是通过这样的方式，没有通过会议作什么决定，没有通过干部搞什么动员，没有占用什么劳动时间，完全凭着群众“自愿”就把盖房子用的石头“捎”回村里。这件事后来传到昔阳县委，被作为“身教重于言传”的典型事例而广为流传。

孔子讲：“其身正，不令而行；其身不正，虽令不从。”这就是昔阳县委所说的身教重于言传。陈永贵和他所领导的大寨党支部中的一班人，大概都没有读过孔夫子的书，他们也不一定能读懂这些古典语录，但出于中国农民朴素的务实心理，他们在工作中确实在不断实践着先哲所提倡的这种“身教”。

陈永贵从互助组时起，一直坚持着“时不空过，路不空行”。就是到区里、县里参加会议，他也很少空着手去。走的时候，他要么捎上一些村办企业生产的粉条拿到县烟酒公司卖，要么就拉上一车水果先到市场里出售。散会回来的路上，他也总要找点活捎带着做。在一次县委召开的会议上，县领导还公开表扬了他，赞扬他来县城开会还要利用来回的路上为村里办事，说这就是全心全意为人民服务！会后一些社长们就留心观察他，

▸ 大寨粮食连年丰收

看他这次回村捎带干什么。结果发现他早已买好了一头猪正往村里赶。原来最近大寨社委会决定要扩大集体的养猪场，他便给村里买了一头怀仔猪捎带着赶回去。

大寨村干部参加劳动的事迹引起了昔阳县委的重视。县委发现，除了大寨村，其他两个县里的先进典型——刀把口和白羊峪也有同样的特点，而那些集体经济搞得不好的合作社，大多存在着干部不参加劳动，而是坐在办公室里指手画脚的现象。这种基层干部不参加劳动的情况在昔阳县还带有一定的普遍性，当时昔阳各乡村刚实行集体化不久，干部的比例较大。一个生产队有队长、副队长、会计、保管、记工员等，他们都不参加劳动，就产生了相当大的危害：一是养的闲人多了，增加了群众负担；二是基层干部却高高在上，不深入生产实际，也就难以指挥好生产。当时群众心有不满，但又不敢公开讲，就凑了一些顺口溜。其中说道："头等人地边串，二等人打算盘，三等人过阳泉，四等人下河滩。""过去是一人坐轿四人抬，现在是一伙人坐轿一伙人抬。""好好劳动七八分，游游逛逛十来分，坐在家里瞎指挥，秋收时节地没耕，男女老少一肚气，埋怨干部不上地。"调查中，昔阳县委还发现，在洪水乡的一个村里，由于干部脱离劳动，田间管理松懈，到了收秋季节竟发现有一块地没有下种，搁了荒。这在本来就缺少耕地的昔阳来说，实在不能算是一件小事。在这样一个大的背景下，大寨干部参加劳动的好经验自然就容易引起县委的重视，县委还专门为此作出了一个规定，要求全县四级干部都要向大寨、刀把口、白羊峪的干部学习，带头参加集体生产劳动，使干部参加劳动在昔阳制度化。

昔阳县委领导人像大寨等村干部一样，也搞了个率先垂范。县委书记张怀英、县长王贵科等一班人扛着劳动工具到城关西大街的赤土坡帮助社员整修土地。

大寨干部参加劳动的制度一直坚持了下去。后来陈永贵名声越来越大，成了全国的著名劳动模范，会议越来越多，来大寨找他"取经"的人也络绎不绝。但陈永贵一直心系他的那些土地。许多人事后回忆，陈永贵经常为不能下地干活而头痛。一次他到县里开会，在闲谈中对人说："哎呀，自从廖部长走后，三个月没有在家里吃过一顿中午饭了！"他所说的廖部长是国家农业部长廖鲁言。廖鲁言在1964年视察过大寨之后，大寨就成为中国农业的一个先进典型，来访的记者，来参观的各方人士越来越多，他们都想采访陈永贵，都想与陈永贵谈一谈。为了不影响参加劳动，陈永贵就躲在地里，连中午也不回家吃饭。当有人问他为什么要这样做的时候，他总是说：“咱是劳模嘛！不劳动还能当模范?!”“文化大革命”中他做了中央的大官，但不管他在其他方面犯过多么严重的错误，坚持参加生产劳动却从没有放松。在他的带动下，党支部一班人个个都是参加劳动的模范。据统计，接替陈永贵担任支部书记的“铁姑娘队”队长郭凤莲平均每年田间出勤288天，大队长贾承让每年出勤351天，副支书梁便良每年出勤350.5天。

6. 众人齐心热情高

大寨人向穷山恶水宣战并取得辉煌成就，根本的一条就是靠了集体的力量。大寨村党支部依靠群众的智慧和经验，并通过种试验田的办法，将一个贫穷、落后的旧山村，建设成为社会主义的新农村。

认识自然，进而改造自然，建设稳产高产农田，只有通过辛勤的劳动才能实现。从1953年到1963年，大寨人十年间投入农业生产的劳动量是逐年增加的。特别是进入60年代以后，每年用工量达3万多个劳动日，比合作化前增加近一倍。全村男劳动力全年出工一般在300天以上，多的达到340多天；妇女出勤率也很高。在十年里，他们土地加工改造用劳动日10万个，平均每亩120多个，男女整半劳动力平均每年每个劳动力为土地加工改造做劳动日近100个。实行精耕细作后，农业田间管理用工量也大

大增加，平均每亩投工 20 个左右。由于农业生产季节劳动力的紧张，土地加工改造则主要依靠冬季进行。一年有 5 个月左右时间大搞农田基本建设，其中 3 个多月是冒风雪严寒苦干的。他们在冬季施工中摸索规律，总结出一套办法，例如，常年备石料；选择向阳的地方施工；工地在秋收后即清好垒地边地堰的地基；未封冻前在准备取土的山坡上挖松一层土，上冻后施工取土就比较容易；施工时松土取完后立即再挖松一层，供下一次施工取用，等等。就是这些简单易行的办法，保证了冬季施工，提高了工效，加速了农田基本建设的速度。

改造自然，建设稳产高产农田，还需要一定的物力和财力。在这方面，大寨人的做法是：依靠群众，自力更生。他们采取实事求是，因地制宜，就地取材的具体做法，花钱少，收效大。例如，施工所需石匠、铁匠本村都有，土地加工改造所需的土、石头，也可以就地解决。需要购买的只是一些钢材和炸药，一年也不过花百十块钱，集体的积累也完全能够解决。如果要计算投资的话，每亩用劳动日 120 个，每个劳动日的报酬按 1 元计，即达 120 元，数目当然也不算小，但是完全是村里自己解决的。大寨村十年来购买了 30 多头大牲畜和脱粒机、铡草机等农业机械，购买化肥农药等也增加了生产费用。但除 1954 年曾经用了贷款 7000 元购买牲畜，并于 1955 年全部偿还外，再没有向国家要过一元贷款和投资。

当然，大寨人在建设稳产高产农田中也离不开国家的支持与社会合作。大寨从附近煤窑买煤，解决了燃料，这就可以腾出玉米秸等沤肥还田。国家供应给大寨农业机械如脱粒机、铡草机和米面加工机械等，又派汽车运公购粮，使大寨节省出一部分劳动力投入农业生产。每年国家供应给大寨大量化肥。粮食部门每年拨出 2 万斤粮食委托大寨加工制粉条，使大寨增加了饲料来源，有利于发展养猪积肥，等等。这些支援在大寨的建设和发展中发挥了重要作用。

后来一讲大寨自力更生、艰苦奋斗就不讲这些支援与合作，好像大寨人什么事情都是独自得来，这显然是片面的。当然，讲国家的支援，讲社会各界的合作，其实也并没有否认大寨的成长与发展主要是自力更生、艰苦奋斗的结果。这是一个问题的两个方面。

第三章

沸腾的岁月

1. 敞开肚皮吃饭？

作为一个翻身农民，陈永贵对于共产党是有感情的，对于党的每一个号召他都从心里拥护，都要积极响应，坚决照办。他没有多少文化，据熟悉他的人估计，他能够认识的字不超过1000个，能够写下来的字就更少了。这样的文化水平限制了他的理性判断，使他不可能懂得更多的理论是非。但农民的朴素感情告诉他：凡是上级提倡的，就是对的，就应该照着去办。这成了他的一个特点。他作为大寨村的一村之主，在以后做的许多事情，并不是首先来自大寨村民的意愿，而是来自上级的号召。他认为，上级号召的肯定就是大寨人所需要的，即使一时大寨人得不到实际利益，甚至承担一些牺牲，但那肯定也是为了世界革命，为了亚非拉美人民的解放，为了实现共产主义。

1958年，在中国是一个沸腾的年代。从1957年下半年起，毛泽东就曾多次批评“反冒进”。所谓“反冒进”，就是指主持经济工作的周恩来等人在1956年针对国民经济建设中的急躁冒进倾向发表的一些批评性意见，采取的一些纠正性措施。1956年党的“八大”通过了“在综合平衡中稳步前进”的经济建设方针就是“反冒进”的一大成果。但从1957年下半年开始，随着反右派斗争的扩大化，毛泽东在党内一系列会议上对“反冒进”的方针进行了严厉的指责。

在1957年10月召开的中共八届三中全会上，毛泽东批评了1956年的反冒进。1958年1月，他在南宁召开的有部分中央领导人和省市委书记参加的中央工作会议上，把批评反冒进推向高潮，提出：反冒进反掉了多快好省、四十条纲要、促进委员会这三样东西。1958 年 3 月在成都召开的中央工作会议上，毛泽东再次提出反冒进问题，说就是要和反冒进对立起来，反对慢的路线。

毛泽东对“反冒进”的严厉指责，在党内和社会上引起了很大震动。在这种气氛下，“大跃进”的宣传调门越来越高。1958 年 5 月召开的中共八大二次会议确定了“鼓足干劲，力争上游，多快好省地建设社会主义”的总路线。这条总路线无论是从当时人们的理解，还是党中央所赋予它的确切含义，都是强调高速度。刘少奇在代表中央向大会所作的报告中指出：“建设速度的问题，是社会主义革命胜利后摆在我们面前的最重要的问题。我们的革命就是为了最迅速地发展社会生产力。我国经济本来很落后，我国的外部还有帝国主义，只有尽可能地加快建设，才能尽快地巩固我们的社会主义国家，提高人民的生活水平。”报告号召全国人民“跃进再跃进，多快好省地完成伟大的社会主义建设事业”。

1958 年的 8 月，骄阳似火。毛泽东冒着酷暑视察了河北、河南、山东的部分农村。在视察途中，他多次赞扬各地在“小社并大社”基础上新成立的“一大二公”、“政社合一”的基层组织，并认为这种组织的名称还是叫人民公社好。他在河南省新乡县赞扬了七里营人民公社。他说：“人民公社这个名字好，包括工农商学兵”。他还特别赞赏七里营公社的“一大二公”。毛泽东视察河南新乡七里营公社的消息传到了昔阳。毛泽东的赞扬就是对陈永贵的号召，他听了这一消息兴奋不已，第二天就到了邻村武家坪，接着又鼓励几个邻村的党支部书记联合起来创办人民公社。当时人们的热情都很高，上面对于先进集体又是一路绿灯，也不用搞什么试点、论证。于是陈永贵便一呼百应，几天时间就串通了 7 个村的几十个代表，成立了昔阳县的第一个人民公社——红旗人民公社。公社建在武家坪，后来又改称为大寨人民公社。它包括了 7 个高级农业合作社，809 户人家，1370 口人。真正实现了毛泽东提倡的“一大二公”。

几乎在大寨成立人民公社的同时，中共中央政治局正在北戴河召开扩大会议。当时正是炎热的夏季，北戴河虽属避暑胜地，但火热的气氛却一

浪高过一浪。会议作出了两个对于全国具有重大影响的决定：一个是关于成立人民公社的决定，决定要在全国全面推广建立人民公社，快步奔向共产主义；另一个是关于全民大炼钢铁的决定，号召全党为在当年实现 1070 万吨钢而奋斗。这就意味着 1958 年要比 1957 年的钢产量整整翻一番。

华夏大地热浪滚滚，人们普遍乐观地认为中国的经济将会很快发达起来，一些原来想都不敢想的生活就要实现了，共产主义不仅可以在中国一国首先实现，而且在一个国家中一些敢想敢干的地方也可以率先进入共产主义。当时，河北省的徐水县就在中央领导下开始了进入共产主义的试点工作。而一些没有经过中央确定的地方，更是急不可耐地宣布了自己的共产主义跃进规划。保守一些的是十年八年，中间的是五年三年，心急的是几个月，还有更着急的今天开会宣布，明天就“共产”。湖北省的一个叫跑马乡的地方，党委书记在大会上宣布：11 月 7 日是社会主义结束之日，8 日是共产主义开始之日。结果会一开完，大家就上街去拿商店的东西，商店的东西拿完后，就去拿别人家的：你的鸡，我可以抓来吃；这个队种的菜，别个队可以随便跑来挖。小孩也不分你的我的了。有人问：老婆还算不算自己的？党委书记吃不准，说要请示上级。

对于大多数地方来说，所谓“共产”，首先表现在吃食堂上，把农民自家的粮食集中起来办公共食堂，搞“敞开肚皮吃饭，甩开膀子干活”，吃饭不要钱。

毛泽东此时头脑也很热。在视察河北省徐水县时，他曾提倡过为了让农民多吃些粮食可以实行一天吃五顿饭，在一次中央工作会议上，他还提倡过实行东汉末年张鲁的“五斗米教”，搞“义舍”。在这种风气下，全国许多地方都搞了吃饭不要钱，搞了随来随吃，吃完就走的“流水席”。

党中央和毛泽东主席的这些号召，对昔阳县和大寨村的工作影响很大。大寨也办起了公共食堂。难能可贵的是，农民出身从饿饭中长大的陈永贵，容忍不了人们浪费一粒粮食。他不相信靠着大寨各家各户的那点存粮就可以搞“敞开肚皮吃饭”。因此，即使在那些沸腾的岁月里，大寨也没有搞吃饭不要钱，没有搞“流水席”和“义舍”，更没有实行一天吃五顿饭。

1958 年 8 月“大跃进”高潮中，中共晋中地委书记王成旺在昔阳县委书记张怀英的陪同下，在大寨住了4天4夜，总结大寨的经验。那时候，干部下乡吃派饭，还到陈永贵家吃过两次。饭后，王成旺非要如数交钱和粮票，陈永贵笑着怎么也不肯收，张怀英在一边解围：“大寨粮食多，算了吧。”可见大寨粮食多在当时是出了名的。

在陈永贵的控制下，大寨人还是苦巴苦结地过日子。他们实行的是一种以人定量的办法，即基本口粮和按劳动日分配相结合，人劳比例是二八开；基本口粮按人定成，一至三岁定四成，四至六岁定七成，七岁以上定十成，一个劳动力要分到一斤粮。全村1959年的平均口粮为405斤，其中基本口粮占80%，每十成为343斤，劳动粮占20%，每个劳动日多吃1.13斤，指标到户，按月分发粮票，多吃不补，剩余归己。实行这种办法，既保证了社员的生活，也节约了粮食。对此，大寨村民确实应当念陈永贵的好，因为是他使得大寨在全国各地普遍闹饥荒的时候，仍能大致吃饱饭。这在那个令人不堪回首的年代里实在不是一个简单的事情。

1960年11月，中共山西省委书记处书记池必卿陪同在太原养病的国家化工部部长彭涛到大寨，彭涛在战争年代曾任太行特委书记。那时全国各地的集体食堂还没有解散，池必卿陪着彭涛在大寨食堂里与社员们一起吃了顿饭。饭后彭涛高兴地赞扬说：“大寨的饭不错，比我在省里机关食堂里油还多!”可见大寨当时食堂的伙食还真搞得不错。

2. 不放高产卫星

搞“敞开肚皮吃饭”、吃“流水席”的前提假设是中国的粮食已经多的没办法处理了，因此才有了一天吃五顿饭的必要。那时各地都在追求高

产，开始是亩产几百斤，接着是两三千斤，后来就是放“卫星”。能算上卫星的至少也要达到亩产万斤。这对于传统的农民来说简直不可思议，但对于搞所谓“耕作革命”，实行所谓“科学种田”的人民公社社员和一些头脑昏昏然的农业科学家来说却是敢想敢干的事情。

大寨不乏种田能手，陈永贵就是个公认的种田高手。在陈永贵的带领下，大寨人通过艰苦奋斗，那一年亩产达到了540斤。这对于一个几年前还只能搞到亩产一百多斤的穷山村来说，实在是一个了不起的成就。但这样的产量与别人的“卫星”相比，就有些不足挂齿了。当时陈永贵已经是山西省的特级劳模了，据后来有人回忆，那一年上级本来是准备推荐他进京参加全国劳模大会的，但他却不识实务，不搞浮夸，不吹牛，不撒谎，这使得领导也很为难。

那一年秋后，在太原召开了山西省社会主义建设积极分子大会，陈永贵与昔阳县的几名著名劳模张老太、王殿俊、张银周等人一道出席了大会。在那次会上，陈永贵与平顺县西沟村的李顺达作为主席团成员在主席台前列就座。李顺达是老劳模了，在合作化初期就因成绩突出而受到过毛泽东的表扬。这次会议的这种安排本身也说明，中共山西省委对陈永贵是非常看重的。在会议讨论中，不少人都在谈论炼钢的事，讨论放高产卫星。陈永贵对此都不热心，他有一个坚持不改的观点：农民就是要种地，把地荒了去炼钢铁，就是不务正业。因此，这也是当年大寨的一大特色。全国几千万人大炼钢铁，大寨居然没有什么动静。

说到高产卫星，陈永贵与人们争论起来。他叼着旱烟袋，脸上一副似笑非笑的样子说：“亩产千斤、万斤，我那地打不下。我也不相信他们的土地能打几万斤。真要打那么多，我就请他们去大寨吃拉面!”拉面那时是昔阳待客的好饭食，但别人好像并不领他的情。有人说，人家打了那么多粮食，谁还用得着到你那里吃拉面。陈永贵又说，那他就连拉面也吃不着。

浮夸当时已成一种社会风气，非一两个人的行为。中共山西省委的一位领导在会上摸底，先问李顺达：“你的产量能不能上去?”李顺达对浮夸风也极为不满，他回答说：“我的产量上不去了。”领导又问陈永贵：“你的产量还能不能上?”陈永贵笑笑说:“我要能上去,早就报上来了!”省领导对这两位国家和省级劳模的回答很失望,也有些情绪地说:“看来你们是落后了!”

为了做通劳模的工作,上级还派晋中水利局长雷震一到大寨找陈永贵谈话。雷震一劝陈永贵:只要把产量报到2000斤,就可以保证他进北京。陈永贵不为所动,他说:“我没有打下的,一斤也不多报,打下的,一斤也不少报。”因此,陈永贵失去了这次进京当劳模的机会,但他的这种说老实话,办老实事,做老实人的品格在后来也受到了人们更多的称赞。

还在陈永贵在太原开会期间,昔阳县的一些地方已经为提高粮食产量瞎折腾起来了,而且大寨也被裹挟其中。大寨人管那种做法叫刨穴窝竞赛,即刨一个大坑,装进切碎的秸秆,然后再用土埋起来,大概这是要“深翻土壤”吧。为了将这项工作搞得有声有色,县里还弄了一面流动红旗,红旗总是在先进村里飘着。如果先进村被更先进的超过去了,就要敲锣打鼓地把红旗送给人家。陈永贵的会刚散,本来想在阳泉住两天,但村里的人眼看红旗保不住了,也怕他回来发火,赶紧派了团支书贾害和到阳泉去找他。

要说阳泉城也不小了,在这里找一个人也不是一件容易的事,好在大家都知道,他肯定是住在最便宜的旅社里。于是就在这个范围里找,果然,就在一个澡堂里找到了他。

贾害和告诉他,大寨由于没有刨穴窝,流动红旗恐怕保不住了,三天以后就要敲锣打鼓把红旗送给别的村子。陈永贵主动承担责任:穴窝是我不让刨的,丢了红旗我来送,一杆红旗也没多重,我一个人就可以扛着送给他们。别人该干什么还干什么,眼下就是第一搞土地的里切外垫,第二是组织劳力把秸秆切碎沤肥。

陈永贵原打算在阳泉住三天,因为担心误了送红旗的时间提前一天回到大寨。在路上他看到沿途许多人都在刨穴窝,担心大寨也跟着起哄。回村后他没有进家,直接来到地里,看到大伙都在切秸秆沤肥,心里总算踏实了。他是个农民,农民都明白一个理:人糊弄地,地就要糊弄人;人在地里瞎折腾,土地来年就不肯长庄稼。要想多打粮食,就要多施肥,勤管理。

第二天，陈永贵去给厚庄送红旗。没有敲锣打鼓，也没有随行人员。当他把红旗交到厚庄领导人手里时，倒是对方感到有些不好意思。彼此都是庄稼人，谁也明白这种干法对于种田人来说意味着什么，但能够顶住瞎指挥风，坚持按部就班种田，当时还真的没有几个人能做到。

3. 支援困难社队

大跃进的败象终于表现出来了，中华大地普遍处在了空前的经济困难之中，当时舆论称这种困难是“自然灾害”，又说这是苏联人要债造成的。两种说法都不是空穴来风，多少都有点道理，但都没有说到点子上。现在人们已经看得很清楚了，造成那几年经济困难的根本原因就是大跃进违背了自然法则和经济建设的规律，是1958年以来，各地大搞人民公社，大办公共食堂，大炼钢铁，大放高产卫星的必然结果。这是一次真正的经济危机，它造成了经济严重滑坡，人民生活水平普遍下降。在不少地方都发生了营养不良、浮肿病甚至饿死人的事情。在经济困难时期，国家主席刘少奇到他的家乡湖南省宁乡县花明楼去搞社会调查，乡亲们对他说，再这样搞下去，就会弄得路死人绝，到时候恐怕连抬死尸的人都会找不到。作为一个太行山区的农村党支部书记，陈永贵不可能知道更多的内情，但邻村普遍没有饭吃他是知道的。至今大寨人在他们办的展览里还称那几年为“自然灾害”，但他们也说到了，那种自然灾害邻村有，大寨几乎没有遇到。为什么呢？他们不肯说，估计心里是清楚的。

经济困难实际上是对前几年瞎折腾的一种惩罚，大寨人没有瞎折腾，也就没有受到惩罚。这不仅在太行山区，就是在整个中国农村也是不多见的。

太行山区非旱即涝，天灾年年都有，但只要在一个可承受的限度之内，就算好年景了。1959年是先旱后涝，但没有成大灾，大寨亩产量达到了600斤，人均口粮达到450斤，大队的储备粮也比上年增加了。1960年又遇到比上年严重一些的干旱，但大寨有了“海绵田”，普通的干旱能抵御过去，亩产量又比头一年提高了不少，达到了650斤。但此时，大环境是经济困难时期，穷村挨饿，富村难免要被“共一点产”。那年晋中地委召开各县县委书记会议，落实当年的生产和生活。会议确定，由于困难户多，有粮食的村子，社员人均口粮定为350斤，最多不超过380斤。350斤也好，380斤也罢，都是指原粮，也就是带着皮的粮食。把皮去掉后，也就是300斤左右。在几乎没有肉蛋、很少副食品的情况下，一年吃这点粮食是很难填饱肚子的。在讨论中，地委书记贾俊介绍了大寨的生产和生活情况，从太原赶来参加会议的省委副书记王谦明确表态，大寨人的口粮不低于400斤，这算是体现了多劳多吃的原则。即使这种在当时说来属于“格外开恩”的政策，今天看来仍很不合理，因为大寨村1960年比1959年每亩地多收了50斤粮食，但每人的口粮却比上年少吃50斤。

不管怎么说，大寨人当时是幸运的。他们在那样的年头，每人还能有400斤原粮，蔬菜瓜果也比别的村好些，虽然不能保证人人吃得饱饭，但饿死人的事情确实没有发生。更重要的是，他们获得了精神上的极大充实。那一年大寨户均向国家卖“余粮”3500斤。

大寨人关于吃亏、合算的账确实与众不同。一天，县里打来电话，说是某公社的供销社有一套马车连带四匹骡子一并出售，价格十分低廉。这种事情在经济困难时期倒也不少，县里通知大寨无非是觉得他们还有这个购买能力。大寨正在发展的势头上，当然需要马车和骡子。但他们又觉得价格太好了，自己买来就占便宜了。此时，陈永贵想到了金石坡大队，那个大队没有马车，甚至连路都不通。他的意见是让给金石坡。但这样他就要解决两个问题，一是要说服大寨村的一些人，因为人们毕竟不可能都达到劳动模范的水平；二是即使价格已经很低了，但金石坡仍买不起。

大寨村里有不同意见，陈永贵有办法。后来大寨党支部作过一个总结，说大寨人的脾气就是“好斗，七斗八斗，问题就解决了”。这是后来的总结，60年代初，还不是这样的说法。陈永贵当时的法宝是开会。先开支委会，说服党支部的几个委员，支委们统一思想了，再开党支部大会，就这样一层层地开下去。谁要是不同意，就说服教育，给他讲世界上还有三分之二的人正在受苦受难，给他讲亚非拉美人民还没有解放。一次不行两次，三次不行五次，发扬愚公移山的精神，每天说服不止，早晚让他同意了就算解决了问题。大寨人的这种做法后来推广时被概括为“思想领先，政治挂帅”。这种办法应当是行之有效的，因为一个村子总要有个权威性，陈永贵的说服教育总要比强迫命令来得温和些。但如果说村民们真的心悦诚服了，恐怕也言过其实。因为对于太行山村的农民们来说，用支援世界革命、支援亚非拉美人民来说服教育他们，显然有些云山雾罩。他们嘴上同意了，但心里不一定服气，甚至都不一定真明白那些大道理。例如有人在谈支援亚非拉美人民的体会时就说过，“压肥”我们倒是天天干，但“拉煤”就要跑很远。他们都不知亚非拉美为何人何事，谈何提高思想觉悟？其实就是大寨的干部们，真正弄清楚了亚非拉美革命的人也很少。70年代中期，陈永贵当上了国务院副总理，一次率中国代表团出访墨西哥。这是他第一次看到了拉美国家的实际情况，那里的人们远不是大寨人所想象的那样亟待“解放”。

不管用什么办法，大寨人算是都同意把马车和骡子让给金石坡了，但金石坡既然是穷村，就要穷出个样子来，他们没有钱买这套车马。但陈永贵认准了的事情，就要把它办成。在他的主张下，大寨人先把那套车及骡子买下来，然后再给金石坡送去。这才算是了了陈永贵的一桩心愿。

别人挨饿，大寨村有粮，来借粮的人自然不会少。有集体来借的，也有个人来借的；有的来借吃的，也有人来借种子。有的人原来帮助过大寨，或者赞扬过大寨，此时来借便觉得心安理得；有的人过去讽刺挖苦过大寨，此时来借粮自然就有些不好意思。大寨人在这件事情上确实表现出了高尚的风格与非凡的大度，不论是谁，只要张开口了，都尽量给予满足。到了该还的时候，有粮食的就还粮食，实在没有粮食的，就按交给国家的价格收钱。在那个有粮就能保住人命的特殊时期，能够像大寨这样处理事情的村子可以说是少而又少。一些邻近的村子原来与大寨不免会有些矛盾，但到了这个时候，几乎都得到了大寨的接济，都对大寨人心存感激，以往的不愉快也就随风而去了。

如果说对于前来借粮的人给予帮助还碍着面子的话，那么对于前来偷粮的人也给予关照就更不是普通农民能够做到的事情了。

一次守护庄稼的人抓到了一个小偷，交给陈永贵去听候处理。既是小偷，就不会是偷大东西，无非是偷点吃的，因为太饿了，就顾不上体面与修养。小偷被送到陈永贵面前，心中十分害怕，认定要受到严厉惩罚了。没想到陈永贵不仅没有惩罚他，还让他吃饱了饭，给了他几元钱和几斤粮票，告诉他缺粮食吃就来要，但不能糟蹋庄稼。那个小偷非常激动，以为是遇到了菩萨。陈永贵借机教育他："要是在旧社会，你偷在地主门下，跑不了吊在柳树上挨皮鞭打的下场，可现在是毛主席领导，我们的国家有困难，人民有困难，我就活，你就死，这难道说得下去吗？我只希望你们一点：你回去以后，想办法战胜灾害，克服困难！"

别人抓来的小偷，陈永贵给放了不算，还给吃给喝给钱花，抓小偷的人当然有意见。陈永贵听到议论后，又拿出了他的法宝：开会。在会上他教育大家说："我们过去打仗，讲优待俘虏，现在搞建设又要优待小偷；你们现在不理解，以后会理解的。你们仔细想想，我们的秋粮为什么过去不丢，今年却老是丢？小偷为什么不偷别人，就偷我们？道理很简单哩！过去他们的肚子不饿，今年饿了。别人没有粮食，我们有嘛！这么说，我们如果见死不救，还犯罪呀！你们也反映了，邻村的人不偷，外地人偷，这又为什么？不就是邻村吃过我们的借粮，赞皇、和顺他们吃不上吗？道理也明白呀，人心都是肉长的，他们找上门来，正是个机会，我们贴上一顿饭，正好向他们宣传艰苦奋斗，给他们一点克服困难的办法，把生产搞起来，这不是个意外的收获吗？他们学了我们的经验，有了粮食，叫他们偷，他们还来不来？"

陈永贵是个农民，但又不是普通的农民，从处理小偷这件事情上，我们就可以看出他很有一些政治头脑。就是这些政治头脑，使他一有机会，

便可以从农民群中脱颖而出，在中国的政治舞台上叱咤了一番风云。

4. 反对“投机倒把”

在那个特殊的年代，为了渡过难关，国家在政策方面放松了一些管制，只要能救人一命，对于做点买卖之类“资本主义自发倾向”也开始睁一眼，闭一眼。于是，濒临灭绝的市场又开始有了一点复苏的迹象。当时货物奇缺，只要有东西，无论要到什么价格，都不愁没人买。大寨就属于少有的有东西的村子之一。大寨村有粮，这是国家统购统销的东西，不能拿到市场上卖，其实即使国家允许，凭着陈永贵这样的当家人，也不会拿去卖。陈永贵对于市场买卖关系有一种本能的反感，对于批判“资本主义自发势力”有一种发自内心的拥护。后来陈永贵能够得到毛泽东的赏识，除了劳动模范以外，对于“资本主义”的仇视，不能不说是另一个重要原因。当然，作为一个识不了几个字的农民，他不可能真正弄懂究竟什么是资本主义，他所憎恶的资本主义，大多不过是一种想过舒适生活的要求，想通过倒买倒卖挣钱的行为，想穿件漂亮点的衣服，或者与漂亮的年轻姑娘说几句话。这些在今天的人们看来都很自然的事情，在当年的陈永贵眼里，就是“资本主义”了。

大寨粮食收得多，谷草谷糠当然也就多。在粮食紧张的年代里，这些都是好东西，谷草可以喂牲口，那时的牲口饲料早就被人吃光了，但农活又离不了牲口。至于谷糠则是上好的代食品，因为它总要比树皮、草根、白黏土可口得多。大寨有这些东西，想买的人就很多了。开始村里有人对他讲，平定县城有人收这些东西，价格不低。平定是昔阳的邻县，那人的意思显然是劝他趁价格合适的时候把谷草谷糠卖掉。但陈永贵的答复是："我们不能搞投机倒把。"所谓"投机倒把"，是一个特定历史时代的特定概念，意思是抓住一个变动中的机会，把便宜东西转手卖个好价钱。这是很典型的"资本主义"了，所以陈永贵坚决不干。

但村中有好货，不愁人不来。有人逐渐找到大寨，找到了陈永贵。一方是做买卖，另一方是要坚守社会主义阵地，两种不同的人，两种不同的思想境界，他们到了一起，就出现了一些戏剧性的场面。

来人问谷糠多少钱一斤，陈永贵默不作声。来人主动开出价格：两角钱一斤行不行？陈永贵摇头说不行。那人过了两天又来了，说两角钱不卖就三角吧。陈永贵还是说不行。那人问，你到底想卖多少钱一斤？看来他是准备出大价钱了。但令他大为不解的是，陈永贵报价是：三分。但补充了一个条件：不过不卖给私人，要想买的话，得拿大队介绍信。这一下真的把商贩堵住了。后来大寨果真按三分钱一斤的价格把谷糠卖了出去，当然买方一定要持有某个生产大队的介绍信。这种做法算经济账，大寨人是吃了亏，但算政治账，大寨人觉得他们做得对。

大寨人反感投机倒把，他们自己首先做到不投机倒把。他们村里有一头牛，因为受了伤不能下地，但从外表上一点都看不出来。大寨要把这头牛卖掉，别人去卖陈永贵还不放心，担心卖得价高了，他便自己赶着牛进县城。路上就有人要买他的牛，他一再说这头牛中看不中用，但别人却以为眼见为实，看到的好牛不会有假。后来又上来几个人，他越说不卖人家越是想买，价格也一个比一个给得高。从第一个报价 60 元开始，有人加到 70、80 元，最后竟加到了 100 元。那阵式真有些像今天我们看到的拍卖会。所不同的是，拍卖会上谁给的价格高就卖给谁，在这里，你给的价越高越是不卖。我们不知道当时陈永贵在想些什么，估计他一定觉得自己亲自出来办这件事是正确的，换了别人真有可能禁不住诱惑高价把牛卖出去。最后陈永贵还是将牛卖给了县食品公司，对方给了他 27 元钱，这才使他如愿以偿。

大寨人不仅自己不搞投机倒把，自己不卖高价谷草谷糠，还见不得别人搞这种投机倒把的行为，并且在自己能力所及的范围内对他们展开斗

争。

在粮食紧缺的时候，市场上不能公开卖粮食，但可以卖馒头，当然价格是比较高的。开始的时候在昔阳县市场上，馒头卖到了 2 角钱一个。那时人们劳动一天挣十分工，大多还合不上 2 角钱，自然买得起这种高价馒头的人不多。大寨人看着这种买卖人不顺眼，就要搅一搅他们的生意。他们派出了不少人，满市场的叫卖声。别人的馒头 2 角钱一个，他们只卖 5 分。这么大的差价自然有吸引力，许多人就围住了他们要求购买。当然，他们只是想搅一搅市场，并不真想卖多少馒头。通常的做法是把人喊来了，他们就走，只是在人少了的时候才卖两个调动调动买者的积极性，人多了就又走。因为如果认真卖的话，大寨粮食再多，可能也顶不下一天来。如果今天有谁也学着大寨人的样子，干那样的事，非得让有关部门以扰乱市场的名义给处理掉不可，但在那个年代，搅一搅投机商的生意是受政府表扬的事情。

5. 成为“太行明星”

大寨村在全国普遍发生经济恐慌的时候不仅自己的人有饭吃，还能超额完成国家的统购统销任务，而且还尽力帮助周围的社队。这种强烈的反差对比，使大寨作为一个明星脱颖而出。

1959 年冬，新任晋中地委书记贾俊利用来昔阳大寨开现场会的机会，在张怀英的陪同下，深入大寨搞调查研究，当他看到大寨的土地和庄稼后连声叫好。有人给他讲述大寨 50 条好汉修地造地的故事，他笑着说：“50 条好汉，陈永贵是宋江。”看到大寨的整个情况后，他讲，要树大寨，它是晋中的榜样。又说，大寨的基层支部好，要号召向模范党支部书记陈永贵同志学习。

于是，晋中地区掀起了学大寨、学陈永贵的热潮。晋中地委的报告报到山西省省委，省委第一书记陶鲁笳作了批示。1960 年 2 月，中共山西省委向全省发出“向模范党支部书记陈永贵学习”的号召，同年 6 月，《山西日报》发表题为《陈永贵——党支部书记的好榜样》的社论，动员全省党员，特别是各村党支部书记学习陈永贵的榜样，带领人民自力更生、艰苦奋斗、改天换地。

1960 年 9 月上旬，山西省委书记处候补书记黄志刚来到昔阳和大寨视察工作。他一路走一路看。那正是共和国历史上最为困难的时期，到处土地荒芜，民不聊生。但在大寨看不到这样的情况。他颇有感触地说：“我转了不少地方，哪儿也没有昔阳县的情况好；在昔阳，哪儿也没有大寨好，竟看不出任何灾情，简直就是个‘世外桃源’!”

1961 年 4 月，昔阳县委作出《关于推广大寨经验的决定》。12 月 30 日，《山西日报》又刊登出署名文章《太行山上一面高产红旗——介绍昔阳县大寨大队逐年增产经验》。

1962 年 2 月，陈永贵出席了山西省农业生产先进单位代表会议，大寨被评为“特等模范单位”，获得省里的奖励。1963 年 4 月，陈永贵再次出席山西省农业生产先进单位代表大会，大寨再次被授予“特等先进单位”称号。山西省委第一书记陶鲁笳在讲话中对大寨大加表彰，要求全省每个农业先进单位都要像大寨那样，不仅自己要把自己队的事办好，还要发扬共产主义风格，带好两个落后的队，否则下次不要来开会。这就是随后在山西省农村开展的“学大寨，一带二”运动。

第四章

天灾面前不弯腰

1. 李顺达来访

山西省农业生产先进单位代表大会及随后在全省开展的“学大寨，一带一”运动，对在山西的著名全国劳动模范李顺达也是个刺激。据说他散会后从太原回到长治，连中共长治地委的门都不进，马上搭上一辆运木头的卡车连夜回到平顺县西沟村。然后连着开了两天的会，讨论西沟怎么办？会上决定，西沟放下架子，学习三个先进单位，其中最重要的就是农业要学大寨，干部要学陈永贵。到了 6 月，李顺达又决定要来大寨参观，学习“取经”。

李顺达是平顺县西沟村的党支部书记，老劳模了，陈永贵早就听说过他的名字。1951 年省里组织劳模代表团去天津郊区参观学习时，陈永贵还在火车上见过他一面。但那时李顺达早已是大名鼎鼎，而陈永贵则鲜为人知。在火车上陈永贵一口一个“李老师”地叫着，但“李老师”似乎没怎么把他放在眼里，只给他讲了几句关于愚公移山的大道理。其实愚公移山的故事陈永贵早就听说过了，在教育别人的时候，他还用过这个故事，但这次从著名劳模李顺达口中再次听到这个故事，他仍觉得那么新鲜有趣。

十多个年头过去了，大寨早已今非昔比，陈永贵早已今非昔比，李顺达的登门求访就说明了这种变化。

与李顺达同时来访的，还有郭玉恩、武侯梨等 22 人，他们都是著名劳动模范。这是大寨接待的第一个大型访问团。这么多劳模一道来访，就不仅是大寨的荣幸，也是昔阳县的一件大喜事了。李顺达一行人到达阳泉火车站，昔阳县的吉普车已经等候在车站门口。县委领导及陈永贵本人都热情地迎接客人，与尊贵的客人亲切握手。大寨党支部的领导成员更是全体出动，还组织了一些社员在村口搞了个夹道欢迎的仪式。

李顺达等人参观了大寨的山山水水，他们深为大寨人所发扬的那种愚公移山的精神所感动，对于大寨取得的成绩赞不绝口。

中午吃饭的时候，大寨人设便宴招待客人。陈永贵给客人斟满了酒，然后举起酒杯开始了他的祝酒词："我们首先为李老师前来大寨检查指导工作干杯！"

李顺达赶忙说："这一杯我不能和你碰了。我今天到你家是向你学习的。你已经走在山西前头了，省委号召向你学习长江后浪推前浪，我应该称你为陈老师才对！"

陈永贵依然举着酒杯，充满感情地说："你在50年代就成了我的老师啦！毛主席为你的合作社作了批示！记不得咱们一块坐火车时我就认识你啦？这师生关系可不能变啊！我提议，拿起酒杯，为李老师登门指导干了这一杯！"

不要小瞧这个农民，他有着一副绝佳的口才。一年后他在北京人民大会堂，面对着上万名党政军各界听众口若悬河，滔滔不绝地讲了半天时间，凡听过他报告的人无不为之动容。以后他能够在政治斗争的风浪中大出风头，与这副口才也有直接的关系。在这方面，"李老师"不是他的对手。

► 陈永贵与李顺达等劳动模范在一起

酒过三巡，话也就说得多了。李顺达是个实心人，他不仅唱了大寨的颂歌，也实事求是地谈起了大寨的不足。比如他说大寨的水利工程还发展得不够，林业是个薄弱环节。此时的陈永贵还远没到听不得不同意见的时候，再加上给他指出不足的还是大名鼎鼎的李顺达。他很诚恳地说：我有机会，一定要去西沟看看，看你们怎么发展果园！

那天，大寨人还为李顺达安排了一场报告会，会名就叫大寨大队欢迎李顺达登门送宝大会。会议由陈永贵主持，李顺达作报告。作为一名国家级劳模，李顺达也是见过大世面了。他讲了西沟村的创业历程，讲了毛泽东主席给他们的批示，还讲了他的访苏经历。大寨村民听得也心情激动，掌声一阵接着一阵。

这一年秋收过后，大寨村的陈永贵、宋立英等人又到西沟作了一次回访。同行的还有陈永贵的长子陈明珠。在西沟村，最令他们大开眼界的是那里的农林并举。西沟村不仅农业搞得好，还栽了大片的果树。那一棵棵结出果实的苹果树，给陈永贵留下了美好而深刻的印象。回村以后他还多次对大寨人不无羡慕地讲：“你们钻在大寨，就总以为咱们干得如何如何，可差得多哩！啊，天外有天呀！看人家西沟，你躺在地下一张嘴，就能咬住树上的苹果！”

那年夏天，大寨刚刚经历了一场洪灾，李顺达问陈永贵有什么需要西沟帮助的，陈永贵笑着回答说：“不用，上级给我们送去的救济物资、救济粮食，我们还一概不要哩。你要愿意支援我们，就给我们拿一些好经验、好办法，帮助我们克服困难吧！”大寨人这种自力更生、战天斗地的精神，也给西沟人留下了深刻的印象。

2. 洪水自天降

中国古代的智者贤人老子有两句名言，叫做“祸兮福之所倚，福兮祸之所伏”。这两句话充满了辩证法的思想，讲的是祸与福之间相互依存，相互转化。

大寨村在1963年的经历证实了老子的这两句话。

“大跃进”运动中，大寨人由于顶住了“共产风”、“浮夸风”和“瞎指挥风”，在其他村子闹粮荒、集体经济摇摇欲坠的时候，不仅能够使本村的村民都大体吃饱饭，而且还向国家卖了大量的“余粮”，受到了上级的多次表彰。山西省委号召全省党员、特别是各级党的领导干部学习陈永贵的好榜样，《山西日报》多次刊登文章介绍大寨的先进经验，不少人都到大寨参观“取经”。大寨确实是名声在外了。

然而天有不测风云。1963年8月，大寨村遭遇了一场罕见的暴雨。大雨从8月2日一直下到8日，整整下了七天七夜。

这场洪灾后来曾被大肆渲染，通常的说法是“百年不遇”。直到最近，一些介绍大寨及陈永贵经历的书中，谈到这场洪灾时，仍说这是一次“百年不遇”的洪涝灾害。其实大寨村根本没有什么水文资料的历史记载，在这种情况下我们很难说某次洪灾为“百年不遇”。

大寨刚遭灾的时候，没有人说那是“百年不遇”的洪灾，1964年2月10日《人民日报》发表新华社记者宋莎荫、范银怀写的长篇通讯《大寨之路》中，浓墨重彩地写了这次洪灾，但也没有说它是百年不遇，只说是“遮天盖地的暴雨”。“百年不遇”是陈永贵的说法，但他以后又说大寨在

◄虎头山上建渡槽

1968 年遇到的雹灾，1969 年遇到的旱灾也都是“百年不遇”的。没有人对这三次灾害作过对比，但我想，如果真有所谓“百年不遇”的话，这三次灾害最多只能有一次属百年不遇。

有资料表明，1996 年太行山区又遭洪灾，大寨也不例外，而且比以往几十年间的任何一次洪灾都要大许多。这样看来，1963 年的洪灾也许并不是“百年不遇”。

但不管怎样，那是一次很严重的洪水灾害。那七天七夜下的雨相当于 1962 年全年的降雨量！雨大风急，山洪暴发，除了狼窝掌，大寨人十来年经营起来的 100 多条大坝全被冲垮，层层梯田冲成了大沟壑，好端端的土地冲成了红石板，庄稼毁的毁了，倒的倒了，苹果树也斜过躯干，把树根高高地翘了起来。大寨村的每块耕地都受到了损伤，百分之二十的土地、石坝、地堰，甚至连地基也冲得净光。全村有 180 亩土地被冲毁和淤没，540 亩地被洪水冲刷过。在村里，全村 140 孔窑，塌了 113 孔；125 间房子，塌了 77 间。

这是一次真正的飞来横祸。

但是，此时的大寨人再也不是大自然的奴隶了。在狂风暴雨的七天七夜，大寨人在泥里、水里搏斗。大队团支部副书记贾吉义领着一些年轻人，刚刚把 23 头大牲口从快要倒塌的圈里救出来，忽然听见大队长贾承让喊：“抢救粮食呀，仓库快塌了！”他们又直奔仓库。夜色如漆，放着粮食的窑洞，地皮一片一片地塌下来，抢救粮食的工作十分危险。但是，贾承让毫不犹豫地冲进去了，贾吉义也随着冲了进去，陈永贵的儿子陈明珠也冲进去抢救粮食。接着又有更多的年轻人、老年人冲了进去。他们冒着窑洞随时都可能倒塌的危险，虎口抢粮。扛的扛，担的担，只用两个小时就把三万斤粮食运到安全的地方。人们还没有来得及喘口气，就听轰隆一声响，窑顶裂开了一尺宽的大缝，泥土哗哗地塌下来。

七天七夜，大寨人很少合眼。他们团结得像一个人一样，涌现出了许多感人事迹。村民贾货小房子塌了，全家五口人没有地方住，贾承禄就把自己的房子腾出来，还帮他们砌好火炕。陈永贵的儿媳刚生下娃娃，房子本来不宽余，但她宁肯自己吃些苦，也要把房子让给更加困难的人家。随着被冲毁的房子越来越多，大家就干脆挤在一块住。

天降大雨的时候，陈永贵正在县城开人代会。他是县委候补委员，县里的许多会都要去参加。在会议期间，暴雨自天而降，会议也就临时增加了一项议程：讨论如何组织全县人民抗灾自救，恢复生产，重建家园。但陈永贵此时的心思实际上已经不在会场上。村里人把电话打到城里向他汇报灾情，但话刚说到半截就断了，原来洪水冲倒了线杆，大寨与县城的联系也中断了。

散会后，陈永贵心急如火地往回赶。但途中的松溪河正发洪水，滚滚洪流冲毁了小桥，冲的石头满河床乱滚。作为在山区长大的农家汉子，陈永贵不会游泳。再说像这样的河流，即使会游泳也无济于事。但是，人一旦坚定了意志，办法还总是能想出来的。结果在几个年轻人的帮助下，前拉后推的他总算过了河。

陈永贵回来了！大寨人又有了主心骨。在洪水面前坚强不屈的大寨乡亲，见到陈永贵后一个个都哭出声来。人们七嘴八舌地哭诉道：“金小，咱们的庄稼冲了！”“庄窝也塌了！”“往后，这日子咋过呀！”金小是陈永贵的乳名，大寨村的一些老人总习惯于这样称呼他。

其实陈永贵也很难过，大寨的山山水水都凝聚着他的汗水与心血，11年的艰辛毁于一场大雨，他可能比谁都更难过。但此时他不再是过去的那个金小了，他已经成为一个见过世面、有了涵养的农民领袖。他知道大家

都在看着他，他是大寨人的主心骨，他的一言一行一个表情都会在他的村民中产生重要的影响：如果自己表现出悲伤，大寨人就可能灰心丧气，那就真正是前功尽弃了；而如果自己能够挺住，大寨人就会信心不倒，大寨的山水就可以重新得到治理，大寨这个太行山区的先进典型就可以更放异彩。

陈永贵没有更多地谈论梯田、大坝、窑洞和房屋，因为谈论那些会使人越谈越泄气，而气可鼓不可泄是毛泽东教给他的一种最基本的领导方法。于是，他便向着没有受到损害的方面问了去：

“人怎么样？”

大家回答说：“人都在。”

“牲畜怎么样？”

“牲畜也都在。”

“那，粮食怎么样？”

“大部分都抢出来了。”

陈永贵于是开始了给大家鼓气：“人在就是大喜！山是人开的，房是人盖的，有了人，一切都会有！”这也是毛泽东的思想，毛泽东说：世间万事中，人是第一个可宝贵的。在共产党领导下，只要有了人，什么人间奇迹也可以造出来！

接着陈永贵又详细地给人们“道了喜”。他说：“我真的给大家道喜嘛！不承认是喜？第一，遭了这么大一场灾，一个人没有死，人在就是大喜事呀！第二，遭了这么大灾，几十头牲畜没有损失，这是不是喜？第三，咱们的粮食保住了，饿不了肚子，道不道这个喜？土地刮了，我们重新修起来；窑塌了，我们盖起来，走了旧大寨，来了个新大寨，该不该道喜？”

本来是一场大灾，经他这么一番“道喜”，人们真的开始转悲为喜了。陈永贵还给乡亲们搞了“忆苦思甜”，也就是说一说旧社会的苦，思一思新社会的甜。他说：“要是这次大灾发生在旧社会，那就算完了，不知有多少家要死人，要卖儿卖女，要去逃荒要饭。咱们上了点年纪的，不都还记得 1920 年那场灾，那时我们陈家整 5 口，被俺爹卖了 3 口。如今，俺陈家又整 5 口，要是我现在张罗着卖老婆孩子，大伙儿不把我当疯子吗?”

陈永贵的乐观态度感染了大家，人们从他的话中得到了力量，一个个新的希望又向他们走来。

3. 先治坡，后治窝

安排完村里的事，陈永贵又到虎头山上转了一圈。地里的损失确实是严重的，据陈永贵估计，有 180 亩地不仅当年收不了粮食，第二年的庄稼也不好种。其余的 600 多亩地里，庄稼倒的倒、歪的歪，还有的被埋在泥里。他走到一块玉米地里，蹲下身子把一颗倒伏在地上的玉米苗轻轻地扶起来，又用脚蹇起一堆土，埋在苗的根部，轻轻地踩了踩，玉米苗还能够站住。这说明，只要抢救及时，粮食还不会绝收。

当时大寨遇到的灾害是两方面的：一方面是地里的庄稼被冲毁严重，另一方面是村里的窑洞和房屋大多倒塌了。两方面都要及时解救，但大寨的劳力只有那么多，外面的救济陈永贵又不要。那么就有个先后顺序的问题了，即救灾先从哪里入手。陈永贵的方针是六个字：先治坡，后治窝。也就是先集中力量把地里被冲倒、被埋起来的庄稼扶正、培直，保证当年的收成，然后再修整房屋和窑洞。陈永贵将村里的劳力兵分三路：一路是拿出 60%的劳力去扶苗修地，准备种麦；二路是拿出 20%的劳力去割蒿沤肥，准备明年的生产；其余的人烧砖、烧石灰、修窑、盖房。

把倒伏的青苗扶起来是生产自救的当务之急。大寨人紧急动员起来，在地里一株一株地扶起倒伏的庄稼，扶不起来的就几株合起来捆扎，他们戏称这是“组织起来”。大寨在大灾之年仍能夺得粮食丰收，扶苗起了关

键性的作用。这也成了大寨人对付天灾的一个法宝。此后，每当遇到灾情，大寨人就要挨着苗走去走来，少了的补，长得不好的下肥，歪倒了的扶正还绑上一根棍子。这就是大寨人田间管理的独特方式——单株管理。

后来，在一次大寨村的社员大会上，有个叫赵小和的人又提出了一个改进意见。他提出，咱们白天干地里的活，晚上点上汽油灯给新房平地基、抬石头。他的这个主意获得了大家的赞成。于是，大家便在白天到地里去扶苗修地，晚上则集中在规划好了的宅基地上抬石头，垒砖头，为建设他们的新家园而加班苦干。赵小和提出的这个新方法，后来被大寨人概括为白天治坡，晚上治窝。

今天，当人们走进修建在虎头山上的大寨纪念馆时，还可以看到介绍赵小和事迹的展览。他小时候是一个穷孩子，长大了赶上了合作化。据说开始他并不怎么喜欢陈永贵搞的那种超强度的劳动，表现很不积极，经常受到批评。陈永贵、贾进财曾一遍又一遍地做他的思想工作，给他讲述革命的道理。后来这些道理真的就管了用，赵小和的思想竟转变过来了。当然，一个普通的农民，他的思想境界还不可能达到陈永贵那样的水平，所以，陈永贵仍时不时要对他进行继续教育。他是个赶马车的人，一次他赶着马车给县里某厂家送钢筋，卸过车后他又拿了人家的一根钢筋放在车上弄回村里，因为他见村里建房用得着这东西。他并不认为这有什么不对，又不是往自己家里偷？但陈永贵批评了他的做法，还给他讲道理，教育他不要拿人家的东西，说这等于损了公家，肥了自己，还要他把钢筋给人家送回去。还有一次，村里派他去买牛，他买了 4 头，却弄了 5 头牛回来，原来有 1 头牛是跟着别的牛自己走来的。赵小和认为这次不同于弄钢筋，牛又不是偷的，是它自己跟来的。这次又是陈永贵教育他，对他讲丢失了牛的主人此时肯定很着急，要他赶快给人家送回去。赵小和不肯，陈永贵就决定自己亲自去送。恰在此时失主找上门来了，大寨把牛给了人家，陈永贵还向人家道了歉，事情才算完结。

赵小和就是死在他所提议的白天治坡、晚上治窝的劳动中。大寨人干活就是拼命，用当时的话说，叫做“革命加拼命”。人们白天在地里干，晚上还要在村里干，而且两个地方都是超强度的劳动。大家都咬牙坚持着，没有谁说一句“草包”话。但人毕竟都是血肉之躯，长期超强度的劳动事实上已经伤害了他们的身体。有人后来作过调查采访，发现大寨许多人都留下了腿脚或者是腰病，这就是长期超强度体力劳动所付出的代价。也就是在那些日子的劳动中，赵小和付出了他年轻的生命。按展览馆的介绍，他是在驾车的路上，马惊了，为了保护集体财产，在顶住马车滑入山下的搏斗中不幸牺牲。但也有人讲他是太困了，坐在车上就睡着了，大车颠簸，把他从车上颠了下来，轧死在自己马车的车轮下。悲剧发生时，只有他一个人在场，他又已经离开了人间。那是一个怎样发生的悲剧，恐怕我们永远也弄不清了。

4.“铁姑娘”队

在与特大洪涝灾害的搏斗中，大寨还涌现出了一支“铁姑娘”队。

在抗洪救灾的行动中，大寨妇女接受了扶苗、抢救庄稼的任务。她们卷起裤腿，拿起镬头，在泥泞不堪的陡坡上，重开道路。摔倒了爬起来再往上爬。爬上陡坡，踩着泥水干。大寨的“刘三姐”郭凤莲，领着姑娘们大声唱起歌来：“高山挡不住太阳，困难吓不倒英雄汉；脚踏岩石头顶天，大寨人民意志坚……”她们像侍弄自己的孩子似的，聚精会神地细心地把一株株倒下去的庄稼，轻轻地扶起来。腰弯得酸痛了，顾不得直一直；汗流在脸上，顾不得擦一擦。不到5天，扶起了300亩玉米、200亩谷子。哪知道，过了5天，一场大风，又把几百亩玉米、谷子刮得东倒西歪。看到这种情景，妇女们不气馁，不怕难，她们说：“刮倒了，再扶起来，看‘老天爷’厉害，还是妇女们的干劲大。”开始，大家费了很大劲，一根谷

苗总是站不起来，不知是谁想出个好主意：把几根谷苗捆在一起。一试验，成功了。看到谷苗又站起来，别提妇女们那股子高兴劲了，她们说："那比怀胎十月，孩子呱呱坠地都高兴。"这就是被大寨人戏称为"组织起来"的单株田间管理经验。

经过几天的苦干，"老天爷"比输了，几百亩谷苗又全部站起来了。秋收时，大寨在遭到特大的自然灾害以后，又获得了大丰收，除留够种子和饲料外，还斤两不少地完成了国家 24 万斤征购任务。看到地里的好庄稼，大队长贾承让夸奖说："大寨共有 800 来亩土地，分成 2900 多块，亩亩地里都有妇女的脚印，块块田里都有妇女的汗水。这 800 来亩土地，从下种到秋收，哪一道工序也离不开妇女，哪一株庄稼也和妇女有密切关系。"陈永贵也说："庄稼长得好，有妇女们的大功劳。她们，特别是贫下中农妇女们，个个能够严守阵地，把好关口，有一套过硬的生产本领。"

合作化初期，大寨妇女参加集体劳动是新事，下地时，不敢把镬头扛在肩上走；学习深刨技术的时候，她们还不好意思脱掉鞋光着脚刨。那时，男人也看不起妇女，有的说："要妇女下地干什么，不过在地里多踩几个坑。"有的说："妇女担不能担，刨不能刨，下地只是白混分。"妇女们自己也有自卑心理，怕男人们瞧不起，认为妇女只能在家里做做针线活，做做饭，哪能参加农业生产。

在这方面大寨的共产党员起到了带头作用。别的妇女怕羞，共产党员宋立英就扛着镬头走在前面。陈永贵也利用各种机会，通过各种办法，向村民进行教育，宣传阶级解放和妇女解放的关系，宣传妇女是社会主义革命和建设中一支不可忽视的力量。还向妇女进行补课，说明劳动光荣，妇女只有进行劳动生产才能彻底解放。同时，耐心帮助妇女学技术。

妇女们刚参加劳动时，别说掌握农业技术，就是担三四十斤的粪担也干不了。但她们没有被困难吓倒，她们说："没有生产本领，怎么能和男社员一起使穷大寨变富大寨？"她们先练基本功，练粗活。在学挑担上山时，一个个肩膀压得又红又肿，她们还是有说有笑："这不能担担的肩膀，真是个'财主'肩膀，必须加紧'改造'它。"她们担着粪担跑得更快。干部们怕她们累坏，要调她们干别的活，她们说："不受点累，怎么能学会?”仍然坚持干。“财主”肩膀终于被“改造”好了。接着学细活、技术活：下种、间苗、追肥、深刨等等。

大寨对下种的要求十分严格：种子大小一致、肥料多少一致、深浅一致、株距行距一致。功夫差一点也不行。妇女们开始学时，不是肥料撒得不均匀，就是点种深浅不合标准。有个叫贾田环的妇女，因为过分紧张，不是捏籽时捏多了，就是该放玉米时放了豆子。陈永贵便耐心地帮助她，在地头用木棍划道道，说明玉米和豆子间作的规格和要求，还给她编成顺口溜：“玉茭、玉茭、豆”。贾田环也十分用心地学，连走在路上也学习。她还用大石子当玉米，小石子当豆，一边走，一边点；回到家里还练习捏籽。她们经过勤学苦练，终于学会了。

在学锄地时，妇女们开始不会换手，不会走脚步，锄的深浅不匀，锄过的地又踩得平光光的。陈永贵就亲自给她们做示范，一边做给她们看，一边讲如何换脚，如何使劲，如何刨土。还叫每一个老农带一个妇女学着干。妇女们怕把地踩平了，在宋立英和陈永贵的老伴李虎妮的带动下，干脆脱了鞋，光着脚，一脚一脚地、一镬一镬地练着干。

经过勤学苦练，大寨的妇女们变得能干起来。特别经过几场竞赛，如间谷苗，妇女完成任务又快又好，赛过了男劳力。事实证明，妇女是可以干得好的，男人们也就相信妇女们是能干的。连早先瞧不起妇女劳动的贾来恒也说：“妇女们有志气，学会了担担，推平车，深刨，再苦也不叫苦，

▶ 大寨“铁姑娘”

队里任务紧张，不用妇女可解决不了问题。”

5. “三不要”和“三不少”

说祸兮福之所倚，大灾使大寨因祸得福，主要是因为大寨在大灾之年不要国家的救济，完全凭着自己的力量战胜了灾害，夺取了恢复生活和重建家园的胜利。

大寨遭了灾，中央和省、地、县各级领导派来了慰问团，全国各地的慰问信也从四面八方寄到大寨。从各种渠道还先后有多批救灾钱物拨发下来，大寨人心想，能够自己渡过去的难关就不要伸手讨救济。此时大寨通往县城的电话线也修好了。头一天，公社打来电话，给他们拨下了80元的医药补助费。大寨的干部说：“把钱给别的兄弟队吧，我们没有伤病员。”第二天，公社又打来电话，又给大寨拨下100元安置金。大寨的干部们又回答说：“我们能安置得了，把钱给别的队吧！”第三天，公社担心他们没房住，拨给大寨50领席。大寨的干部又说：“大寨有苇子，要用自己编，把公社的席子给别的队吧！”后来公社又打来电话说：“你们的灾情重，国家拨给你们1000元救灾费！”大寨的干部又说：能自己走过去的路，就不让人扶。能克服了的困难，就不能伸手向国家要钱！

在陈永贵的倡导下，大寨党支部就确定了“三不要”的原则，即不要国家的救济款，不要救济粮，不要救济物资。一句话，全凭自己的力量战胜灾害。在这个基础上，陈永贵又进一步提出了“三不少”的口号，即向国家卖粮不少，社员口粮不少，集体的库存粮不少。“三不要”大寨人已经做到了，“三不少”要到秋收以后才能兑现。公社党委书记卜鸿义对这个“三不少”也有些顾虑，主要是担心不减少些征购粮指标，会影响到大寨人的生活。卜鸿义为此还专门找陈永贵谈话，劝他说，今年遭了灾，哪一家也完成不了征购任务，给你减一减吧。陈永贵不领情，他很干脆地说：“不减，保证完成，而且口粮和储备都不少。”

陈永贵后来总结说，1963 年遭灾后，社员们不分农忙和农闲，不分好天和坏天，一股劲地为集体干活。全大队从事农业生产的 105 个男女全半劳力，从遭灾到 1964 年秋天，除按季节保质保量地完成一般的农活外，每人平均恢复、整修和新修耕地 4 亩 9 分，修建房屋每一个劳力平均投工 40 多个。

灾后村里要大搞基本建设，需要的石头很多。开山打石头的工具，以往都是由集体购置的，现在遭灾了，要大量添置工具。为了减少集体的开支，党支部还没有号召，村民赵素小、李银良等人，就自动地购置了一套石匠家具，跟着贾进财学习开山凿石技术。随后又有 28 个村民自动打制了开山用的工具。

生产自救和重建家园都离不开钱。大寨党支部决定不向国家伸手，村民们也表现出无私忘我的高尚情操。村民李喜庆把自己的 800 元存款拿出来借给大队。他说：“集体是大家庭，别人的困难，也就是我的困难，我不能自己存着钱，让别人受难。”在他的带动下，全村共 83 户人家，有 57 户借出了款，总额是 12000 多元。

在救灾中由于不要国家的救济，大寨人便格外珍惜每一分钱。搞土地建设，原来计划得花 3000 多元，实际只开支了 300 多元。比如，开山抬石头需要 12 根铁绳、12 根铁棍，买新的要花 300 多元。村民们说：不用买了，自己打吧。他们有一个铁匠，又带了个徒弟，村里只花了 3 元多钱，把各户的废铁收回来，不但够打铁绳、铁棍用，还打了些其他开山用的工具。

大寨人的血汗没有白流，他们自力更生、艰苦奋斗，在大灾之年，地里的庄稼仍长势很好，秋天收得了 40 万斤粮食。除了口粮、种子和饲料，他们还向国家卖了许多余粮。

在村里，不到三个月就建成了 40 间人字架的瓦房，砌成了 20 孔石窑

洞。而且，大寨党支部还提出了一个大胆的设想：5 年恢复土地，10 年建成新村。当时有人觉得难度太大，但后来他们仅用了 2 年时间就恢复了全部土地，到 1964 年大寨共恢复土地 130 亩，整修土地 500 多亩。一年来修补房屋、窑洞 62 间（孔），新建瓦房 72 间，窑洞 36 孔。那一年，大寨的粮食亩产达到了 809 斤，按当时的说法，是跨过了长江。到 1965 年，大寨新村建成。也就是说，他们只用了 3 年多时间，就让社员全都搬进了新居，永远结束了住土窑的历史。真正实现了陈永贵所说的，送走一个旧大寨，迎来了一个新大寨。

大寨新村的住房设计也很独特。它倚着山坡，建起一排排石窑，石窑上面，又盖起一排排青砖瓦房。远处望去，像是一片楼房，又像是一列列的火车车厢。所以人们说它是“似楼非楼”的“车厢新居”。窑洞的两端有车道可以出入各种车辆，中间有楼梯使排排相连，村民上下出入十分方便。后来周恩来到大寨时还曾称赞过大寨新村的民居。

今天到大寨观光的人们，仍可以看到当年的大寨新居，这些窑洞与房屋现在都还住着人。当然，由于时代的变迁，今天住在这些窑、房里的人开始感到了不便，那就是各家的生活空间比较狭窄，住户没有独立的院落。这是因为那一代大寨人没有想到后人还需要独立空间，他们认为集体生活才是最幸福的。

陈永贵说到的事情，大寨人给他做到了。尽管遭了大灾，但通过全体

◂ 大寨新村

大寨人忘我的劳动，当年就取得了亩产 704 斤的好收成，全村粮食总产量达到 56 万斤，比上一年只减产 4%，大灾之年还卖给国家 24 万斤粮食，社员的口粮也吃到了 400 多斤。由于遭了灾，总收入比 1962 年少了 2 万多元，干部和大家商量：今年积累不积累？大家热情都很高，纷纷说：应该多积累，如果不是前几年积累多，这场大灾就过不去。按照大家的意见，这一年大队留的公共积累占总收入的百分之十五。

大寨人自力更生战胜洪灾，在大灾之年做到“三不要，三不少”，使本来就已经名声在外的大寨更加人气旺盛。省里请他到太原市去作报告，11 月 28 日《人民日报》还刊登了长篇通讯《奋发图强，自力更生，以国为怀，顾全大局——大寨大队受灾严重红旗不倒》，中共山西省委又发文件，号召各级党委组织学习大寨藐视困难的英雄气概和高尚风格。

6. 自力更生十大好处

凡有人群的地方遇事都会有不同意见，大寨也不例外。在遭受灾害之后，对于来自四面八方的支援，大寨干部坚持一份也不要，但有的群众就有意见。认为这些东西又不是我们伸手要的，人家给送上门来了，为什么不要？再说，大寨是重灾区，送来的钱和东西并不是不需要，单凭自己的力量渡过难关，要多吃多少苦？多受多少罪？

群众中的这些意见，不可能不反映到村党支部那里去。于是陈永贵就开始给大家做工作。有一次他在党支部会议上说：咱大寨的土地遭了灾，但是咱大寨人的思想上可不能遭灾，如果我们屈服于灾害的压力，就是思想上遭灾，这个灾比什么都厉害！

为了解决群众中的思想问题，大寨党支部一连召开了 7 次群众座谈会，支委们与村民广泛交流思想，以便真正从思想上解决问题。

那时，陈永贵家的窑洞让给了一个产妇住，他同许多人一样，住在大队办公室里。晚上，别人劳累了一天，一躺下就鼾声大作，沉沉地睡着了，可他躺在炕上，还在翻来覆去地思考问题。他觉得应该多讲自力更生的好处，把自力更生的好处给大家说透。于是，他就总结起了自力更生的好处来。

据一位长期采访大寨新闻的新华社记者介绍：有一天晚上，陈永贵和一个叫李锦荣的下乡干部一起熬夜总结自力更生的好处。陈永贵想一条，李锦荣就记一条，李锦荣想出一条，陈永贵同意，也记上一条。就这样，你一条，我一条，最后凑了十条，这就是后来很出名的那个“自力更生的十大好处”。

陈永贵拿着这十条总结要支委会讨论，支委们听了都说很好，就顺利通过了。他又把这十条拿到社员大会上讨论。社员大会在大寨俱乐部的大屋子里进行，会场前面的桌子上放着很多慰问信。陈永贵先叫会计念那些慰问信，念完后他就开始讲大寨的村史，尤其是讲大寨卖谷草、让马车这样的事。党支部还组织老年人给大家讲述 1920 年旱灾后的悲惨遭遇，并和今天遭灾后的情况作比较，同时讲兄弟队奋发图强、发展生产的情形，用以激励大寨人自力更生、苦干实干的精神。陈永贵在会上问大家：“过去遭灾谁来慰问?”大伙说：“死了也没有人问。”陈永贵又问：“你们看现在和过去一样不一样?”大伙说：“那还能一样了!”陈永贵说：“既然和过去不一样，咱们就办和过去不一样的事，不要国家一文钱，自力更生，战胜困难，把土地和庄窝重新建起来。”于是，自然导入主题。陈永贵把他的自力更生的十条好处一条一条地念给大家听，念一条，讲一条。听他这么一念，这么一讲，村民们也就不再说什么了。

陈永贵这个“自力更生的十大好处”后来还登在了《山西日报》上，《人民日报》也作了转载，于是这些经验也就广为流传了。后来陈永贵还在北京人民大会堂当着上万人讲过它，使它既成为大寨人艰苦创业的一笔精神财富，也成为陈永贵以后跻身中国政坛的一大资本。

► 大寨向农业机械化迈进

这十大好处是：

第一，自力更生激起了干部和社员更大的革命干劲，调动了社员参加集体生产劳动的自觉性和积极性。大寨在大灾之年能够做到“三不要”和“三不少”，靠的就是全体村民的冲天干劲。干劲是从哪里来的呢？陈永贵认为就是从自力更生来的。他在后来发表的文章中总结道：社员们说得好：自力更生就是依靠自己的力量建设自己的家园，谁也愿意建设得快一点。为了早日战胜灾害，原来积极的社员更加积极了，过去劳动差的社员也变得积极了。

第二，自力更生能使社员更加热爱集体、依靠集体，自觉维护集体的利益。陈永贵后来总结说，十多年来，我们坚持自力更生搞建设的方针，把穷大寨变成了富大寨，一步一步地吸引着广大社员心向集体。1963 年遭灾后，社员们损失了口粮补上，塌了旧房集体给修建新房。通过这些事实社员们更看清了集体的力量，把集体看成了自己的命根子。陈永贵说：“自力更生的优越性说不完，用不尽。如果没有自力更生，不去艰苦奋斗，优越性就发挥不出来。”

第三，自力更生进一步增强了社员之间、干群之间的团结，形成了一种同心协力、克服困难的新风气。陈永贵总结说，大寨遭灾后，大队统一制定了恢复土地和庄窝的计划，这个自力更生的计划完成得好坏对每个社员都有切身的利害关系。因此，它把社员的心连在一起，促进了社员相互

团结，相互帮助。自力更生克服困难，也使大家养成了齐心合力想办法的习惯。

第四，自力更生医治自然灾害创伤，不仅有利于当前，而且有利于长远。陈永贵事后总结说，遭灾前，大寨最大的地块是 5 亩，灾后，村里建成了 15 亩大的地块。遭灾前，大寨不少耕地的石坝石块小，地里缺少完整的排灌渠道。灾后，大寨人以更高的标准来建设农田，垒坝，小石头变成大石头；整地，小块连成大块，新增加了排灌两用渠。村民们说：灾害逼着咱们往高处走，咱要一年建成“永久田”，不光咱们这一辈子，下一辈子也不让它坏。

第五，自力更生促进了勤俭办队，勤俭持家，勤俭办一切事业。陈永贵引用了村里人常说过的两句话：“顺手飞来的钱花一元也不可惜，自己劳动赚下的钱花一分也心疼。”自力更生，重建家园，就是靠自己的劳动积累、集体的资金为大家办事情的，因此，大家处处注意精打细算，尽可能地少花钱多办事。自力更生还培养了社员勤俭持家的好风尚。许多人说：集体的家业来得不容易，自己不能轻易给集体增加负担。富日子要当穷日子过。

第六，自力更生考验了干部，锻炼了干部，增长了干部的才干。陈永贵认为，办法是困难逼出来的，本领是斗争中炼出来的。如果单纯依赖国家，拿上国家的钱买东西，谁还干不了！哪里还能锻炼出好干部？自力更生战胜灾害，就迫使干部在困难面前动脑筋，想办法。1963 年遭灾后，大寨遇到了许多困难和矛盾，克服一个困难，解决一个矛盾，干部就有一次新的提高。其中，最重要的是，干部的思想水平提高了。通过实践，大家认识到：灾害和困难并不可怕，可怕的是人被困难吓倒；只要相信群众，依靠群众，什么困难都能克服。生产队长梁便良说：“过去常说群众路线，体会不深。这一年可是看清楚了，自己不敢想的事情办到了，自己想不出的办法群众给想出来了。”

自力更生也促进了干部更好地参加劳动。因为干部不带头实干，就不能带动和影响群众自力更生克服困难。

第七，自力更生能使干部和社员看到自己的缺点，找到差距，并积极想办法消灭差距。大寨灾后搞建设，需要很多木材，不得不花许多钱去外边买。为什么？大寨党支部找出了差距，认为就是因为自己没有植下树。这件事也使大寨的干部和群众认识到，生产发展不全面，造林工作没有赶上去。他们又进一步思考：为什么没有赶上去呢？党支部认为就是干部过去对群众的革命干劲估计不足，常说是劳力缺乏，没有认真地发动群众植树造林。自然灾害逼着大寨人抓这项工作了，结果第二年各项工作任务最繁重，可是造林成绩也最大，一个春季，全村共植树 7500 多株，荒山播种 300 多亩，等于前十年的总和。陈永贵据此认为：“可见，工作上的差距，首先是思想上的差距，自力更生的要求，使我们认识了这个差距，也就有了消灭差距的可能。”

第八，自力更生对巩固人民公社有利。大寨公社共有 23 个生产大队，大家都遭了洪灾，有的队家底比大寨薄，困难多；大寨不向国家要钱要粮，国家就可以重点支援困难多的大队，进一步显示人民公社的优越性，增进全公社的团结，促进全公社生产的发展。

一年以后，显然是由于阶级斗争风声日紧，也可能是在某个文化人的帮助下，陈永贵修改了第八条好处，将其改成：自力更生打击了阶级敌人的气焰，进一步巩固了社会主义阵地。陈永贵总结说，刚遭灾，一部分地主、富农分子眉开眼笑，幸灾乐祸，他们说：“国家不救济不行，大寨没有那么大力量战胜灾害。”可是我们没有要国家一分钱、一斤粮，依靠集体的力量，恢复了百分之七十的土地，把大寨建设得更好，自力更生战胜了灾害，使贫农、下中农更加扬眉吐气，腰杆子挺得更直了，说话做事更理直气壮了，使阶级敌人在活生生的事实面前认输了。

第九，自力更生克服困难，给革命接班人树立了好榜样。陈永贵认为，现在的青年人，都是吃蜜糖长大的，他们没有经受过旧社会的苦，也没有遇到过什么大困难。我们自力更生克服困难，就使他们懂得了应该怎样对待困难。大寨村的青年人，经过一年的奋斗，已经认识到：困难并不可怕，只要有革命干劲，靠自己的双手能把幸福争回来。

第十，自力更生战胜灾害，推动了“一带二”比学赶帮运动的发展。通过灾后的生产自救，大寨周围的社队，更主动地和他们联系，互学互

帮，积极地走自力更生的道路。

虽然这个“自力更生的十大好处”，某些方面不可避免地带有那个特定时代的烙印，但就其主要方面来讲，还是正确的。当时我们的国家还很困难，需要国家做的事情很多，如果大家遇事都向国家伸手，国家将不堪重负；如果人们都能像大寨人那样，发扬自力更生、艰苦奋斗的精神，则国家的经济调整就容易走向正轨。陈永贵作为一个山村农民，能够站在这样的高度来看待问题，以国为怀，的确很不容易。

需要指出的是，在医治自然灾害创伤的过程中，大寨村也得到了国家和其他社队的支援和帮助。如大寨公社、白羊峪公社、沿尚公社的许多生产队，有的支援他们工匠，有的支援他们树苗。阳泉市的工业企业，给他们运来了钢瓦和木料。这些尽管都是在自愿互利、等价交换的原则下实现的，但这些毕竟都为大寨村顺利地进行生产自救创造了有利条件，因此，也是后人不应当忘记的。

第五章

脱颖而出

1. 学大寨，一带二

大寨是昔阳县委和晋中地委很早就发现并且一直培养的一个先进典型。还在1959年，晋中地委为了在全专区推广大寨党支部工作的先进经验，就在大寨开过现场会议。1962年，晋中地委为了推广大寨发展生产、巩固集体经济的经验，又向全专区农村提出了学大寨的号召。

大寨经验引起中共山西省委的重视，最早是在1960年。这一年的2月，山西省委向全省各级党组织发出了关于学习模范支部书记陈永贵的指示，号召全省农村所有基层干部，首先是党支部书记，开展一个学习陈永贵同志带头参加集体生产劳动、搞好生产、搞好工作的运动。但是，这个号召并没有引起各地的普遍重视。直到1963年3月，在全省农业生产先进集体单位代表会议上，陈永贵生动地系统地介绍了大寨的经验，才给人们留下了深刻的印象，并且又一次引起了省委的重视。在那次农业生产先进集体单位代表会议上，省委总结了大寨的经验，把大寨当做全省农业战线上的一面旗帜，提出了学大寨的口号；也总结了大寨带动井沟的经验。

井沟是大寨南面的一个贫困村。从1959年开始，大寨开始在经济、生产技术、经营管理等各方面帮助井沟村追赶自己。到1962年，井沟村的粮食单位亩产量就由1959年的270多斤提高到505斤，成了全省的先进单位。对此，后来省委总结了陈永贵常说的几句话："咱们爱集体，要爱自己的集体，也要爱别人的集体，更要爱社会主义的大集体，这才是真正的集体主义。""一个大队算不了什么，国家是大海，自己不过是一滴水。一个大寨生产再先进，卖的余粮再多，也不能建成社会主义。要是全省、全国的生产大队都办得比大寨好，国家还怕不富足，我们还怕什么帝国主义、修正主义捣乱！所以，我们诚心诚意希望各兄弟队，都能赶上大寨，都能超过大寨，赶得越快越好，超得越多越好。”“支援别人也就是支援自己。”省委及时总结了这些经验，提出了一带二的口号，要求所有的先进单位，都来学大寨、一带二。当然，一带三、一带四更好。总之，要把自己周围的队带动起来，形成一个比学赶帮超的群众运动。

1963年8月，大寨大队遭到了特大洪灾，他们提出了不要国家救济款、救济粮、救济物资的“三不要”口号。秋收后还斤两不少地完成了国家的粮食征购任务。疾风知劲草，山西省委认为，大寨确实是一株社会主义的劲草。当年11月，省委又发出通知，号召全省各级党组织学习大寨人藐视困难、敢于革命的英雄气概，自力更生、奋发图强的坚强意志，以国为怀、顾全大局的高尚风格。同时，省委又系统地、全面地总结了大寨十多年来坚持阶级斗争、生产斗争和科学实验三大革命运动的经验。这样，大寨就成为令人更加信服的一面旗帜，全省的学大寨运动也掀起了一个新的高潮。

在学大寨运动中，山西省委还将大寨精神归纳为一条红线、五个要点。一条红线，就是毛泽东思想挂帅，总路线挂帅。五个要点，就是：有社会主义、共产主义的远大理想；有爱憎分明、一心向党的坚定立场；有自力更生、艰苦奋斗的顽强意志；有大胆踏实、改天换地的革命干劲；有热爱国家、热爱集体的高尚风格。

从1963年到1965年底，山西省有组织地到大寨参观学习的县、社、队干部和社员群众已经近20万人。省委认识到，这对于推广大寨经验起到了很大作用。因为人们经过实地参观，就对大寨有了感性认识，就便于找到自己和大寨之间的差距，就能够更有说服力地动员广大干部和群众开展学大寨的运动。在运动中，山西省委还批判了阻碍学大寨的两种“形而上学的观点”。一种是借口条件特殊，不承认大寨经验的普遍意义；一种是缺乏雄心壮志，自甘落后，不敢学大寨的革命精神。在批判中，省委注意树立学大寨的先进典型。

第一个方面的典型是李顺达领导的西沟村。西沟村的干部在李顺达的

带领下，1964 年春季又来到大寨参观学习。在参观之前，他们组织干部、党员、社员学习了党中央和毛泽东的有关指示，检查了盲目自满、故步自封的思想，大破“生产到顶”和“条件不好”的论调。在参观之后，又开展了一次大讨论，促进了干部、群众的思想革命化，提出了“革命精神学大寨，粮食产量赶大寨”的口号。结果，1964 年粮食单位亩产量达到了 600 斤，改变了 1956 年以来单位亩产量一直在 450 斤左右打圈子的停滞不前的状态。

第二个方面的典型是晋北专区平鲁县的小庄窝大队。在 1963 年以前的 4 年时间内，这个村共向国家要了 10 万斤供应粮，2 万多元贷款，还欠了一年农业税。1964 年春，这个大队的干部在参观大寨之后，用大寨的革命精神，发动群众，大破悲观论调，大立雄心壮志，大鼓革命干劲，大搞农田基本建设和农业技术改革。果然，1964 年来了一个大转变，粮食总产量增长了 73%，破天荒地交售了余粮 41000 斤，归还了国家贷款及利息 24000 元，补交了一年的农业税。

在山西省委的领导发动下，晋中、晋南平川，雁北高寒地区，以及太行、吕梁等山区，各地都有不少公社、生产队在学大寨、赶大寨。许多人说：大寨是穷山区，依靠集体，艰苦奋斗，变成了高产单位。这种革命精神山区该学，平川也该学，学了大寨，思想解放，精神振奋，等于上了一

◄ 大寨大队科研组高玉良向前来参观学习的人们介绍情况

堂革命教育课。

当时，山西各地正在紧张地进行农田基本建设和积肥，争取农业丰收。大寨精神的传播，更加激发了广大农民改造农田夺取高产的热情。晋中地区有相当一部分棉田，亩产不过20斤皮棉。全区决心以大寨精神改造低产田，消灭亩产20斤以下的低产现象。为此，1963年入冬以来，晋中各地的冬季生产出现了出勤人数多、工作效率高，完成任务多，农活质量好，既轰轰烈烈又踏踏实实的新气象。晋南高产区也有不少公社、生产队学大寨，主要学大寨改造农田的革命精神。

太行、吕梁等山区学大寨的公社、生产队更多。太行山区的晋东南专区为便于各县社、队学习大寨，特在全区选了十个建设山区成绩显著的先进大队，作为学习大寨的“梯子”。雁北高寒地区在宣传大寨精神之后，也掀起了学赶大寨的热潮。各地社、队提出要学习大寨的革命精神，战胜塞上的风沙，改善高寒地区的生产条件。

在开展学大寨、一带二的运动中，山西省委强调用大寨自力更生的精神培养标兵，强调以点带面，以面促点，点面结合，共同发展。后来他们又推广盂县学大寨运动中，分批分期树立标点，为后进队“搭梯子”的经验。由一带二发展为以一个先进队为中心组成先进经验推广网。按照中共山西省委第一书记陶鲁笳的说法，这种先进经验推广网不是一级行政组织，而是领导干部、劳动模范、技术人员“三结合”的群众性组织。推广的先进经验内容，包括政治工作、生产技术、经营管理等三个方面，而以政治工作为主。在网的范围内，先进的队经常派人到其他队传授经验，一般队、后进队也经常派人到先进队去学习。有的地方，在一个网之内或者在网与网之间，还联合起来种样板田，探索大面积高产经验。有些地方，网与网之间采取请进来派出去的办法，学习和传播某一项先进经验。在一个生产大队或者一个生产队内部学习解放军的“一帮一”的经验，开展干部学陈永贵、群众学大寨人的运动。

2. 李一清的故乡行

大寨虽然已经成为一颗耀眼的太行明星，但在全国范围来讲，大寨还不知名。大寨引起中央高层领导的重视并被树为全国的先进典型，得益于当时的一些省部级领导人。李一清就是较早向中央领导反映大寨情况的省部级领导人之一。

李一清当时是中南局书记处书记，老家在昔阳。1963 年年底，他到北京参加全国计划工作会议。当时，中南局第一书记陶铸感到广东省经济工作困难不小，想伸手向国务院要些钱或物，但又不好意思张口，便把这个差事交给了李一清，让他乘参加全国计划工作会议的机会，向周恩来要点钱。李一清当然也不愿意张这个口，但一来广东省经济确有困难，二来领导交给的工作也不能不做。于是，他便在会议的间隙向周恩来讲了广东的困难，希望国务院能给拨点钱。周恩来作为全国的管家，那年头整天为各省、各部门伸手要钱、要物弄得没有办法，听了他的话，当场便批评道："一清同志，南方不能再要钱了，难道南方比北方的经济还困难吗?"不过批评归批评，周恩来是个办事细致的人，他也知道陶铸的性格。如果不是确有难处的话，他是不会伸手要钱的。因此，尽管他当面批评了李一清，但会后，还是给广东拨了一笔救济款。

在这次会议上，华北局第一书记李雪峰在闲谈中对李一清讲起了大寨的情况，告诉他，你的家乡出了一个大灾之后不向国家要一分钱的大寨。李雪峰在讲这番话的时候，是否有讥讽广东之意我们不得而知，但他讲到的大寨事迹却令李一清为之心动。

李一清对大寨的过去是熟悉的，那里离他的家乡只有5公里的路程。作为昔阳人，对于家乡的山水他是了解的。那么穷的一方水土，出了这么一个先进的典型，他决定去看一看。于是，会议一结束，他就奔太原而来。

在太原，他受到了山西省委第一书记陶鲁笳的热情接待。陶鲁笳向他详细介绍了大寨自力更生、艰苦奋斗的事迹，并具体安排省计委副主任李进军陪同他去昔阳和大寨参观。

李一清是昔阳人的骄子，昔阳县招待所专门为他准备了他最爱吃的煎饼。吃过饭，王贵科、赵满仓等县领导便陪同他去大寨考察。大寨人得知这位在中南局担任高官的同乡要来村里考察，大家都很高兴，党支部还为他准备了一个小型的欢迎仪式。李一清进村后先与陈永贵握手。他见陈永贵的手上长满了老茧，便问了一句："你也经常参加劳动吗?"

陈永贵笑着回答说："劳动模范不劳动就没有资格当劳模。一天不干，一天心里就没有底子!"

李一清高兴地连声说："好！好！应该是这样!"他品尝了大寨的苹果和红薯以后，就提出要看看大寨的灾情和恢复家园的情况。于是，陈永贵就给他带路。他们一边看，一边谈。在后底沟，大寨的铁姑娘们正在整修地，李一清看到被洪水冲毁的耕地，惋惜地说："真可惜啊，冲坏了这么多的地!"陈永贵却轻松地说："不要紧，坏了就修，减了产还不让他哩!"

陈永贵领他路过石窝，一阵阵铁锤击石的声音引起了李一清的注意，他寻声见到了正在抡锤打石头的贾进财。他走上前去与贾进财握手，贾进财的那双手使他颇多感慨。他说："这手还能打锤？两手都破了，该休息呀!"而贾进财却说："惯了，也不疼!"陈永贵插话说："三战狼窝掌时，有人就说给他立个碑，进财说垒起了坝就是一面好碑。"

陈永贵又领李一清看了狼窝掌。那一年发了那么大的洪水，狼窝掌却没被冲垮。李一清看了很吃惊，他问道："怎么这道沟冲不了?"陈永贵给他介绍说："下了三次功夫，下面的坝基又宽又深，看来还是人比水厉害，'狼'是治住了，今年要治'虎'，今年的工作量更大。"陈永贵所说的"狼"是指狼窝掌，而"虎"则是指虎头山。

参观了大寨使李一清动了感情，他说：“遭了这么大灾不要钱，难能可贵！像大寨人的这种干劲，这种战天斗地的毅力，在当今中国还是少见的。对大寨，也应该像主席批示昔阳四级干部那样去对待。”

李一清离开大寨后又去了太原。山西省领导说他此行是“老乡见老乡，两眼泪汪汪”。他说，看了老乡真是要下泪的。他特别赞扬了大寨的领导人陈永贵，说他是一个农民，但却像个政治家一样去看待国家与集体的利益，夸他在复杂多变的环境中表现出了非凡的指挥才能，还讲到了他如何严格要求自己，始终保持农民的朴素作风。对于他所讲的这些内容，陶鲁笳也了解一些。陶鲁笳建议李一清在方便的时候，把大寨大队和陈永贵的情况向中央反映一下。李一清愉快地接受了这个建议。

此后李一清成了大寨的义务宣传员。在北京，他先是对李雪峰谈起了自己的大寨之行，对大寨人及陈永贵赞不绝口。接着，他又向国务院副总理李富春、薄一波和国家计委主任张劲夫汇报了考察大寨的感受。他还向在京的老同学、老战友介绍了大寨人和陈永贵的事迹。

李一清回到广东后，又将自己的考察所得通报给了中南局的一些领导干部。在一次中南局书记处书记和有关方面领导参加的会议上，他还系统地介绍了大寨艰苦创业、自力更生、战天斗地的发展过程，谈了自己考察大寨时的所见所闻所思所得。参加那次会议的领导干部有中南局第一书记陶铸、中南局第二书记王任重、湖南省委第一书记张平化、湖南省委书记处书记李瑞山、华国锋及国家计委副主任王光伟等。大家结合大寨经验和本地实际展开了热烈的讨论。

参加那次会议的国家计委副主任王光伟按原定计划，是准备从广东去四川的，听到大寨的事迹后便改变了主意，离开了广东直奔大寨而来。在大寨，他与陈永贵进行过多次接触，详细了解了陈永贵的事迹。王光伟回到北京以后，先是向周恩来作了口头汇报，然后又分别向国务院和中央书记处写了书面报告。

3. 陈永贵走出寨门

国家计委主任张劲夫听过李一清的汇报，很快也来到大寨。回京后促成了有关部门请陈永贵进京作报告一事。1964 年 1 月 19 日，陈永贵和其他几位全国劳动模范应邀来到首都北京，在人民大会堂向 10000 多名来自党政军各界的代表作报告。陈永贵所作报告的题目是《关于大寨人民以革命精神进行阶级斗争、生产斗争和科学实验以及自力更生、战胜严重灾害的报告》。这是陈永贵第一次登上人民大会堂的讲坛。

伴随着一阵阵热烈的掌声，陈永贵开始了他的报告。第一次面对上万人讲话，又是在北京的人民大会堂，一开始他不免显得有些腼腆，但很快就适应了这个新的环境。他从创办“老少组”开始讲起，讲到三战狼窝掌，特别是重点讲了 1963 年的特大洪灾及大寨人自力更生战胜灾害的事迹。当他讲到自己总结出来的“自力更生的十大好处”时，台下爆发出了雷鸣般的掌声。这是听众给予他的肯定，是人民给予他的奖赏。

至今人们谈起那次报告会，仍感到很惊讶：陈永贵作为一个很少识字的农民，讲起话来却有很强的吸引力。他那天在人民大会堂整整讲了半天时间。与有些劳模不同，他的话一点都不啰嗦，通篇讲话没有什么重复的地方，条理性很强。虽然不讲究文采，但有些带有浓厚乡土气息的话，经他一提炼、概括，既能说明问题，又容易打动人心。比如他所讲的“村看村，户看户，群众看的是党支部”，又比如他说：“干部，干部，就要先干一步；不先干一步，就不能当干部。”还有他说：“靠向上伸手，越伸人越懒，越伸志越短；靠自力更生，越干志越坚，越走路越宽。”这些话，内

容实在，思想还挺深刻，使一些听惯了空洞乏味的长篇报告的人，听了他的这些话，竟有了一种耳目一新的感觉。

由于他的报告大受欢迎，后来中央人民广播电台还多次播放了他的报告录音。随着这个报告在全国城乡的收音机和有线广播中的反复播放，陈永贵和他的大寨村的名字也就传遍神州了。

其实他的这种演说才能并不是在人民大会堂才表现出来的。1963 年秋天，中共山西省委宣传部长李琦把电话打到昔阳，请陈永贵到省城太原给干部群众作场报告。陈永贵按时赶到了太原。那天的报告会由李琦亲自主持，陈永贵问李琦：“允许我讲多长时间?”李琦回答说：“你愿意讲多长时间就讲多长时间。”于是陈永贵就手持一份简单的提纲上了讲台，那是昔阳县委宣传部给他准备的报告提纲。那次他也是讲了整整半天，台下除了不时爆发出的热烈掌声和会意的笑声外，秩序非常好。会间休息时，陈永贵问李琦：“你看这么讲行不行?”李琦这位党委宣传部门的高级干部竟抑制不住兴奋的心情连着说了两个“行!”，他还高兴地说：“你把大寨的历史讲活了。”

陈永贵那次的报告轰动了省城太原。在各界人士的要求下，他又连着讲了 4 场，而且场场掌声如潮。举凡山西省、太原市的党政军领导、专家学者、社会名人大多都听了他的报告，而且都给予了很高的评价。著名作家赵树理听了他的报告后评价说：“陈永贵讲的真是生动，人才！人才呀！他没有提到毛泽东，但整个讲话都充满了毛泽东思想；他没有学过辩证法，但从头到尾都讲的是辩证法。太好啦！陈永贵了不起!”

陈永贵已经成为神州大地上的一颗耀眼明星。他成为亿万中国人心中的偶像，在许多人眼里，他那副头扎白毛巾、身穿对襟棉袄的打扮，要比任何电影明星都更加富有光彩。

那次陈永贵从北京返回大寨，同往常一样，他还是乘坐在石太线的火车先到阳泉，然后再坐汽车回大寨。但这时，他已不再是原来的那个普通的山村农民。在火车上人们认出了他，整个车厢都为之轰动，人们很快就围住了这位传奇式的人物，其他车厢的人们听说了也向这节车厢拥。为了维持秩序，列车长决定领着他在整个列车上走了个来回，接受人们用掌声表达的敬意。

4. 向毛泽东汇报

经过李一清和王光伟的宣传与汇报，大寨的情况已经引起了越来越多的中央领导人的关注。但当时中国的事情，没有最高领导人毛泽东的点头发话，是很难搞出起色的。

1964年3月28日，毛泽东又一次去南方巡视。毛泽东的巡视事先从不公布计划，他要沿途听取党政军领导人的汇报也都是临时通知。这一天，他的专列停在了邯郸车站。这是一座位于冀南的古城，与它相邻的是山西省。毛泽东临时决定要听一听河北省和山西省领导人的汇报。于是，河北省委第一书记林铁、省长刘子厚和山西省委第一书记陶鲁笳奉召来到邯郸。毛泽东不进城，就在专列上听汇报。

林铁、刘子厚的汇报内容史无记载，估计不太重要。轮到陶鲁笳汇报了。他先是把山西的农业情况作了个全面性的汇报，对于这类汇报毛泽东一般没有什么兴趣，他感兴趣的是典型材料。果然，当陶鲁笳重点汇报了大寨的先进事迹和先进经验时，毛泽东顿时有了兴趣。他津津有味地听着汇报，还不时插话提出些问题。

作为中共山西省委第一书记，陶鲁笳对于出现在自己所辖境内的大寨这个先进典型，可以说是关爱有加。他曾三次去大寨蹲点，曾多次表彰大寨和它的领头人陈永贵，曾多次号召全省各界、尤其是全省农村及农村党支部书记认真学习大寨的先进经验，学习陈永贵这个好榜样。对于大寨的情况他是十分熟悉的，谈起大寨来，他可真算得上是如数家珍了。

◂中共山西省委第一书记陶鲁笳

陶鲁笳汇报了大寨艰苦创业的历史，汇报了他们不要国家一分钱战胜巨大自然灾害的事迹，这些无疑都让毛泽东听了心动。陶说，自己在大寨蹲点了解到大寨大队的生产和政治思想工作都很出色，支部书记陈永贵是个生产能手，也是个政治思想工作的能手，管理工作抓得严，公私分得清。山西省委1960年就曾发出通知，要求全省农村党支部书记向陈永贵同志学习。

特别引起毛泽东关注的是大寨的劳动管理制度。陶鲁笳汇报说，大寨在工分管理上的办法简便易行，十年来，大寨全村的工分账和财务账，从来是清清楚楚，接受群众监督，定期向社员公布。毛泽东插话说："评工记分有差别，不悬殊，又不太繁琐，这是个好办法，体现了政治挂帅，又不耽误劳动时间。"陶鲁笳见毛泽东对他的汇报很感兴趣，便越发说得详细。

陶鲁笳又汇报说，大寨党支部要求每个党员的劳动要好于一般群众，支部委员要好于一般党员，支部书记更要好于支部委员。陈永贵认为，只有这样，党支部才有资格领导生产。他们还提出了一个口号："参加生产，领导生产。"毛泽东听到这里立即表示赞赏："很好嘛！就像打仗一样，纸上谈兵不行；你不参加打仗，怎么会指挥战争呢？"

这也是毛泽东的风格。新中国成立后，在许多谈论经济问题的场合，他总喜欢用打仗作比喻。

陶鲁笳又汇报了山西学大寨的情况，还讲到了《人民日报》关于学习大寨精神的社论发表后，到大寨参观的人一天天多起来，大寨已经引起了全国的广泛关注。直到这个时候，毛泽东说他还没有读到过《人民日报》上的那篇文章。他问陶鲁笳："陈永贵是哪几个字?"陶鲁笳赶忙在纸上写下了"陈永贵"三个字。毛泽东又用手指着这三个字问："他识字不识字?"陶鲁笳具实回答："陈永贵43岁扫盲，今年50岁，现在能读报，还懂得什么叫逻辑。不久前他在太原作报告，赵树理听了很佩服。说陈永贵的报告，没有引经据典，但他的观点完全合乎毛泽东思想和辩证法。"通过这番对话我们也不难发现，陶鲁笳对于大寨的情况确实已经烂熟于心了，他甚至连陈永贵哪一年参加的扫盲班，现在识字识到怎样的水平都能随口答出。

听了陶鲁笳的回答，毛泽东感到由衷地喜悦。他每逢高兴时都格外健谈，谈古说今，旁征博引，天上人间，趣味盎然。他笑着说："穷山沟里出好文章。唐朝有个柳宗元，是你们山西人，在我们湖南零陵县做过官，那里也是个穷山区，他在那里写出过许多好文章啊!"

谈完了柳宗元的文章，毛泽东又回到大寨的问题上来。他说道："山沟里出好文章啊！陈永贵识字不多，做的事情可不少呀!"末了，他又问陶鲁笳："你有陈永贵的材料没有?《人民日报》那篇文章我没有看。"边说边要秘书去找那天的《人民日报》。在场的中共山西省委农工部副部长阴发祥马上把事先准备好的有关大寨和陈永贵的材料毕恭毕敬地送到毛泽东手里。毛泽东接过材料后说："我要先看一看。"

阴发祥递到毛泽东手上的材料，最上面的是大寨政治挂帅、差别不大的劳动记工和分配方法，材料写得很简单，只一页。毛泽东很快就看完了。陶鲁笳也在旁边说，陈永贵对大寨现行劳动记工和分配方法的概括是：有区别，不繁琐；有差距，不悬殊。

陶鲁笳这次在列车上的汇报，给毛泽东留下了深刻的印象。毛泽东有一句名言，叫做"榜样的力量是无穷的"。大寨因合作化而改变贫穷落后面貌，因"一大二公"而调动起了人们的生产积极性，因发扬自力更生、艰苦奋斗的精神而战胜各种困难，夺取了一个个大丰收。

而且，大寨人在那种恶劣的自然条件下，战天斗地，使粮食亩产在1963年就接近了800斤。这是他亲自主持制定的《全国农业发展纲要》规定的长江以南地区到1967年才实现的亩产指标。这也说明，他所钟爱的《全国农业发展纲要》并非海市蜃楼，只要经过努力是完全可以实现的。而且大寨人所实行的“政治挂帅”、“思想教育”等做法，与他的“反修防修”战略又是那么的吻合。从此，他就抓住了大寨这个典型。每论及农业，他言必称大寨。

听过陶鲁笳的汇报，毛泽东继续他的南巡。他每到一地，就同当地的党政要员谈大寨经验，讲大寨人的自力更生。他说，大寨就是一面旗帜，你们学不学？农业要过关，没有大寨那种精神不行哪！

1964年4月，在一次中央工作会议上，毛泽东在听取小组讨论时插话说：“农业要靠大寨精神。”同年6月，他又在中央政治局的一次扩大会议上说：“农业主要靠大寨精神，靠自力更生，要多出几个大寨，多出几个陈永贵。”

毛泽东对于大寨的这种表扬，当时没有作公开报道。

5. 廖鲁言带来调查组

中央决定要树大寨这面红旗了。为了稳妥起见，在正式作出决定之前，1964年4月20日，周恩来委派国家农业部部长廖鲁言一行专程赴大寨调查研究，考察实际情况。

廖鲁言的考察一共进行了20多天。此间，按照当时的要求，他们与大寨人实行了“三同”，即同吃、同住、同劳动。廖鲁言在考察期间，认真阅读了《大寨公社广泛开展学大寨、赶大寨运动》、《大寨的自然条件》、《以农田基本建设为中心全面贯彻农业八字宪法》、《大寨干部坚持参加集体劳动》、《陈永贵种试验田》、《自觉让贤的大寨大队前任支部书记贾进财同志》等十几份材料，对大寨的气候条件、土质成分和地理情况作了详细地研究，考察了大寨的农田水利建设、劳动管理以及干部参加集体生产劳动的情况，对于大寨的粮食产量，国家和兄弟社队对大寨的支援等问题都进行了细致入微的调查与核实。在考察期间，他们还组织了 8 次联席会议，听取各方面的意见与反映。最后，他们认为考察的结果是令人满意的，大寨的成绩突出，他们的汇报实事求是，没有任何夸大与虚报。

在考察工作将要结束的时候，5 月 21 日下午，廖鲁言在大寨村召集了有中央有关部门、山西省、晋中地区、昔阳县及大寨公社、大寨大队各级领导干部参加的座谈会。在这次会上，廖鲁言对 20 天来的考察工作作了总结。他说："来大寨已经 20 天了，看了许多东西，回去要向主席、总理汇报。现在把准备回去说的给大家说说，看对不对。"

廖鲁言主要讲了四个方面的问题：一是大寨建设稳产高产田的具体措施和经验；二是正确执行党的各项政策和毛主席的指示；三是关于大寨的劳动管理；四是怎么把大寨红旗举得更高。他在讲话中说："大寨可是给吹开了。全国工业上树大庆，农业上学大寨，这是中央定的，是主席和总理说了话的，这对全国是有普遍意义的。这面旗帜垮下来可不行。"他还指着陈永贵说："白羊峪的王殿俊过去是你们的老师，现在他学你。过几年如果不注意，你又得学人家。"陈永贵听到这里点头笑了笑。廖鲁言又接着说："总理很重视劳模，最近也很重视大寨，叫我们好好调查一下，就是想让大家学的。先进也不是一切都先进，各部门都要求大寨来个第一，根本不可能。这样就会把大寨搞垮。总理是非常关心大寨的，在大寨问题上和我谈了很多，不要搞垮了。不要把自力更生的牌子坏了，其他几位副总理都是这么说的，一定要保持下去。"

光阴如箭，转眼几十个春秋过去了。现在回过头来品味廖鲁言的这番

讲话，感到颇有道理，也颇有预见性。特别是他所讲的“先进也不是一切都先进，各部门都要求大寨来个第一，根本不可能。这样就会把大寨搞垮”。这确实是我们对待先进典型所应有的基本态度。

当晚，廖鲁言又专门为大寨人召开了一次会议，参加会议的都是大寨的党员、团员、贫协委员和积极分子，一共有 50 多人。陈永贵主持了会议。在主持会议的时候，陈永贵还特意说明，这个会是应大寨村民的要求而召开的，然后他就请廖鲁言讲话。

廖鲁言在大寨人热烈的掌声中开始了讲话。他对大寨人说，他及他所带来的那些人此行主要办了三件事：“一是学习你们；二是看你们的好经验，摸摸你们的具体情况；三是研究红旗如何举得更高。”

在这次讲话中，廖鲁言将大寨经验总结为六条：一是大寨的革命精

◂ 大寨鸟瞰图

神；二是革命干劲和科学态度相结合；三是干部大公无私，以身作则；四是自力更生、艰苦奋斗的精神；五是改造人的工作，就是政治思想工作；六是共产主义风格，正确处理国家、集体、个人三者的关系。他还特别讲到了贾进财的让贤问题。他说，你们有永贵的好当家，这是进财发现的，让给永贵的。这种事不容易，如果说现在大寨搞得好，第一归功于进财。

在讲话结束的时候，廖鲁言特别强调说："现在大寨闻名了，全国学解放军，学大庆，学大寨，工农兵大家都学，全国都学。大寨红旗红下去，这一条很重要。一支花红不算红，万紫千红才是春嘛！"

廖鲁言从大寨回到北京后，将考察情况写成了《大寨大队调查报告》，于5月下旬呈送中共中央、毛泽东阅示。这个调查报告共分8个方面：一是"党的政策在大寨开了花，人民公社棒打不散"；二是"旱涝保收，稳产高产的大寨田"；三是"加工改造耕地，蓄水保墒，抗旱抗涝"；四是"在土地加工改造的基础上，综合实行'八字宪法'"；五是"自力更生，苦干实干"；六是"大寨干部，大寨人，大寨田"；七是"大寨大队在经营管理方面的经验"；八是"保证大寨这面红旗越举越高"。

廖鲁言在调查报告中指出，大寨大队的经验，总结起来就是一句话：以加工改造耕地为中心，综合运用"农业八字宪法"，达到旱涝保收，稳产高产。报告中所说的"农业八字宪法"是指毛泽东在1958年把农业增产的基本措施概括为"土、肥、水、种、密、保、管、工"八个字。调查报告还把大寨大队干部和群众的革命精神概括为六条：第一，树雄心，立壮志，不断革命；第二，始终坚持依靠贫农、下中农的阶级路线；第三，大寨不仅有陈永贵这样的好"当家人"，更重要的是有一个比较好的领导班子；第四，干部参加劳动，大公无私，以身作则；第五，冲天的革命干劲同严谨的科学态度相结合；第六，自力更生，艰苦奋斗，爱国家，爱集体，爱社会主义。

大寨大队的经验受到了中共中央、国务院领导人的高度重视。

第六章

红旗如火

1. 大寨之路

关于大寨事迹的新闻宣传和经验介绍越来越多了，《人民日报》、中央人民广播电台和各省市的新闻媒介都大量介绍大寨的先进事迹和先进经验，大寨成为中国官方媒体中被宣传最多的村庄，陈永贵成为被宣传最多的农业劳动模范。

1964年2月10日的《人民日报》几乎成了一份“大寨专刊”。在报纸的头版头条是一篇社论——《用革命精神建设山区的好榜样》，与社论同时发表的，还有新华社记者宋莎荫、范银怀写的反映大寨先进事迹的长篇通讯《大寨之路》。

《人民日报》社论高度赞扬了大寨用革命精神建设山区的先进事迹和宝贵经验。这是这份中国最具权威性的官方报纸首次就学习大寨精神发表社论，它的一些观点和理论见解对以后全国范围的农业学大寨运动产生了深远的影响。

《人民日报》的社论指出：一个人穷、地穷的山村——山西昔阳县大寨公社大寨大队，用自己亲身的经历，证明了这样一个真理：尽管自然条件多么不利，但是只要人们有了建设社会主义的雄心大志，充分发扬革命精神，并且把革命干劲和科学态度结合起来，就一定能够使大地变样，使河山易色，创造出伟大的成绩。

社论向全党和全国各界提出了学习大寨革命精神的要求，并把这种学习概括为学习大寨人远大的革命理想和对未来坚定不移的信心；学习大寨人敢于藐视困难，敢于同困难作斗争的顽强精神，学习他们实干、苦干的优良作风；学习大寨人自力更生、奋发图强的优良作风，学习他们严格要求自己、以整体利益为重的共产主义风格。

社论在总结大寨人远大的革命理想和对未来坚定不移的信心时指出：大寨人民的革命精神，固然是穷逼出来的，但是，正如大寨大队党支部书记陈永贵同志所说，他们所以那样辛勤地和忘我地劳动，不仅仅是为了“自己做饭自己吃”，而且是要为社会主义打基础，要让人们看看社会主义有多么远大的前途，集体经济的力量有多么的大。大寨大队的党员、干部和群众，虽然住在群山之中，但是并没有被太行山的山峰遮住视线，他们身在太行，眼看全国。在大寨大队党支部的领导和教育下，大寨的绝大多数人，尤其是那些在旧社会受尽剥削和压迫的贫农和下中农，心胸开阔，眼光远大。他们不仅看到自己的集体，而且看到别的集体，看到我们整个的国家及它的光辉灿烂的前景。他们对于自己的集体，对于我们国家的未来，充满了无限信心。正是在这种远大理想和对未来坚定不移的信心的鼓舞下，大寨人民始终保持着旺盛的革命斗志，把穷山沟建设成了社会主义的新农村。

《用革命精神建设山区的好榜样》的社论在总结大寨人敢于藐视困难，敢于同困难作斗争的顽强精神和实干、苦干的优良作风时指出：大寨人民在同自然作斗争、建设山区的过程中，碰到的困难是很大的。大寨人既敢于藐视困难，又认真地同困难作斗争。他们坚信，只要在党的领导下，坚决依靠集体的力量，就能把大寨的面貌改变过来。困难没有吓倒他们，失败也没有使他们后退。正是这一股子天不怕、地不怕的顽强的革命精神，使他们战胜了一个又一个困难，夺取了一个又一个胜利，成倍地提高了粮食单位面积产量和总产量，同时使林业和畜牧业也有了相当大的发展。

当时全国的经济形势仍处在困难之中，国家的财政状况还十分紧张。在这种情况下，《人民日报》社论也就特别强调了学习大寨人自力更生、奋发图强的优良作风，学习大寨人严格要求自己、以整体利益为重的共产主义风格。社论指出：大寨人民是主要依靠自己的力量从事山区建设的。他们在创业的初期，虽然自己也很困难，但是他们没有要求国家援助。他们时刻想到国家要兴办的事情很多，想到有些兄弟队比他们更困难。他们

懂得“路要自己走，家业要自己创”的道理。社论还采用了陈永贵关于自力更生十大好处中的一些说法，指出，大寨的事迹证明了：农村人民公社，采取自力更生、奋发图强的方针，主要依靠自己的力量发展生产，战胜自然灾害，能够使干部和群众受到更好的锻炼，更加坚定信心，夺取更大的胜利；能够充分显示人民公社集体经济的优越性，长劳动人民的志气，灭阶级敌人的威风；能够使群众的生活越过越好，对国家的支援也越来越大。总之，坚持自力更生的方针，对社员个人、对集体、对国家都很有利。

《人民日报》的社论最后强调：在我们国家的每一个地方，不论是山区还是平原，都有自己的“大寨”。每一个地方，既要很好地学习大寨的经验，也要很好地总结推广自己的“大寨”的经验。在无数个“大寨”的光辉事迹鼓舞下，我国农村人民必将鼓起更大的革命干劲，积极开展科学实验，推动农业生产的新高潮，促进我国的农业生产和农业现代化更快更好地向前发展。

与社论同时发表的，还有新华社记者宋莎荫、范银怀写的反映大寨先进事迹的长篇通讯《大寨之路》。文章系统介绍了大寨的创业历史，并总结了大寨取得光辉成就的几点主要经验，对于以后的农业学大寨运动也产生了重要影响。

关于《人民日报》发表的这篇长篇通讯和社论，还有个故事。

1963 年的秋天，大寨收成不错，《山西日报》记者郝战熬去大寨采写了一篇大寨战胜灾害获得丰收的报道。新华社山西分社记者冯东书将发表在《山西日报》上的这份报道删短了一些送给分社副社长马明审发。马明看了以后，马上叫来四五名记者，一起议论这篇报道。大家七嘴八舌，都说大寨这么好的典型，光发这么一条消息，可惜了，应该派人到北京去向总社和《人民日报》鼓吹，作突出报道，还应发社论。于是，冯东书就与另一名记者范银怀一道去总社做游说工作。

李、范二人到了北京，就开始在新华社总社和《人民日报》社有关领导中做鼓动工作。先后说动了新华社国内部农村新闻编辑组组长穆家军，新华社副社长兼国内部主任穆青，《人民日报》农村部主任李庄和副主任何燕凌。其中何燕凌还去过大寨，也对大寨很感兴趣，他又是《人民日报》分管农村社论的人。写社论的事就由何燕凌承担了。

在太原，新华社山西分社的一些人在考虑长篇通讯的题目。他们每人出一个题目，宋莎荫提出："我们就写大寨这条道路。"大家都觉得有道理，这就算把主题定下来了。最后，分社派宋莎荫和范银怀二人去昔阳、大寨搞写作，他们很快就拿出了初稿。穆青看了初稿，立即带上福建分社社长孙明从北京乘飞机到了太原，指示宋莎荫该怎么修改。定稿后，就与何燕凌写的社论同一天发表在《人民日报》上。

2. 大寨经验

1964 年 12 月，第三届全国人民代表大会第一次会议在北京举行，陈永贵作为山西省的代表出席了这次大会。在会上，他还被选为大会主席团成员坐在了主席台前，有一次还以大会执行主席的身份主持了会议。

周恩来在大会上代表国务院作了《政府工作报告》，这个报告多处讲到了大寨，第一次向全国发出了学大寨的号召。

周恩来在报告中说："山西省昔阳县大寨公社大寨大队，是一个依靠人民公社集体力量，自力更生地进行农业建设，发展农业生产的先进典型。""这个大队，原来生产条件很差，是一个穷山恶水土地薄，全部耕地散在七沟八梁一面坡的地方。十几年来，这个大队在党的领导下，充分调动群众的积极性，以加工改造耕地为中心，综合运用'八字宪法'，高速度地发展了农业生产。他们进行了大量的、艰巨的农田建设，把过去的 4700 块土地连成了 2900 块，并且都建成为旱涝保收，稳产高产农田。他

们的粮食亩产产量，1952 年为 237 斤，1962 年增加到 774 斤，1963 年虽然遭到很大的水灾，但仍然保持在 700 斤以上。”“大寨大队进行了这么多的农业建设，农业生产发展这样快，完全是依靠集体力量，他们正确处理了集体和国家的关系，他们只向国家借过一次钱，第二年就归还了。从 1952 年到 1963 年的 11 年中，这个大队在逐步改善社员生活的同时，向国家总共交售了 1758000 斤粮食，每户每年平均交售两千斤。”

特别引人注意的是，周恩来在报告中对大寨精神作了高度概括。他说：“大寨大队所坚持的政治挂帅，思想领先的原则；自力更生，艰苦奋斗的精神；爱国家，爱集体的共产主义风格，都是值得大大提倡的。”此前，中共山西省委、国家农业部和《人民日报》社论都曾对大寨精神作过概括。自从周恩来作过这个政府工作报告后，关于大寨精神，全国就都统一到这个报告的表述上来。

在这个报告中，周恩来也实事求是地讲道，大寨大队“并不是一切工作都尽善尽美，没有一点缺点的。但是，他们的成绩是突出的。他们的主要经验是值得学习的。”他强调，我们各级领导机关、各种事业单位和广大干部都要“学习解放军、大庆、大寨的彻底革命的精神和工作作风，使自己在革命化的道路上向前迈进。”

1965 年 1 月 14 日，中共中央将周恩来的这个报告下发党内县团级以上干部学习。

从此，农业学大寨运动在全国农村轰轰烈烈地开展起来了，“农业学大寨”五个字也就成了毛泽东的语录。“文化大革命”中，凡是报纸上和书籍中引用毛泽东的原话，都要用黑体字，以示格外重视。“农业学大寨”五个字也被用黑体字突出出来，没有什么人怀疑毛泽东曾经说过这句话。但至今也没有什么人能够准确说出毛泽东究竟在什么时候说过“农业学大寨”这句话。

如前所述，毛泽东第一次赞扬大寨是在 1964 年 3 月底，但那只是边听汇报边谈自己的想法，不可能发出“农业学大寨”的号召。同年 6 月，在一次中央工作会议上他插话说：“农业主要靠大寨精神，要自力更生。”以后毛泽东又几次讲到“农业要靠大寨精神”，但从没有说过“农业学大寨”。1965 年 1 月，中共中央发布关于“四清”运动的指导性文件《农村社会主义教育运动中目前提出的一些问题》，即《二十三条》中有这样的话：“全国所有社、队的生产建设，都要像大寨那样，坚持自力更生的方针。”这个文件是毛泽东亲自主持，由毛泽东的政治秘书、中共中央政治局候补委员陈伯达草拟的，如果当时毛泽东已经讲了“农业学大寨”这句话，文件里应该写进去。同年 11 月，在北京农业展览馆举办的“全国大寨式农业典型展览”开幕，《人民日报》为此发表社论：《农业学大寨精神》。这篇社论也没有把“农业学大寨”当做毛泽东的原话。1966 年 8 月 12 日通过的中共八届十一中全会的公报中，也提到了学大寨的问题，公报说：“全会完全同意毛泽东同志近四年提出的一系列英明决策……关于工业学大庆，农业学大寨，全国学人民解放军，加强政治思想工作的号召。”这也不能说明“农业学大寨”是毛泽东的原话。

后来许多农业学大寨展览都用了毛泽东的“农业学大寨”五个亲笔字，但是也没有人能够说得清楚，毛泽东究竟什么时候写过这五个字。

3. 毛泽东宴请劳动模范

在三届人大一次会议期间，还发生了一件令陈永贵终生难忘的事情。

1964 年 12 月 26 日是毛泽东的 71 岁生日。毛泽东在人民大会堂的小宴会厅里安排了三桌酒席，用他自己的话说，是用自己的稿费请大家吃顿饭。他很重视那次宴请客人的生日酒会，就连哪位客人坐在哪个座位上，他都亲自列了单子，交给汪东兴等人去办。

那天在人民大会堂的大会刚刚开过，陈永贵像往常一样随着大家一起

走出会场。忽然听到周恩来在背后喊他的名字："永贵同志！"他回过头来的时候，周恩来也快步走了上来。周恩来告诉他："今天晚上不用到大灶吃饭了，跟我来吧！"

周恩来没有告诉他去哪里，他也不便多问。随着周恩来七拐八折，就到了毛泽东休息的地方。这时周恩来才对他讲："今天是主席的生日，毛主席特意把你请来。"陈永贵一听是毛泽东请他吃生日酒席，激动的心情久久难以平静下来。周恩来接下来又介绍说，今天应邀参加毛泽东诞辰宴会的还有大庆工人代表王进喜，著名科学钱学森和知识青年的代表邢燕子、董加耕等人。

他们来得早了一些，席间的准备工作还没有就绪。周恩来便领他到刘少奇的办公室。刘少奇是个大忙人。当时在北京正开着两个重要的会议，一个是中央工作会议，一个是三届人大一次会议。在前一个会议上，作为中央主持一线工作的副主席，他要唱主角；在后一个会议上，他是国家主席的候选人，自然也是主角。而且会外的大量中央日常工作也要由他来下达批示，正在全国进行着的"四清"运动他也是总指挥。陈永贵去的时候，刘少奇正在埋头审阅一份关于"四清"运动的材料。周恩来向刘少奇简单介绍了陈永贵，但刘少奇工作太忙，而且他又是一个说话办事十分严谨的人，没有考虑好的事从不轻易表态。对于陈永贵的到访，他除了礼节性地问候外，没有再多说什么。

周恩来又将陈永贵领到毛泽东那边去了。此时毛泽东已在屋子里等候他的客人了。毛泽东对于陈永贵表现出了充分的热情。毛泽东边与他握手，边说："永贵好啊！"然后毛泽东又与王进喜、钱学森等人一一握手，请他们坐在自己身旁。

在与陈永贵、王进喜等劳动模范在一起的时候，毛泽东的心情还是轻松的。他对陈永贵说："你是农业专家噢！"

毛泽东是湖南人，终其一生仍是乡音无改。陈永贵听不懂湖南话，再加上心情紧张，在没有听懂的情况下就稀里糊涂地点头说"嗯"。毛泽东知道他没有听懂自己的话，便对他又重复了一次。周恩来也在一旁向他解释毛泽东的意思，陈永贵这才知道自己弄了个笑话出来，赶忙红着脸纠正说：“不，不，我不是农业专家！”

他们正在聊天，服务员过来请大家入席。等毛泽东等人进入小宴会厅时，不少人已等候在那里。根据曾志的回忆，那天是李富春、陶铸、曾志、胡耀邦最早来到宴会厅。其他人也陆续来到。毛泽东进入宴会厅后，环视了一下四座，说道：“东兴和罗长子和陶铸让我请客，好嘛，今天我来请。李敏要同我来，我说你不下乡？李讷呢，李讷下去搞‘四清’了。她没有资格来。”在这里，毛泽东所说的“东兴同志”，是指汪东兴，当时任中共中央办公厅副主任；“罗长子”是指罗瑞卿，时任国务院副总理兼公安部部长。李敏、李讷都是毛泽东的女儿。

按照毛泽东的意见，坐席安排的也很有特点。毛泽东将陈永贵、王进喜、钱学森、邢燕子、董加耕等人安排在自己的座位旁，坐在这一桌的领导干部只有罗瑞卿和从广东来的陶铸及陶铸的夫人曾志等人，其余的领导干部，如刘少奇、周恩来、邓小平等都被安排在了别的桌子旁。

宴会开始后，毛泽东首先讲了几句开场白。毛泽东说：“今天既不是祝生日，也不是祝寿，而是实行‘三同’。我用自己的稿费请大家吃顿饭。我的孩子没有来，他们没有资格。这里有工人、农民、科学家、解放军，不光是吃饭，还要谈话嘛！”

毛泽东的开场白讲完后，举起酒杯提议为大家干杯，大家也起立为毛泽东的健康长寿干杯！

毛泽东不喜欢喝酒，杯里的葡萄酒也只是沾沾嘴唇便放下。但作为席间的主人，他不断地劝陈永贵与王进喜等人吃菜。他见陈永贵有些拘谨，就说：“永贵，吃菜，吃菜嘛！”

陈永贵确实是在紧张拘谨中吃了那顿饭，以至于事后他竟说不出那天究竟吃了些什么。多亏周恩来出来打圆场。他先是自己和陈永贵碰了一杯，又提议陈永贵、王进喜、钱学森互相碰一杯，这才使气氛活跃了点。

席间毛泽东还问起了陈永贵的年龄，陈据实回答说今年50岁。毛泽东一听这个岁数，又来了兴致。他风趣地说：“噢，五十而知天命喽！搞出一个大寨来很好。”

“五十而知天命”是孔子的一句话。这是毛泽东的语言风格，他说话

时就喜欢引经据典。问题是陈永贵不知这句话的意思，当然也就更不可能知道它的出处。好在“君子不二过”，他不会重犯刚才的错误。这一次，他既没有点头，也没有“嗯”着附和，而只是不住嘴地笑。

也就是在这次宴会上，毛泽东还对陈永贵说起了贾进财。看来他对于大寨的故事已经知道了不少。他说：“贾进财举能让贤，才使你露出峥嵘，这种事历史上也有过，但确实少。”说到这里，他又对另外的几位劳模讲：“你们有了成绩，不要翘尾巴，做一点不要翘尾巴，做两点不要翘，做出三点四点更不要翘，翘尾巴不好，要夹着尾巴做人。”

这次在毛泽东的生日宴会上做客令陈永贵终生难忘，终生感激。

4. 周恩来亲临大寨指导

周恩来对大寨有很深的感情，他一生曾三次到大寨，他的亲切教诲、平易近人和音容笑貌，深深地留在每一个大寨人的记忆中。

周恩来三次去大寨，都是陪同外宾去的。第一次是陪同阿尔巴尼亚劳动党中央政治局委员、部长会议第一副主席斯皮罗·科列加率领的阿尔巴尼亚政府经济代表团。

一个外国副总理一级的官员在中国外出参观，按照外交礼仪，周恩来可以不必陪同。周恩来此次陪同科列加参观大寨，可以说是破例之举。

1965 年 5 月 21 日，周恩来带着国务院副总理李先念、罗瑞卿陪同科列加一行由北京到大寨参观。他们先到了河北省的石家庄市，然后再由那里乘坐两架直升机来到大寨。那时昔阳连个平一点的停机场都没有，直升机就停在了离大寨 5 华里的松溪河的乱石滩上。等候在那里的山西省省长卫恒、山西省委书记处书记王谦和晋中地委、昔阳县委的有关领导迎上前去，欢迎外宾及中央领导。

吉普车开到大寨村口，村民们已被组织起来夹道欢迎客人。周恩来陪同客人下车与群众招手。科列加在周恩来、陈永贵的陪同下走在最前面，欢迎的村民们挥动着花束彩带喊着“欢迎！欢迎！”的口号。阿尔巴尼亚客人似乎觉得这样不足以反映两国的特殊关系，带头喊起了新口号：“毛泽东！恩维尔！”恩维尔是阿尔巴尼亚劳动党的最高领袖，这样一喊就显示出两国是“同志加兄弟”的关系了。群众于是也跟着喊：“毛泽东！恩维尔！”周恩来马上给予纠正，带头喊起了：“恩维尔！毛泽东！”群众便也跟着喊：“恩维尔！毛泽东！”

阿尔巴尼亚是个欧洲小国，农业生产情况与中国大不相同，阿尔巴尼亚客人参观了大寨似乎也没有什么感动的表现，至少从现有的文字材料上找不出他们受了感动的例子。倒是周恩来此番大寨之行给大寨人留下了深刻的印象，关于他在大寨的故事也格外多。

周恩来在人群中发现了陈永贵的儿子陈明珠，上一年陈明珠进京出席共青团九大会议时，受到过毛泽东、周恩来的接见。当周恩来与他握手并说起上次相见的事情时，陈明珠大受感动，想不到一个共和国总理工作那么忙还能记住自己。

在陈永贵的介绍下，周恩来与贾进财握手，周恩来还称呼贾进财为“老英雄”。

在人群中，周恩来看到站在第三排的牛国栋似乎想和他说点什么，就越过前面的两排群众，伸过手来与他相握，还与他聊了几句。1967 年 4 月 23 日，周恩来第二次来到大寨，那天牛国栋因患感冒没能出来迎接。没想到 6 年之后，1973 年 4 月 23 日周恩来第三次来大寨时又见到牛国栋，竟问起了第二次来时怎么没见到过他！此事令这位种了大半辈子庄稼的农民激动不已。他说，在旧社会就是个村长也不会正眼看我一下，如今周总理竟这样看重我！

周恩来随陈永贵来到郭凤莲家。郭凤莲指着周恩来向她姥姥介绍说：“这就是咱们的周总理，他每天晚上都不休息！”周恩来忙说：“夸大，夸

大。”郭凤莲的姥姥把一个玉米面窝头送到周恩来手里，周恩来接过来分了一半给阿尔巴尼亚客人，留下一半自己津津有味地吃了起来。这时，院子里的孩子们要为外宾和中央领导表演《找朋友》舞，周恩来便一手拿着窝窝头，一手给孩子们打拍子，还时不时高兴地亲亲孩子们的脸。

在贾进财家，周恩来像庄稼人一样盘腿坐在炕沿上与贾进财聊大寨村史，宋立英又递给周恩来一个枣窝头，周恩来又是津津有味地吃了起来。吃了一半大概吃饱了，他便掏出手帕将另一半包起来说：“我把它带回去，叫其他中央首长也尝一尝。”

参观了大寨新村，周恩来又陪同外宾登上了虎头山。在路上，周恩来看见远处有一片松林，就问：“那是什么地方?”陈永贵说：“那是武家坪，大寨的邻村。”周恩来又问：“虎头山为什么不能栽松树?”陈永贵说：“大寨也准备搞。”

在山上，陈永贵向客人们讲述了大寨村过去的穷苦生活，讲述了他们发扬自力更生、艰苦奋斗精神，治山治沟，增加生产的不平凡经历。还特别讲到了1963年的大洪灾，当时地毁房塌，但他们不要国家一分钱、一斤粮、一件物，依靠自己的努力建设起一个新的大寨。周恩来还详细询问了大寨的水利建设情况，他说：“你们这里十年九旱，不解决水利可不行呀!”他又扭头对陪同上山的山西省省长卫恒说：“全国只有一个大寨，连这样一个问题解决不了还行吗?”

陈永贵还领外宾与中央领导来到狼窝掌，看见狼窝掌的几十条大石坝，周恩来对阿尔巴尼亚客人说：“这就是三战狼窝掌的地方。”陈永贵在一旁补充说：“现在是四战了，加高石坝，小块变大块。”周恩来说：“可以修一些排水沟，修一些水簸箕，防止洪水危害。”

从狼窝掌回来的路上，看见在一块地头有沤下的秸秆肥，周恩来抓起一把看了看，高兴地对陈永贵说：“要多施农家肥，土办法就好。”他又说：“永贵同志，你们也要注意改革农具，向机械化要劳力。”

中午吃饭的时候，按照周恩来的吩咐，餐桌上要上大寨人天天吃的玉米面窝头、蒸山药蛋，喝大寨人平常喝的小米稀饭。桌上只有四菜一汤。

下午4时，周恩来陪同阿尔巴尼亚客人离开了大寨。

周恩来此行虽然是陪同外宾来参观，但在大寨人心目中，周恩来比谁都重要。在周恩来离开大寨的当天晚上，陈永贵主持召开了大寨党支部会议，讨论对周恩来来访的感想。陈永贵在会上说：“总理指出我们大寨的林业和水利没有上去，这就是我们今后努力的方向。”山西省省长卫恒也出席了他们的会议，他在会上说：“大寨并不只是一个中国问题，而是成为一个世界性的问题了!”

此后，周恩来又曾两次踏上大寨土地。一次是在 1967 年 4 月 23 日，周恩来与国务院副总理兼外交部长陈毅陪同越南民主共和国总理范文同和副总理武元甲来大寨访问。另一次是 1973 年 4 月 23 日，周恩来陪同墨西哥总统路易斯·埃切维里亚·阿尔瓦雷斯和夫人来大寨参观访问，与他一道陪同墨西哥客人前来的还有他的夫人邓颖超、国务院副总理李先念的夫人林佳楣等人。

5. 关于大寨红旗的冷静分析

在树立大寨红旗的过程中，无论是《人民日报》社论，还是中央领导人的讲话、报告，都曾明确指出大寨的工作并非尽善尽美，大寨人也经常讲自己工作中还有不少缺点与错误。但有一点应当引起我们的注意：那就是中央领导和《人民日报》的文章都没有说明大寨工作中究竟有哪些不够完善的地方，而大寨人在谈起自己的不足时，最多也只是说自己在发展林业方面不如更先进的单位等，而没有作出更深层次的总结。我们不应当苛求于前人，是历史遮住了人们的眼睛。在当时的历史条件下，人们没有能够在系统总结大寨先进经验的同时，也系统地总结出它的缺点与不足。

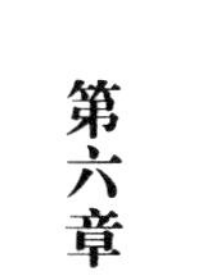

今天我们已经看得很清楚了。大寨这个先进典型即使是用当时的标准来衡量，也不是没有严重缺陷的。

大寨大队从1961年开始改变定额包工管理办法，随后经过几年的修订补充，逐渐演变成一套完整的“一心为公劳动，自报公议工分”的劳动管理和分配办法。他们认为，第一，定额包工劳动管理是“卡君子不卡小人”的制度，“一年下来，老实人收入少，奸猾的人收入多”，“集体化，是一家人了，为什么还你干多少活，我给多少分，这不跟过去当长工一样?”第二，实行劳动定额管理制度的结果，仍然是“贫的贫，富的富，悬殊越来越大”。大寨实行“自报公议工分”劳动管理制度，就是在全大队选定三个标兵工分，男的一个，成年妇女一个，铁姑娘一个。然后由社员“自报工分，大家合评”，由一天一评改为五天、十天一评，又改为一个月、两个月一评，至1966年改为三个月一评。实行这种劳动管理制度后，社员干活不考虑工分，干部也不考虑工分，评分“主要不是评别的，主要是评思想”。这种办法后来被人称为是“大概工”，也有人说它是“神仙一把抓”。它的特点是：“有差别，不悬殊”，也就是差别不大。它忽视甚至鄙视社会主义的按劳分配原则，把劳动者的政治思想，以及人际关系特别是同干部的关系等，都作为评议工分的依据。劳力弱、技术低、劳动贡献少的社员可以因“政治思想好”而得到较高的工分；而劳力强、技术高、劳动贡献多的社员，则要遵循社员之间“工分不悬殊”的原则，不能

◂陈永贵向来大寨参观的许世友介绍大寨人战天斗地的故事

▸ 大寨社员贾承永向人们讲述周恩来三次来大寨时的情形

得到应得的工分。有些干技术活的社员，原来的劳动报酬高于农业上同等劳力，也按照“与农业上同等劳力挂钩”的办法被拉平。显然，这是一种典型的违背社会主义按劳分配原则的分配办法。同时，它也明显违背了《农业六十条》的有关规定。

大寨从 1963 年战胜特大洪灾时起，就取消了农民的自留地。陈永贵早就说：“有的社员在集体地里养精神，在自留地里打冲锋。”认为自留地是“给集体经济安上了资本主义复辟的定时炸弹，有人用自留地跟集体经济唱对台戏，为‘单干’扫清道路”。随之，大寨又实现了基本核算单位由生产小队向大队的过渡。

我国是一个幅员辽阔，经济发展很不平衡的农业大国，各地情况千差万别。因此，各地可以根据自己的实际情况作一些具体的政策尝试，而且只要有利于解放生产力，只要有利于提高人民的生活水平，只要有利于国家的经济与社会发展，党和政府不仅允许，而且应当给予鼓励。但是，对有些关乎全局的政策变动，必须十分慎重；有些已经经过实践检验属于正确而党中央又作出明确规定的政策，各级党组织都应当坚决执行。大寨党支部所变动的一些政策，有的就属于这一类。例如农民的自留地问题，就是在人民公社化运动中几收几放，经过了多次正反两方面的实践检验，最后以中共中央文件的形式作出了严肃规定。实践证明，农民应当拥有一部分自留地，它并非如陈永贵所说，是“给集体经济安上了资本主义复辟的

定时炸弹”，而是农村集体经济的有益补充，是促进农业经济发展，调剂、丰富农民家庭生活的必要措施，在一些集体经济搞的不好的地方，自留地甚至被农民称之为“保命地”。

一个“自报公议工分”，一个取消自留地，一个以生产大队为基本核算单位，这些做法都不符合党在当时的农业经济政策。但由于大寨人自力更生、战天斗地，在发展农业生产，特别是在发展粮食生产方面取得了突出成绩，他们的一些错误做法就不仅没有得到纠正，而且也没有受到批评。其中有的做法，如“自报公议工分”，还受到了表扬。

随着大寨先进事迹与经验的广泛传播，大寨大队的一些错误做法也作为大寨“经验”传到了各地。起初，这些做法还只是作为大寨的“具体经验”被介绍传播，后来随着“左”倾错误的日益发展，大寨的这些错误做法便被提升到坚持“无产阶级专政下继续革命”的高度，并运用政治运动和行政手段强行在各地推行，对中国的农业生产和农村经济造成了灾害性的影响。此是后话。

第七章

花开遍地

1. 孟县盛开“大寨花”

孟县与昔阳县相距不远，也是山西省太行山区的一个贫困县。在学大寨运动初期，这个县就成为闻名全国的学大寨先进县，被认为是创造出全县学大寨的好经验。国家农业部曾在那里召开现场会议推广他们学大寨的经验，《人民日报》发表了题为《大寨之花》的长篇通讯报道他们的先进事迹。在《人民日报》为此配发的“编者按”说：“大寨精神、大寨经验，在盂县遍地开花、结果，这是一件值得庆贺的大喜事。盂县人民在县委的领导下，艰苦奋斗两年，为全国人民树立了一个全县学习大寨的好榜样。”

盂县县委1962年就响应晋中地委的号召，在全县开展了学大寨运动。这一年，由于从上到下只注意学习大寨治山治水的具体经验，结果并没有学出什么名堂来。直到1963年，他们根据山西省委的指示，强调了学大寨先学大寨精神，情况才有了突飞猛进的变化。他们从总结盂县的历史经验教训入手，用大寨的历史经验对比盂县的历史经验。他们认为，大寨经验可贵之处，就在于能够以彻底革命、不断革命的精神，藐视困难，自力更生，艰苦奋斗，改天换地。大寨也经历过曲折和失败，但是没有被困难吓倒，没有迷失了方向，而是不断从失败中找到教训，继续大踏步地前进。而盂县在1956、1958年两年也搞过大规模的治山治水，都没有成功。1957年，全县粮食总产量是8068万斤。1958年到1962年，这5年平均每年总产量为9129万斤，与1957年相比，平均每年只增长2.62%。

县委找到了这条根本的经验教训，思想豁然开朗了。于是，他们重整旗鼓，先后组织了县、社、队干部和群众8000多人到大寨参观学习。同时，从上到下，开始认认真真地学大寨。县、社领导干部首先走出办公室，带头下乡蹲点，帮助各村解决实际问题。各村都以大寨为榜样，照镜子，找差距，并且开展了比革命精神、比依靠贫下中农、比干部参加劳动、比自力更生、比对国家贡献的“五比”活动。经过反复检查比较，有些基层干部说：“这几年思想睡了觉，前进方向不明确了，农村要建成啥样子，眼里缺样板，心里没谱谱。有了大寨，心里有了灯，身上有了劲。”这样，盂县学大寨的运动一浪高一浪，真正成了最广泛的群众性的行动。

按照当时《人民日报》报道中的说法，由于开展了学大寨运动，1963年秋后，盂县学大寨的捷报就传出来了。这一年全县粮食产量达到11040万斤，创造了盂县历史上粮食总产量的最高纪录。

取得成绩后的盂县人并不满足。他们继续对照大寨找差距。县委书记、县长和大寨的干部比，比革命思想，比革命干劲，比领导作风，比工作方法……比来比去，又比出个不足来。他们承认自己没有陈永贵那样不怕吃苦、不怕困难、敢于斗争、敢于胜利的革命精神。他们认识到，要走大寨之路，必须先学大寨人的革命精神。而且，县委一定要学在前头，走在前头，把艰苦奋斗、自力更生、彻底革命的大旗扛起来，站在学大寨的运动中领导学大寨。

1963年11月间，盂县召开了一个2400人参加的四级干部大会。他们还特意从大寨把陈永贵请来，给全县的干部上课，传大寨的革命精神，讲大寨的革命作风。生产队干部、大队干部、公社干部，直到县委书记、县长都坐下来听。听了就比，队队比大寨，照镜子，找差距。

盂县县长张国英，有魄力，实干，和大寨的干部一比，也说起自己不行来。他说：“比起陈永贵来，他的觉悟比我高，革命干劲比我大。”

被称为盂县的“大寨”——上社公社白藏大队党支部书记张海亮说：“这下子比得好，革了一场命（进行了一场思想革命）；栽了一条根（依靠贫下中农）；死了一条心（立了共同富裕之心）；取了一本经（学到了大寨真经）；戴了望远镜（有了国家观念，有了社会主义和共产主义的远大理想）。”

就在上上下下照镜子、找差距的那些日子里，在全县范围内，又开始

了声势浩大的宣传大寨革命精神的活动。在各个民校里，教师们讲大寨；在群众会上，干部们讲大寨；农村俱乐部演学大寨的戏，唱学大寨的歌；广播站一日三次向全县人民报告学大寨的消息；县剧团把学大寨样板队——苌池公社熬子坡大队的事迹搬上了舞台，演起了《万紫千红》。从县城到边远的山庄窝铺，处处都开展了学大寨的活动。

“做大寨人，立大寨志，走大寨之路！”盂县人到处都在讲学大寨，人人都按照大寨人的样子去做。这一年冬天，全县有 170 多处坡梁的治理工程动了工，300 多个沟壑的打坝垫土工程和成千上万亩造地、整地工程也开始了，几十条大坝奠基了。

在学大寨运动中，盂县领导一直坚持走在最前面。县委、县人民委员会的机关干部有 70%以上背起行李下乡了。县委机关只留下 20 个干部，县人民委员会只留下 18 个干部。全县 200 来个公社干部，只有 25 个住在机关。

县长张国英背着行李到了熬子坡村。农民们正在大战黑龙沟。张国英不进村，径直去了工地。县委代理书记梁和义到白藏村，正是冰封地冻的“三九”天。当时土方工程不能搞了，大队管委会计划把劳动力从长条沟工地上撤下来，上山割蒿积肥，谁知偏偏下了场大雪，把山封了。有的生产队干部和村民就产生了畏难情绪，不想上山了。大队干部没有办法，去问梁和义。梁说：“天冷，上大山，你们先上。”第二天，他就拿了一把镰刀、一条绳子，领着干部们上山。村民见干部上山，也都跟上来，全村 106 个劳动力出了工。

王村公社党委代理书记李志清，决心当陈永贵的好学生。参观大寨回来后，蹲到了水岭底村，和村民干了一冬一春，筑坝，修地，垫土，把个平平常常的生产大队一下弄了个热火朝天。他又把周围几个大队干部叫来，让他们看看水岭底比比自己。这些大队干部实在没想到，原来和他们差不多的水岭底，一下跑在前边了。回去以后，这些大队也都干起来。

盂县学大寨运动确实形成了相当壮观的场面。从 1964 年春节过后，到 5 月底春耕大忙，盂县共出动 4 万个劳动力，投工 91 万个。他们依靠人抬、人担、小车推，移动了 3 万立方米石头和 30 万方土。完成了总长

1500 多米的 26 条大坝，治理了总长 60000 米的 101 条山沟和 122 个小沟壑，把 4200 亩坡梁地变成了水平梯田，还整修了沟湾地和沟坝地 7500 多亩。

那一年，盂县还全面地推广了大寨精耕细作的经验，普遍采用良种，14 万亩玉米有 10 万亩进行了深刨，每亩粮田施肥量也增加了。

1964 年冬天到 1965 年春天，盂县继续进行农田基本建设，规模更大，标准更高。这期间，全县又修成了十多万亩大寨式农田，占两年来所修大寨式农田的一半以上。

盂县的学大寨运动确实收到了显著的成效。从 1963 年到 1965 年年底，短短的两年半时间内，全县 55 万亩耕地普遍进行了整修，近 40%的耕地基本建成了大寨式农田，1963 年、1964 年两年全县粮食总产量增长了 45%，1965 年全县的小麦产量比上年翻了一番。而且，他们在治山治水、农田基本建设等方面的具体经验，有不少新的创造和新的发展，有些工程的质量和艰巨程度还超过了大寨。

在学大寨运动中，盂县县委从 1963 年开始，就在全县采取了梅花式的撒网布点的办法，分批分期培养学大寨的标兵。这种办法，他们叫做给后进队“搭梯子”。那一年，县委在五类不同地区选择了 12 个生产大队，由县级领导干部亲自蹲点。县委搞的 12 个点都很成功，粮食增产都在 30%以上，成为盂县自己的“大寨大队”。这些大队的特点鲜明，学大寨成绩很大，人变了、地变了，产量也变了。这些先进大队不是靠“吃偏饭”长起来的，而是诞生于群众之中，自力更生地成长起来的。它们的成长被群众看得一清二楚，人们信服这些先进大队的经验。在学大寨运动中，它们成了学大寨、赶大寨的活样板。

有了县委的榜样，各个公社的领导干部也搞了自己的点，全县各公社共搞了 77 个点。这些点大多数也是成功的。从而使县、社领导干部取得了学大寨的第一手经验。第二年，作为标兵的生产大队就扩大到了 109 个，第三年又扩大到 149 个。每个标兵一般带动周围的 3 至 5 个生产队，形成了一个先进经验推广网。这样，就星罗棋布地把全县的 531 个大队全都“网”起来了。

孟县的县、社干部，经常有二、三百人分头到全县所有的先进经验推广网，采取既蹲点又跑面的方法，具体组织比学赶帮超的群众运动。同时，县委还专门抽调了一批干部，组成了流动检查组，在县委负责人的亲自领导下，组织队与队、网与网、公社与公社之间的相互检查。通过检查，及时发现问题、解决问题，及时传播好的经验。

2. 穷队变富队

广西壮族自治区平果县榜墟公社第一生产队，是当地一个有名的“等吃队”。这个队的生产长期落后，从新中国成立以来直到 1964 年，虽然不断得到国家的扶助，总是翻不了身，要靠国家返销粮食和拨发救济粮。

这个生产队当时共有 43 户，152 口人，78 个劳动力，平均每人有 7 分田地。这些田都在达洪江水利灌溉区内，全是保水田，而且有部分坡地可以改为水田，自然条件并不差。但是，由于人们缺乏劳动积极性，历年来耕作粗放，很少施肥，粮食产量很低，农民口粮不能自给。仅 1962 年到 1964 年的 3 年间，平均每户就吃了国家的统销粮和救济粮 1050 多斤。

对于这个穷村子，上级领导也很关心，想过很多办法。1962 年以来，榜墟公社党支部书记覃汉祖，常到这个队去，帮助他们搞生产。区领导也曾到这个穷队蹲点。可是由于没有找到解决困难的办法，只能是听到干部和村民喊困难，就采取“恩赐”的办法，缺粮给救济粮，缺钱给救济款和贷款，缺肥就给化肥。1964 年春耕生产大忙时，社员出集体工少。领导听到队干部说：“现在困难多，缺乏生产资金，社员缺粮，所以出工的人不多。”为了帮助农民渡过难关，上级连忙发了救济款和贷款 1100 多元，发了救济粮 9600 多斤，平均每户有 220 多斤。以为给了这样的帮助，一定可以解决问题了。殊不知根本不是这么回事。人们不劳动，也可以得到粮食，有人就更不愿意劳动了。有人说：“做也得吃，不做也得吃，反正不够吃有国家补!”因此，虽然有了粮和钱，社员出集体工仍然不够积极，全队 78 个劳动力，出工最多时也只有 40 个。部分早稻因此误过了种植季节，收获时粮食仍是减产，全队要国家统销和救济粮食 13000 多斤。

这个队越帮越穷的原因在哪里呢？各级领导都在思索这个问题。在今天的人们看来，这个问题并不难回答，因为它是人民公社一大二公体制所带来的必然后果。但当时的人们不可能这样考虑问题，就是想到了也不敢这样解答问题。1964 年秋收后，公社党支部发动各生产队总结生产经验教训时，覃汉祖从第十七生产队的变化中得到了启发。第十七生产队原来也是个穷队，他们的水利、土质等条件与第一队大致相同，田地面积也差不多。这个队上一年春天学习大寨精神以后，奋发图强，自力更生，对水田加工加肥，精耕细作，把部分坡地改为水田，很快就改变了落后面貌。结果，秋天这个队的粮食获得了大丰收，除完成征购任务外，平均每人每月有口粮 50 斤，还增加了现金收入。

实实在在的对比，使覃汉祖明白了一个道理。他后来总结说：过去蹲点帮穷队时，没有相信群众自己能解放自己，没有教育干部和社员树立自力更生、奋发图强的精神，也就是没有通过“内因”去解决问题；相反地带着“恩赐”观点下去，缺粮给粮，缺钱给钱，缺肥给化肥。这样就助长了干部和社员的依赖思想。难怪第一生产队的问题长期不能得到解决。

找到了病根，就对症下药。1964 年 12 月底，这个队开展了学大寨运动，覃汉祖组织干部和社员学习大寨人自力更生改变穷困面貌的革命精神。他给人们讲了发表在《人民日报》上的《大寨之路》等有关文章。相信当时全国这样做的地方一定很多，但不一定都能起作用。但这一着在第一生产队还真的起了作用。社员们听到大寨人改造七沟、八梁、一面坡和三战狼窝掌的事迹以后，很受教育，纷纷用大寨精神对照检查自己。一位叫韦妈的女社员说：“人家大寨人有两手两脚，我们也有两手两脚，为什么人家能战胜穷山恶水，改变穷山面貌，每年有大批粮食卖给国家，我们

生产条件比大寨好，却年年靠国家统销、救济？我看主要原因是我们有依赖思想，缺乏大寨人自力更生的精神！”共产党员苏家权说：“我们穷，主要原因是有‘等吃’思想。只要我们学大寨人自力更生的革命精神，大家团结一心搞好集体生产，就一定能够脱掉缺粮帽子！”

于是，他们根据本队的实际情况，挖潜力，找窍门。结果找出了很多改变穷困落后面貌的门路。他们根据本队所有的田不缺水的情况，扩大双季稻种植面积，1965 年由原来计划种 65 亩扩大到 71 亩，晚稻由原计划种 78 亩扩大到 88 亩，并改疏植为合理密植，力争稳产高产。同时，开沟引水，把过去产量很低的 15 亩坡地改为梯田。另外，克服过去依赖国家贷款买化肥的思想，大积人粪尿，争取消灭历年种“白田”的现象。

学习大寨精神以后，干部和群众的思想面貌起了很大的变化。在挖半里多长的巴独水沟的时候，30 多个社员努力开挖，7 天就把水沟开通了。在改 7 亩坡地为水田的过程中，铲子、镬头等工具不足，有的社员就把自己家里的借出来用，不够再向别队借用。有好几天下着雨，但是，在干部的带动下，农民们还是冒雨劳动。这样足足干了 20 天，花了 1000 多个工，终于把 7 亩坡地改成 20 多块梯田，及时插上了中稻。

过去，队干部和社员中既然有依赖国家买化肥的思想，就很少积农家肥。学大寨以后，大家决定自力更生，依靠双手大积农家肥。大部分劳动力还到榜墟街上担回大量的人粪尿。1965 年种下 71 亩早稻，平均每亩施了基肥 25 担，还追了两次农家肥。早稻因此大幅度增产。晚稻也由于施肥多，生长良好。同时，他们还发展了一些集体副业。

3. 大寨经验与三沟经验

辽宁省阜新蒙古族自治县，位于辽宁省西部风沙干旱地区，荒山秃岭占全县面积的一半，森林覆被率很低，水土流失严重。全县有一半以上的耕地是水土流失严重的坡耕地，加上人少地多、耕地粗放，粮食产量很低，1964 年前平均粮食亩产只有七八十斤，是辽宁粮食单产最低的一个县。合作化以来，全县各族人民曾经采取修水库、截山沟、打深井等办法，蓄水防旱，控制水土流失。但由于没有进行综合治理，收效很差。他们也曾试图通过发展畜牧业，以牧促农。由于缺乏统一规划，牛羊头数增加了，农林牧的矛盾更加尖锐了，增加一些粪肥，远抵不住流失的土壤肥力。因此，农业生产一直发展很慢。

从 1964 年 2 月，阜新县委以大寨精神重新分析了全县农业生产面临的形势，认真总结了本县一些先进生产单位的先进经验，特别是重新总结和评价了“三沟”经验。

所谓“三沟”经验，就是阜新自治县的三个生产队在实践中摸索出的成功经验，分别是：七家子公社毛岭沟大队的封山育林控制水土流失的经验；招束沟公社后拉格生产队治理坡耕地连年增产的经验；蜘蛛山公社塔子沟大队营造护岸林保田增产的经验。县委认识到，“三沟”经验是实现全县农业稳产高产的方向性经验，决定在全县范围内推广“三沟”经验。他们的口号是：外学大寨，内赶“三沟”，建设稳产高产农田。

阜新县委发动群众将大寨精神与本地实际相结合，改天换地，治理坡耕地。在这个过程中，他们还曾经历了一场大的争论。一部分人学大寨以

后，主张一次修成水平梯田，一劳永逸；另一部分人认为水平梯田是好，可是太费工，还是推广招束沟的经验，修水平撩壕，省工，见效快。他本扎兰公社按照招束沟治坡的原理又创造出一种“过渡式水平梯田”的新形式。修这种梯田和修撩壕工程的区别在于，修撩壕是从上往下取土培埂，修“过渡式水平梯田”是从下往上取土培埂。因此，修这样的梯田用工少，成本低，收效快。县委对这种形式进行了全面分析：水平撩壕，是一种既简单省工，又能够迅速控制水土流失的好办法；“过渡式水平梯田”，是适宜土层较厚的15度坡以下丘陵地区大面积治理，并逐步达到水平梯田的一种好办法。水平梯田的增产幅度很大，可是它的工程标准高，用工量大，修一亩水平梯田要四、五十个工，坡度大、地少人多的地区可以修，在地多人少地区短时间难以完成。经过分析比较后，县委确定从本县的实际情况出发，采取先“过渡化”后“水平化”逐步建成“大寨田”的方针。对当前治理坡耕地提出了“一为主、两结合、三配套”的综合治理方法：“一为主”就是以“过渡式”水平梯田为主；“两结合”是“过渡式水平梯田”和水平撩壕相结合；“三配套”是工程措施、生物措施、耕作措施配套。这种做法受到了广大群众的欢迎，治坡的速度大大加快。

在推广“三沟”经验，开展大规模农田基本建设运动中，阜新自治县还注意全面安排，重点突出，集中力量，努力提高工程效益。在治山、治水、治坡工程中，各个社队都采取统一规划、集中治理的方法，一个山头、一面坡、一道沟、一条河地集中成片治理，治一坡是一坡，治一沟是一沟，沟坡兼治，沿河两岸都造林。对几个生产队都可以受益的较大工程，由大队统一规划，实行“联合协作，等价换工”，各生产队一齐出工，集中优势兵力打歼灭战。在施工方面，实行春秋两季突击，常年维护的办法。每年春季解冻以后和秋季封冻以前，搞两个大的战役，突击治理；平时组织专业队进行工程养护和维修，把群众性的治理和专业队伍的治理结合起来，做到了当前生产和长远建设两不误。为了打好春秋两个治坡、造林的歼灭战，事前注意从各方面作好准备。

阜新自治县在推广“三沟”经验中，认真接受过去几年农林牧各自为政，农牧挤林，加剧水土流失的教训，贯彻“以粮为纲，发展农业，多种经营，林业先行”的方针，在全县范围内自下而上和自上而下相结合，对农林牧进行了全面规划，统筹安排，重新调整了农林牧业生产的布局，划清了农田、牧场、林地的界限，基本上做到了各得其所，相互制约，相互促进。为了尽快增加荒山坡地的覆被，在大力进行封山育林、植树造林的同时，全县合理固定牧场和实行划区轮流放牧，并适当调整和控制了羊群的发展，坚决淘汰了危害山林的山羊，积极改良和发展绵羊。为了补充山羊减少带来的粪肥不足和加强积肥基本建设，各地大抓了“三种”（种草苜蓿、紫穗槐、甘薯），建立和扩大绿肥基地。1964 年和 1965 年，全县种草苜蓿 70000 多亩，紫穗槐 47000 多亩，甘薯 70000 亩，办起粉坊 896 个，大大发展了养猪事业。全县 1965 年的猪只头数比 1963 年末增长了 98.8%。

4. 学大寨，搞副业

大寨是全国农业战线的一面红旗，各地的学大寨运动也主要是学习大寨开展农田基本建设，搞各种增加粮食生产的措施。但也有的地方是用大寨精神发展社、队工业。这在当时叫做“副业”。意思是农业是农村的主业，社、队工业只能是副业。但不管叫什么，发展了社、队工业，毕竟可以活跃农村经济，促进农业生产，可以增加集体和农民的个人收入。因此，对这些经验我们也就应当格外重视。

辽宁省海城县东四公社红旗大队，在 1964 年遭受严重涝灾以后，发扬大寨精神，依靠群众智慧，广开门路，发展队办工业生产，取得了很大的成绩。1965 年虽然多灾，农业生产仍然获得了好收成。这个重灾队在短短一年间就变成了富裕队。村民们说：自力更生搞生产，腰板子越干越硬。

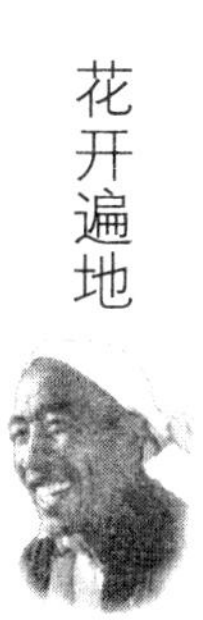

红旗大队是个平原产粮区。除了粮食生产外，人们一向认为，这里没有发展社、队工业生产的条件，5个生产队过去基本上没有集体工业。1964年遭受严重洪涝灾害，全大队粮食生产只有3成收成。灾后初期，有些村民外出打鱼摸虾，有的蹲在家里等待救济，有的干部也很发愁。这时，大队党支部根据公社党委组织社员开展生产自救的号召，首先组织党员和干部学习了毛泽东的著作，学习了《大寨之路》的小册子。通过学习，他们逐步消除了悲观畏难情绪，坚定了生产自救信心。生产队长徐新甲说：“咱们不能挺着脖子吃，得向大寨学习，走自力更生的道路。人家愚公一家能移山；咱们红旗堡一千几百口人，还不能生产自救?!”干部的思想觉悟提高后，接着又通过开展“两摆”，即摆劳动力和副业门路，“两算”，即算政治账和经济账活动，发动群众生产自救。摆了劳动力情况和副业门路，使村民们在困难中看到了希望；算了政治账和经济账，使村民们懂得了以国为怀、自力更生地进行生产自救的重要意义。一些村民说：人是活的，有人就有一切。只要咱们大家抱成一个团，拧成一股绳，就可以依靠自己的双手，克服暂时的困难。于是，他们便把国家给的500多元救济款，原封不动地还给了国家，下定决心：农业丢了，要从副业找回来，自力更生渡过难关。

他们这也是因祸得福。如果不是遭了灾，就不可能想到办集体工业，即使有人想到了，也可能遇到相当大的阻力。如今遭灾了，粮食减了产。通过办集体工业搞生产自救，总比伸手向国家要救济更符合大寨精神。于是，他们就坚定了信念，动手干了起来。

在发展队办工业生产时，他们碰到了没有资金、没有原料、不懂技术等一大堆实际困难。大队党支部认为，要战胜困难，除了鼓起群众的革命干劲外，还必须充分发挥群众的智慧，找到切实可行的办法，才能闯出一条路来。于是，便组织了40多人的骨干队伍，分成几个小组，群策群力，分头寻找门路。通过研究，他们决定采取先易后难的办法，发展队办工业生产。这个大队有个小自然村，叫蚂蚁屯。那里的很多村民会用玉米皮编套包。套包是一种车马用具。编套包虽然收入少，但可积少成多，特别是这种手工业有现成的原料，技术又简单。于是，大队领导便普遍推广了蚂蚁屯的经验。不久，全大队 80%的妇女、老人和少年儿童，都参加了这一手工业生产。1965 年一冬，就收入 6200 多元，部分归集体，部分归农户。

头一炮打响后，群众精神大振，信心增强。接着，干部便因势利导，进一步发挥群众的智慧，办起苇席、筐篓、草袋、草绳等编织工业。编织苇席的技术比较复杂，他们就请从产苇席的邻乡嫁过来的 7 个妇女带徒弟。一些心灵手巧的姑娘，不到半个月时间就学会了。她们掌握了这门手艺，再带徒弟。就这样，半年内有 90 多名妇女学会编苇席。她们共编席子 1200 多领，收入 5000 多元。编织筐篓、草袋、草绳，也都是这里从来没有搞过的营生。织草袋子，买机器得 300 多元。木工组长彭学谦建议自己制造机器，他说：“既然人家能做，我们为什么不能学着做呢?”大队采纳了他的建议，派他到海城镇附近的合办村学艺。彭学谦不辞辛苦地跑了两三趟，终于把造木制草袋机的技术学到了手，为大队仿制成功了 5 台草袋机，节约了 200 多元开支。安装草绳机时没有厂房，大队就腾出了部分办公室当车间。

这个大队在抓大宗工业的同时，也不放松小宗工业生产。一个会做笔帽的村民，看到编苇席剥下来的短苇子扔掉很可惜，便建议利用它来做笔帽。大队根据他的建议，组织了 6 名村民，开办了一个小小的“笔帽加工厂”。虽然每个笔帽只值 3 厘钱，但积少可以成多。到 1965 年年底，他们已生产了 17 万个笔帽，收入数百元。

这个大队在开展队办工业生产中，贯彻了“三结合”的方针，即：农业和“副业”结合，以农业为主；农闲和农忙结合，以农闲为主；集体和个人结合，以集体为主。这样，就使队办工业生产常年坚持下来，增加了集体收入，支援了农业生产，巩固了集体经济，改善了村民生活。为了给今后发展队办工业生产创造更有利的条件，这个大队 1965 年种植了 120 亩水稻，栽植棉槐 30 亩、大叶杨 1 万棵，并培植芦苇 20 亩。

这实在是一个非常可贵的经验，它表明在我国广大农民中蕴藏着无穷的智慧，蕴藏着发展经济的无穷活力和创造力。只可惜，在以后的农业学大寨运动中，在“堵不住资本主义的路，就迈不开社会主义的步”的口号下，严重扼杀了广大农民群众的这种创造精神。

5. 用大寨精神修水利

1965年9月上旬，全国水利会议在北京召开。会议期间，毛泽东、刘少奇、周恩来等党和国家领导人接见了出席会议的全体代表，周恩来在会上作了重要讲话，谭震林代表国务院在会上作了报告。

在这次会议召开以前，各地水利部门讨论和总结了新中国成立以来16年间我国水利建设的经验。这次会议集中了各地讨论的意见，交流了经验，研究了今后一个时期水利建设的方针和任务。

各地提供的材料表明，新中国成立以来我国的水利建设事业，依靠广大农民的集体努力，取得了很大成绩。已经建设起来大量的小型水利工程和许多大、中型骨干工程，以及部分机电排灌工程和水土保持工程，从而使不少地区提高了防洪、排涝和防旱、抗旱能力，灌溉面积比新中国成立前成倍增加，出现了一部分旱涝保收、稳产高产农田。

会议指出，当前各地正处在水利建设的新高潮中，保证和促进这个高潮的持续、健康发展，对于发挥水利对农业生产的保证作用，战胜水旱灾害，促进国民经济的发展具有重要意义。因此，必须充分运用已有的经验，认真贯彻“大寨精神，小型为主，全面配套，狠抓管理，更好地为农业增产服务”的水利建设基本方针，特别是要十分重视调动5亿农民的积极性，发扬大寨精神，自力更生，艰苦奋斗，因地制宜地继续兴修适合生产需要的水利工程，并且管好、用好现有水利设施。会议认为今后一个时期的水利建设，应坚持以兴修小型工程为主，大、中型工程要根据需要和可能，有计划有步骤有重点地兴建。会议特别强调水利建设要从实际出发，从各地不同条件出发，要因地制宜地坚持进行长期的艰苦斗争，才能征服大自然，变水害为水利，使江河湖泊为人民服务，为农业生产和其他国民经济服务。

这次会议以后，一个群众性的冬修水利的活动就在全国各地农村广泛开展。广大干部、群众在这场冬修水利的活动中，认真学习大寨经验，自力更生办水利，取得了明显的成效。

从规模上讲，这次冬修水利比往年都要大。各地都在努力建设旱涝保收的稳产高产农田，争取农业生产更快地发展。据有关部门统计，到1965年11月底，全国各地参加冬修水利和其他农田基本建设的劳动力达到3200多万人。冬修的内容很广泛，水利方面主要是现有工程的配套工程和多种多样的小型水利工程，此外还包括除涝治碱、水土保持、改良土壤等等。北方大部分地区还在抓紧进行打井、淘泉等开发地下水的工程，以及平整土地工程，进一步扩大灌溉面积，提高防旱抗旱能力。淮河、东北松

► 河南林县人民以大寨为榜样，劈山开石，腰斩太行山。

辽平原部分地区，主要是修排水工程。山东、河北、河南和苏北、皖北的洼涝盐碱地区，主要是因地制宜地修建台田、条田、除涝治碱。西北黄土高原区在修水土保持工程，大修梯田和坝地。山西各地在大力整修原有的水地和建设大寨式农田。甘肃省中部干旱地区在大搞铺砂田。南方各地除继续发展小型水利和配套工程以外，还在进一步健全排灌系统，消灭串灌串排，适应水稻高产的要求。改造烂泥田、冷浸田等低产田，也是南方各地冬修的内容之一。西南地区主要是大抓蓄水保水工作和蓄水、引水、提水等各种水利设施的整修和建设。

1965 年受旱严重的山西、河北、山东、河南、陕西、北京、内蒙古等地，秋收还没有完全结束就开始冬修水利。南方各省秋收结束得晚冬修开始也较晚。但入冬以来，各地冬修水利的活动都热火朝天地开展起来。

1965 年冬修水利的特点是：依靠群众，发扬自力更生精神兴修小型水利工程和配套工程。各地还注意了把长远建设和当前受益结合起来，因地制宜、量力而行地多修对来年生产发挥实效的工程，真正做到修一处、成一处、用一处。

那一年各地对冬修水利工作的领导一般抓得较好。准备工作包括思想发动、规划设计、技术培训和物料准备等工作，都比往年抓得早而且抓得好。冬修开始后，各地都派了不少干部深入基层和工地蹲点抓样板，并推广先进经验，开展比学赶帮超的群众运动，加快冬修的进度。由于各级领导抓得紧，水利工作的一系列方针政策得到了较好的贯彻，大部分地区对于冬修和冬季农副业生产的劳动安排也比较合理。

由于注意发扬大寨人自力更生、勤俭办一切事业的精神，那一年的冬修水利中，各地大部分工程都是社队自己动手搞起来的，一般花钱少，收益大，见效也快。

6. 全国处处有大寨

在全国学大寨运动中，从首都北京，到大江南北、雪域边疆，到处是一派热火朝天的劳动场面。各地的干部、群众在运动中所发挥出的聪明才智和战天斗地的英雄气概感人至深。

大寨的事迹和先进经验，在北京郊区农村干部和群众中间引起了强烈的反响，各县区、公社的党政领导干部认真进行了讨论；不少党支部也学习了介绍大寨经验的文章。他们认为，大寨是发扬革命精神、进行生产斗争、阶级斗争和科学实验三大革命的活样板；大寨为他们树立了如何做好思想政治工作的好榜样。房山县十个山区公社学习了大寨经验以后，计划先培养14个“大寨式”的村庄作为样板，用以带动整个山区的建设。这些公社的主要领导干部纷纷搬到重点村居住，深入地进行工作。

大寨的经验，成为北京郊区许多社队“找差距”的一面镜子。他们以大寨精神对照本单位，进一步挖出潜力，增添了干劲。与大寨的自然条件相似的房山县六渡人民公社，过去曾派人下山取“经”。他们看到一些先进单位有水有电，总认为自己条件太差，不好比；在学大寨运动中，他们听说大寨既无电又缺水，全凭两只手和一把镢头，战胜自然，夺得高产，便决心以大寨为榜样，大抓治坡、闸沟、改良土壤三项措施，改变山区的落后面貌。连年获得较大幅度增产的房山县石楼人民公社，听到大寨大队耕地都是梯田小块，而本公社一抹平川，土地连片，条件比大寨好得多，感到增产潜力还很大，全公社立即掀起了除治玉米钻心虫的热潮，仅两天时间，就发动了近3000名社员，一鼓作气在200多万斤玉米秸中除治了越

冬钻心虫，为当年粮食增产多增加了一项新保证。位于丘陵地带的崇各庄人民公社岗上大队党支部书记、北京市劳动模范吴春山，学习大寨经验以后，提出一个问题：“大寨有七道大沟，岗上有七条小沟；大寨大旱缺水，岗上的水地比人家多；可是为什么大寨粮田亩产很高，岗上亩产只有 301 斤？”党支部委员会上热烈地讨论了这个问题。大家对照大寨精神找到了两个不够，一是做人的工作不够，一是学习先进技术经验不够。会后，在进一步加强对社员的思想教育工作的同时，由吴春山负责积极筹划建立试验田，准备先从棉花、谷子两项作物做起，全面试验推广先进技术经验。

有些公社学习了大寨大队不依赖国家支援、自力更生战胜困难的高尚风格以后，提出“不坐等机械、化肥，不坐等国家贷款，不坐等成套经验，自力更生发展生产”的口号。平谷县熊耳寨公社北土门大队原计划依靠国家修建一条 2000 米长的马路运输果品，现在决定由社员自己动手修建，不向国家要钱。丰台区黄土岗人民公社白盆窑大队，沙岗地很多，学习大寨以后，决心不用国家一文钱，依靠自己双手，苦干几年，把所有沙地改造成良田。1964 年入春以来，这个大队每天出动 150 多人，冒着寒风，推运黄土，改良沙荒。朝阳区东北部受到严重涝灾的一些公社，也在大寨精神的鼓舞下，组织了上千名社员，开始大规模平整土地，扩大水田，争取在 1964 年弥补上一年受灾的损失。北京郊区一些公社生产队在深入学习大寨经验和精神的同时，还针对学习中发现的问题，制订进一步学大寨、赶大寨的具体计划。

著名全国劳动模范李顺达所在的山西省平顺县西沟村，1964 年获得了好年景，粮食总产量比 1963 年增加了 3 成，亩产量达到了 600 斤，林业、畜牧业、副业也有了很大发展。但他们在取得好收成以后，马上就在全体干部和社员中间开展了一个‘打了胜仗找差距’的讨论。他们跟大寨比产量，比干劲，比对国家的贡献。一比，大伙吓了一跳，发现他们比大寨还有很大的差距。总结了一下，找出了 8 条差距，第一条就是自力更生的革命精神不如大寨好。他们认识到，去年的生产成绩虽然不小，可是一点也不能自满。一自满，就会走下坡路。

全国著名劳动模范，四川省新繁县新民公社的罗世发在北京参加全国人大三届一次会议的时候，听了陈永贵的发言，立刻写信给自己的公社，要求大家学习大寨奋发图强、自力更生的革命精神。社员黄德永在学习中说：“人家大寨硬是在冰天雪地里搬大石头，人家那么大的困难都不怕，我们这里只落一点霜，挑几挑泥巴算不了什么。”一大队二队有个老农民亢良五，起初不信低产田能改造。人家改土，他站在一边看，看着看着，他的思想也改变了，也摸起扁担，下田干起来。

河北省安平县南王庄公社南王庄大队大队长王玉坤，1964 年 12 月来到首都参加政协第四届全国委员会第一次会议，听了周恩来的政府工作报告，学习了大寨精神，受到了深刻的教育和很大的鼓舞，脑筋大大地开了窍。

1964 年，王玉坤领导的南王庄大队虽然完成了国家的征购任务，但是总结起来，王玉坤认为生产上毛病不少。由于前一年夏季遭受涝灾，使粮食和棉花这两项主要作物都减了产。由此，王玉坤想到 1963 年到大寨参观的情形，对比一下，更觉得自己生产中有很多方面要加以改进。王玉坤说，大寨是个穷山沟，我们大队的条件要比他们好得多。他们决定在新的一年里，要学着大寨的样子，一定好好干，做出成绩来。

他们决定要大抓平整土地和积肥两件事，要把村里所有高低不平的地都填平，这是防止地涝的重要一条。王玉坤说，填平土地，社员们倒不反对，但怎么个填法，用什么工具填，大家的意见却不一致。有人主张用推土机推土填地，说是用起来痛快，填得又快又平，还节省很多劳动力。王玉坤和他们算了一笔账：用推土机费用较大，如果买些小推车，每辆不到 40 元，除了推土填地外，平时还可用来积肥，用处大，又省钱。王玉坤说：“我参加这次会议，更觉得勤俭办社很重要，我回去一定要发动群众，用少花钱多办事的办法，把队里的地平整好。”

在青海省日月山下，青藏路旁，有一个学大寨的先进单位：湟源县和平公社小高陵村。这个村有汉、藏、回三个民族，217 户人家，1300 多口人。他们的 6000 多亩耕地，90%是旱地。这里海拔 2700 至 3100 米，农作物生长期只有 90 至 120 天，没有绝对无霜期，年平均气温在摄氏 1 度左右。新中国成立前，这里山穷、地穷、人穷，许多土地“树不长，牛不

站”。

1949 年青海解放。1953 年，小高陵人开始植树造林。那时，人们想的不远，只希望有些烧饭煨炕的燃料，有些生活用材。1956 年，农业集体化把各族农民联结在一起，改天换地的斗争从此全面展开。

小高陵人改天换地靠的是自力更生。他们说：自力更生激发起来的革命精神最旺盛；自力更生摸索出来的经验最顶用；自力更生培养的人才最有本领；自力更生办起的事情最巩固；自力更生能使集体经济不断壮大，也能减轻国家负担，等于支援了社会主义建设。

通过学习大寨的先进事迹，他们同大寨比思想、比干劲、比产量、比贡献，发现最大的差距是：思想政治工作没有大寨过得硬；粮食产量和现金收入没有大寨高；对国家的贡献没有大寨多；科学实验不像大寨年年都有新套套。最主要的差距，则是跟不上大寨人的革命精神。为了学大寨、赶大寨，1965 年他们又制定了五年建设规划，掀起了生产和建设的新高潮。

在喜马拉雅山主脉冰峰雪岭之间，在海拔 4200 米的雪域高原上，有一个叫帕里的地方。这里自古不产粮食，过去人们只在帕里种马草，吃粮完全靠外地供应。1960 年，帕里人在历来不长庄稼的喜马拉雅山台地上试种

▲ 帕里人从牧区运来肥料，争取增产更多的粮食。

青稞，获得了成功。这是西藏从来没有的奇迹。但帕里人并不因此而自满。1964 年他们组织了一些互助组和居民委员会的干部到大寨参观学习，受到很大的启发。他们说，平时看不出松柏，要看松柏的硬劲儿，需要在严寒的冬天。帕里人一定要学大寨，做雪山上的松柏，创造出更大的成绩。1965 年他们扩大了青稞试种面积，尽管遇到了 5 场酷霜，在庄稼扬花吐穗时节又遇到早雪，2000 多克（克相当于亩）土地，仍然产了 20 多万斤粮食。至此，当地需要的口粮一大部分已经可以自给，有不少户的口粮还自给有余。

河南省林县，原来是一个“光坡秃山头，砂石枯河沟”的穷地方。从农业合作化时起，他们发扬艰苦创业的精神，引漳入林，重新安排全县河山，逢山凿洞，遇沟架桥，走陡坡，过高崖，穿过 50 多处悬崖绝壁，闯过 130 多个山头，凿通了 42 个山洞，在太行山腰挖出了长达 71 公里的山间渠道，使一向缺水的山区土地得到了灌溉。1964 年，全县粮食亩产达到 400 斤，林、牧、副业也有很大发展。

内蒙古自治区赤峰县当铺地大队，1949 年以前是一个几乎被风沙吞没的地方。他们从 50 年代初开始，经过 10 多年的艰苦奋斗，营造了林带和片林以防风固沙，修渠引洪淤灌以压沙，并用人力、水力和风力搬掉几百个沙丘，大大减轻了狂风和“沙龙”的为害。1964 年学大寨运动中，他们又将 2500 亩耕地打上地埂，把大水漫灌改进为畦田浇灌，粮食亩产提高到 358 斤，比 1949 年增长了 5 倍。大牲畜由 1950 年的 47 头发展到 240 头。

福建省连江县东升渔业大队，300 多户渔民，从 1955 年起，依靠集体力量，艰苦奋斗十年，走出了一条由穷变富的道路。他们厉行节约，积累资金，建造大渔船，安装机帆船，使渔业生产跨出闽江口，远航到浙江渔场。1964 年，全大队实现了渔船机帆化，生产好似跨上“千里马”，当年捕鱼 1000 多万斤，比 1958 年以前翻了两番多，全大队积累起 100 多万元的财富。这个大队 50 年代初常年住“连家船”的贫困渔民，逐步富裕起来，在岸上盖起了一排排新楼房。

当时在全国确实掀起了一个声势浩大、热火朝天的学大寨运动，各地涌现出许多学大寨的先进单位。无论是南方还是北方，各地都有各地的

"大寨"。在北方的如山东省黄县大吕家公社的下丁家村，十几年来年复一年地苦干，劈山造田，在石山区凭人力修垫了大量的平整、块大和土层深厚的耕地，并且实现了水利化，从而把一个作物产量很低、生活很苦的地方，变成了产量高、生活富裕的农村。在南方的如广东省四会县清塘公社的芙蓉村，苦战7年开挖了20多条排水沟渠，引出了田里的冷泉和铁锈水，把总产量极低的烂泥田变成了高产田。他们还用植树造林、建筑沙坝谷坊、挖环山沟等等办法，治理了日益崩坍的红土丘陵。这些先进的生产单位，象大寨一样都是些集体的"愚公"。它们都处在生产条件较差的山区，依靠组织起来的集体力量，多年来自力更生地进行了翻天覆地的治山治水和农田建设，把过去的穷山恶水变成了青山绿水，把穷困的山区变成了农林牧三业繁荣的山区，从而大大地提高了农业生产水平。

在党中央的大力倡导下，通过各级党政领导机关的精心组织，通过广大基层干部和人民群众的艰苦奋斗，学大寨运动出现了喜人的局面。当时，各地有各地的大寨，县县有大寨，国营农、林、牧生产单位也有大寨；山区有，平原也有；干旱的沙漠地区有，低湿易涝的盐碱地区也有。新疆、内蒙古出现了自力更生改造沙荒干旱面貌的大寨式的先进生产单位。江苏盐城专区和山区临沂专区出现了自力更生改造低湿盐碱面貌的大寨式先进生产单位。这样的先进生产单位也不仅是社队，还有一些县或者一大片地区，发挥自力更生为主的精神迅速发展了农业生产。如河北遵化县、河南林县、江苏启东县、江西余江县、山东临沂专区、北京和上海市郊区、广东珠江三角洲和四川温江专区等等就是。所有这些先进单位的共同特点是既有征服自然的大无畏精神，又具有一点一滴地做艰苦扎实工作的决心和毅力。它们的成就都是靠自力更生为主取得的。他们的经验在各地农村推广以后，对于树立战胜困难的信心，加强农业基本建设，推动农业生产的恢复和发展起到了重要作用。从全国农业总产值来看，1964年、1965年分别比上年增长13.5%和8.1%。1965年全国农业总产值达到589.6亿元，按1957年的价格计算，超出1957年536.7亿元的9.9%。在农业内部，农作物、林业、畜牧业、渔业和副业都有了幅度不等的恢复或发展。

7. 全国学大寨，大寨怎么办

全国的学大寨运动如火如荼，大寨人也面临着一个又一个新的考验。考验既来自自然，也来自社会；既来自外界，也来自大寨自身。

1965 年，太行山区遇到了严重的干旱。以大寨说，从 4 月中旬开始播种起，除 4 月下旬下过一次小雨，到 7 月中旬近 90 天没有下雨，中间又刮了一场暴风。7 月 19 日下了 1 小时暴雨，雨量达 60 多毫米。暴雨引起的山洪把大寨村最好的沟地庄稼冲毁了 50 多亩，冲断了狼窝掌沟中一些石坝。一场暴雨后接着又旱了，却在 8 月 19 日下了一场冰雹。陈永贵和大寨的村民们都说，这次的灾比 1963 年重多了。这次是旱、风、洪、雹一灾未平，一灾又起，其中最严重的是旱灾。

为了夺取当年的农业丰收，大寨人一开春就有防旱思想，就有两手准备。春播前整地，他们采取了一系列的有利于保墒的措施，播种又实行了适当深播。播种后一个时期没有下雨，就及时采取了间苗和提早开锄等等防旱措施。旱象一形成，全村立即展开了轰轰烈烈的抗旱斗争。

6 月过去了，到 7 月还不下雨。大寨村党支部就发动村民讨论：受了灾可怕不可怕？有没有把坏事变成好事的办法？这次讨论把全村动员起来了，为了抗旱，人人出力，人人开动脑筋，玉米深刨，谷地培土，一个接一个的抗旱办法都用上了。这样一直搞到 7 月 19 日下雨，全村的庄稼一直长得很好。7 月 19 日的 1 小时暴雨，大寨又遭了一次洪灾，受了一定的损失。有些人对盼来的这场雨很扫兴。党支部和陈永贵却认为，尽管受了灾，这场雨对抗旱还是好处大于坏处，雨后立即发动全村锄地保墒，作持

久抗旱的准备，同时组织劳力抢救了部分被冲的庄稼。对于被冲的石坝，陈永贵等村干部仔细作了检查，同没有被冲垮的石坝作了对比，找到了教训。之后，全村一鼓作气，针对过去修坝的缺点，用8天时间修复了全部被冲的石坝。

7月暴雨后又旱了。三伏天气，旱情更加严重，抗旱也更加紧张。党支部又发出了“抗旱好比攻碉堡，越往后越困难，越困难越要抗，加紧找水，突击浇苗”的号召。当时，大寨正在国家派出的钻机帮助下钻机井，而且已经见了水。大寨村一面给钻机增派了劳力，希望机井迅速成功，一面组织掏废井和在沟里挖水坑，找泉水。大寨多年兴修梯田和其他水土保持工程，这时也见了效，有些沟底已经开始见水，一挖水就出来了。大寨村里过去枯了的废井，这时一掏也有了水。在废井重新出水的鼓励下，村里又组织打了几眼新井。人们一面找水，一面就给部分不耐旱的耕地突击浇苗。8月上中旬，全村男女老少一齐出动，挑担的、提罐的、捧盆的都上了阵，先后突击浇了50亩左右，使一块块、一亩亩开始受旱发黄的庄稼又变成了墨绿色。对于大多数比较耐旱的耕地，大寨坚持多锄保墒的方针，提出今年不挂锄了，旱到什么时候锄到什么时候。多锄不仅是为了这一季抗旱，也为下一季抗旱。陈永贵说，不怕一年旱，就怕连续旱。地旱得干了硬了，如果不锄，秋后下的雨也会流失，明年春播还会受旱。多锄不仅可以减少蒸发，保证这一季庄稼，秋后下的雨即使这一季庄稼用不上，还可以把它留在地里给明年春播用。

大寨能够战胜这次严重干旱，还得力于它的农田基本建设，得力于它的“海绵田”和“三深耕作法”。大寨进行了多年农田基本建设，把坡地修成梯田，加厚耕地的土层等等，都是为了保土保水，使农田逐步达到稳产高产。因而大寨的耕地比较耐旱。在这个基础上，大寨又实行深耕细作，使耕地的表土松软得像海绵一样，再加适当深种、深锄和许多抗旱措施，就使它在大旱之年仍然获得了高产。

大寨不仅抗住了当年的干旱，还为以后的水利建设打下了基础。陈永贵在谈到那次抗旱的经验教训时说，这次抗旱解决了我们在发展农田灌溉事业方面的保守、麻痹思想。在此以前，我们以为经过多年努力，我们的耕地能够抗住一般的旱灾。对于发展灌溉，总认为山区缺水，信心不大。今年春天，中央负责同志就指示我们要搞水利，预防干旱。我还以为不要紧。当时他就提醒我大旱三年怎么办？现在看起来还是领导上看得远。当时我就没有料到今年会发生这样的大旱。大旱教育了我们，抗旱中我们对解决水的问题找到了一些门路，国家派来的钻机在山上又钻出了水。这就是自然灾害对我们的促进。

这次大旱使大寨人也发现了自己的不足。1965 年 11 月 24 日，陈永贵在《山西日报》上发表文章：《以更高的标准建设高产农田》。文章总结了 1965 年大寨抗旱的经验教训，提出了大寨人今后的努力方向。文章说，多年来，尽管我们在农田基本建设方面作出了一些成绩，但是拿更高的更严的标准来衡量，还有很大差距。直到现在，我们大寨连一亩真正的水浇地还没有。为什么不发展水利？不完全是条件不好，主要是我们有保守自满思想。现在看来，我们的水利事业已经落后了十年，特别是今年的大旱，使我们深深地体会到“水利是农业的命脉”。不发展水利不行。不怕一年旱，单怕两年灾，明年再旱怎么办？大旱三年怎么办？因此，积极地、千方百计地发展水利事业，已经成为我们迫不及待的任务。我们初步规划要在今后三年内，保证每人发展一亩水浇地。

陈永贵还说，林业建设是我们的最大差距。不怕有差距，单怕不认识。1963 年以来，我们大抓植树造林，取得了很大成绩。我们决心乘胜前进，争取在今后三年内，绿化荒山秃岭。

大寨的土地是不是完全合乎稳产高产的标准呢？陈永贵认为还不是。他说，今年大旱给我们的土地排了排队，还有近 200 亩地建设质量不高，不用说高产，稳产也没达到。就是经得住大旱考验的大部分土地，也和这个标准有距离。因此，在今冬明春，仍要狠抓土地基本建设，保证每人整修更高标准的大寨田一亩，标准要达到：地平、堰高、土厚。

1965 年 11 月，陈永贵参加了中共晋中地委组织的参观团，对北京、河北、山东、河南等省、市的一些先进单位参观访问。他所到之处，看到广大干部、群众意气风发，扎扎实实地开展学大寨、赶大寨、超大寨的比学赶帮超运动。他看到有不少单位快要赶上大寨了，有不少单位的生产水

◀陈永贵在河北遵化县学习参观，左一是王国藩。

平还超过了大寨。陈永贵从中受到了鼓舞，也深深感到大寨必须急起直追，虚心学习各地的先进经验，才能继续前进，取得新的成绩。因此，他在参观访问途中，给村党支部写了一封信。

陈永贵在信中说，这次参观，对我们来说，教育太深刻了。所有的单位，尽管情况不同，但成绩都十分突出。没有别的话好讲，只能用老话说：山外有山，天外有天，不看不知道，一看吓一跳。一个比一个先进，一个比一个突出。特别是到了下丁家村，叫人越看越想看，越听越想听。看山，山青；看地，地平；沟沟有水，库库相连；看人，个个精神奋发，干劲冲天。今年粮食亩产量达 950 多斤。是超大寨的一个典型。其实，超大寨的何止一个下丁家。看来，我们的工作落后了。如果不急起直追，迎头赶上，有被甩在后面的危险。

陈永贵在信中提出了一个问题：全国学大寨，大寨怎么办？他说，这个题，要回答多久，看来，永远回答不完。要一直回答下去。全国学大寨，大寨要找差距，要用更大的干劲消灭差距。我们要向全体社员算一笔账：拿 1963 年前和 1963 年后作比较，我们少做了多少事情，少产了多少粮食，少收入多少现金，这个账要算到户，算到人。使大家进一步明白人勤地不懒的道理，人的因素第一的道理。是不是我们的潜力挖尽了呢？劲头鼓足了呢？不能这样想，也不能这样说。现在仍然要在挖潜力、鼓干劲上做文章。

陈永贵说，不看不知道，一看就发现了我们自己有点自满情绪。这是真正的危险所在。现在全国各地学大寨学得轰轰烈烈，扎扎实实，不仅学，还在赶，还要超，有的已经超过大寨。不管农业，还是林牧副业，好多单位都比我们好。人家学大寨认真学，我们学全国先进兄弟队，学得很不够。所以，要将“大寨式先进单位”的材料，认真地向全体干部与社员进行宣传。使大家开眼界，长见识，找差距，鼓干劲，把大寨和各先进单位的差距，消灭得愈快愈好。

陈永贵还谈了他的所见所闻所感。他说，天津市专门组织了报告会，让我报告后，又组织劳模和我们开座谈会。烟台党、政、军也组织了同样的会。济南组织了28000人的报告会，而且将我的报告连续广播，当做政治运动在山东范围内开展，以推动当前的农田基本建设。学大寨学得认真极了。河北、山东的同志，听说大寨人出来学习，真是轰动全省。人家虚心好学的态度，对党中央指示认真执行的态度，都是我们学习的榜样。我们绝不能辜负他们对我们的希望。总之，人家是惊天动地，翻天覆地，我们有点小手小足，小天小地。差距越看越清楚，越看越大，越看越多。我们在外面找，外面学，你们在家中找，家中学，成绩夸大有坏处，差距找得多些没有坏处。

谈到今后大寨的工作，陈永贵在信中说：“土地建设的质量一定要好上加好，不能含糊。不平地要搞平，起高垫低，真正达到高水平。活土层，要达到最低一尺以上，给水利化打基础，16眼水井，要继续打，不能停下来。这是我们实现水利化的根本办法之一，是我们的希望所在。虎头山下造林地的修整，请检查一下，要整好，整细，也要摆一个样板。我们在下丁家，到处可以看到鱼鳞坑，这一看，再不能不抓了。”

陈永贵在信中多处提及的下丁家，是指山东省黄县大吕家公社下丁家大队，是当时全国学大寨的一个先进典型。下丁家人在学大寨运动中，向穷山恶水宣战。他们把山地削成平地，把地下的大石头一块块掀上来，把

地上的大石头一块块搬走，把土里的碎石子一筛筛滤出去，然后又在一条条山沟里筑起水库池塘，建造成“三层楼式”的灌溉网，分别浇灌山上、山腰和山下的农田，使这个原来“山高地薄石头多、天地自带三分灾”的穷山村，变成了一个山清水秀、高产稳产的富山庄。

1965 年，下丁家村也战胜大旱，夺取了又一个大丰收。随后，他们又对照大寨找差距。秋收前后，村党总支书记王永幸到大寨参观学习之后，又把大寨精神带回来，在全村掀起了一个进一步学大寨、赶大寨的热潮。陈永贵来到下丁家参观，使下丁家人受到了很大的鼓舞，把下丁家学大寨、赶大寨的群众运动推向新的高潮。大会、小会、民校、工地，到处都在用大寨的尺子量自己的短处。下丁家人通过总结、学习、对比，一致认为比大寨有三个不如：一是稳产高产不如大寨过得硬，不怕困难、不怕灾害的劲头不如大寨大；二是政治思想工作不如大寨抓得深、抓得细、抓得透；三是虚心好学的风格不如大寨高。他们说：大寨提出“全国学大寨，大寨学全国”。人家面向全国，找了差距，提出了新的奋斗目标，下丁家也要学习大寨这种精神，不断提高，不断前进。第十四生产队队长丁学选说：大寨是全国闻名的先进单位，还口口声声说向咱学习；咱比大寨还差得远，再不加倍努力，就要落后了。

那确实是一个激动人心的场面：一杆红旗树全国，万杆红旗映新程。后进学先进，先进找差距，大家都满怀激情地投入到一个比学赶帮超的伟大行动中。虽然用今天的眼光来看，这场运动还存在着不少问题，甚至连靠搞群众运动的方式推动经济建设本身，我们今天也有了冷静而理智的认识。但是，无论怎样，我们应当赞美当时的人们在这场运动中所表现出来的冲天干劲，应当赞美他们那种不向穷山恶水低头的伟大气概，应当赞美他们为改变我国贫穷落后面貌所付出的艰辛探索，应当赞美他们在这场探索中所表现出来的无私奉献精神。将这种精神与发展社会主义市场经济的科学理念相结合，我们是不可战胜的。

8. 农业靠大寨精神

1965 年 11 月，在首都农业展览馆举办了第一次全国大寨式农业典型展览，共展出了 52 个大寨式农业典型，它们是从各地涌现的成千上万个先进单位中选拔出来的。展出的单位中，有长期艰苦奋斗改变自然面貌的生产大队和人民公社，有充分利用当地自然资源实现农林牧副渔全面发展的区和县，有在更大范围内实现高产稳产的专区和大城市郊区。《人民日报》为此还发表了社论，社论的题目是《农业靠大寨精神——庆祝全国大寨式农业典型展览开幕》。

《人民日报》的社论指出，大寨精神的产生，有着深刻的历史根源，完全符合时代的要求。因此，当大寨的先进事迹一经传播开去，立即吸引了、鼓舞了千百万群众，一个学大寨、赶大寨、超大寨的群众运动，很快就在各地开展起来。大寨精神所到之处，人们的思想面貌在变，生产面貌在变，社会风气也在变。各种各样听天由命、不相信人的力量的论调，认为农业增产已经到顶的论调，特别是那种对上依赖，对下恩赐，以为只有依靠国家才能发展生产的论调，越来越没有市场了。在毛泽东思想的光辉照耀下，以大寨为榜样，走自力更生的革命道路，已经成为亿万农民的行动准则。现在，不但每个省、每个专区，而且每个县甚至每个公社，都有了自己的大寨。大寨精神已经成为加速社会主义新农村建设的强大动力。

社论指出，全国各地大批大寨式的农业先进单位的涌现，对于进一步深入开展农业战线上的比学赶帮超运动，将发挥极大的促进和鼓舞的作用。从总的方面来看，我国农业的底子仍然比较薄，生产水平还不够高，

抗御自然灾害的能力还不强。我们能不能在不太长的时间内改变这样的情况？完全有可能。我们有几亿农民，他们不但是世界上最强大的劳力，而且是用大寨精神武装起来的伟大的革命力量。只要发扬大寨精神，继续充分调动广大农民的社会主义积极性，依靠他们的双手，加上国家必要的支援，我们就能够进一步开展农田基本建设，增强抗御自然灾害的能力，提高农业的技术水平，建设更多的稳产高产农田。

当时对于大寨精神的宣传，尽管不断地讲要突出政治挂帅，毛泽东思想领导的原则，但从全局上看，人们更多的是强调大寨人坚持自力更生、艰苦奋斗的精神。1965 年 11 月《人民日报》为全国大寨式农业典型展览发表的长篇文章《建设社会主义农业的光辉道路》，就重点宣传了大寨和大寨式先进单位发扬自力更生、艰苦奋斗精神，改变贫困面貌的事迹。文章说："这次展览，也是一个进行自力更生思想教育的课堂。这次展出的所有先进单位，不论是处在条件较差的山区，还是处在条件较好的平原，凡是面貌变化最大的，生产上升最快的，都是依靠群众，依靠集体，奋发图强，自力更生，长期艰苦奋斗的结果。"

当时就学大寨运动，全国进行过无数次座谈、讨论，社会各界的人们也写过大量文章，谈认识，谈体会。人们谈论最多的，也是要学习大寨人自力更生、艰苦奋斗的精神。

黑龙江省爱辉县位于大兴安岭北坡，黑龙江南岸，地域辽阔，土地比较肥沃，资源丰富，增产潜力很大。但是，这样一个好地方，20 世纪 60 年代以来，对国家贡献很少，农业生产长期发展缓慢。县委对照大寨经验经过认真讨论，发现主要是由于县委缺乏自力更生的思想，由此影响到不少基层干部和群众。有少数队吃粮靠国家，花钱靠贷款，生活困难靠国家救济。农民们说：我们这里已经"国有化"了。人们对这种只依赖国家的现象非常不满，说这是大寨精神的对立面，是"大赖精神"。

关于这个问题，当时许多基层领导干部都发表过很好的意见。1965 年 12 月 26 日，《人民日报》发表中共河北阜平县委代理书记曹桐风的文章《发扬大寨精神，革掉"大赖"思想》。文章说，要建设社会主义新农村，从阜平来说，根据我们的体会，有一个重要的认识问题必须解决，那就是搞生产革命，是靠大寨精神还是“大赖”思想。我们县多年来粮食生产搞不上去，长期不能摘掉缺粮帽子，检查起来，主要是吃了“赖”字的亏。

阜平县位于河北省西部的深山区，自然条件不好，地少人多，土地瘠薄，全县每人平均只9分土地。新中国成立以来，年年靠统销吃饭，真是成了种地靠老天，吃饭靠统销，花钱靠贷款，受灾靠救济。自己种地不能养活自己，靠别人养活着。问题更严重的是，面对着这种情况，很多人却心安理得，认为是理所应当的事情。

多年来，阜平人一直认为自己缺粮是由于地少人多，穷山恶水，自从1964年学习了大寨精神，他们以大寨为镜子，一次又一次地对照自己，找差距，照一次，就明朗一点。他们的山比大寨强，他们的水比大寨多，为什么大寨能够把粮食搞上去，而自己却抱着“讨饭碗”不放呢？这样一讨论，问题就明朗了。阜平是个多灾的地方，几乎年年有灾。1965年这个县遭到旱灾，从开春以来没有下过一次透雨，雨量仅相当于1964年的五分之一。但他们在大寨精神的鼓舞下，通过修大寨田，大搞盘山渠和群众性的担水浇地，不但保住了绝大部分庄稼，而且使1万多亩旱岗地变成了稳产高产的水浇地。大旱之年，得到了比较好的收成。全县出现了平均亩产400斤以上的公社13个，其中西庄公社亩产达到了800斤，还出现了千斤大队5个。有些过去靠“赖”过活的队，也一跃变成了余粮队。

这个县过去常常以所谓关心群众生活作为“大赖”的理由。认为伸手向上级多要点东西，是为了群众，是关心群众的疾苦。结果却是害了群众。实际情况是，国家给得越多，人们的依赖思想越严重。有的农民说：这样办就把一部分群众惯坏了，越给越赖、越赖越懒，越懒越等，越等越改变不了生产面貌。

曹桐风在文章中说，什么是真正的“摇钱树”，看来不是别的，那就是大寨精神。阜平县龙王沟村，就是依靠自己的双手艰苦创业的，他们的粮食亩产超过了400斤，核桃每年产八九万斤，大牲畜发展到了142头，两年就繁殖了幼畜98头，羊发展到1578只，农民丰衣足食，户户有存款，成了全县有名的农、林、牧全面发展的红旗。

曹桐风说，现在广大农民群众的劲头很足，坚决要走大寨之路；许多

先进的兄弟县，也都远远地走到前头去了；形势所迫，大势所趋，再也不能“赖”下去了。我们县委会下定决心，要以大寨做榜样，快马直追，力争上游，决心改变领导作风，依靠群众，大搞以“林、梯、坝”为中心的综合治理，使坡岗地变成大寨田，旱地变水田，穷山变富山。我们的口号是：大战1966年，坡地变成大寨田，旱田变成水浇地，坚决摔掉“讨饭碗”。要发扬大寨精神，坚决革掉头脑中的“大赖”思想。

由于当时我国的政治生活中阶级斗争扩大化的问题已经比较严重，因此，在学大寨运动中也不可避免地会有一些这样、那样的问题。但是，从总体上看，当时对大寨的宣传还比较客观；对于各地学大寨的要求比较实事求是；对于各项工作的发动与布置，大体上能够结合各地的生产与自然环境的实际情况，强调要因地制宜。因而，学大寨的内容比较丰富多彩，成就也是各种各样的。

云贵高原乌蒙山上的松林公社，新中国成立初期这里的少数民族农民还是刀耕火种，在党的正确引导下，他们十多年来不断改革耕作技术，生产得到大发展。位于塔克拉玛干大沙漠边缘的新疆皮山县各族人民，用8年时间在戈壁滩上修新渠道，改旧渠道，大量营造防风林，使旱乡变水乡。1965年粮食总产量比1956年增长92%，棉花增长1倍多，油料增长2.8倍。向称“鱼米之乡”的浙江嘉兴县，农业生产的成就振奋人心，粮食亩产平均达到846斤，全县10万多农户平均每户养猪2.8头。

当时，对于先进典型也还较少片面化、绝对化倾向，各地在学大寨运动中，不仅提学大寨、赶大寨，而且还提出了超大寨的口号。中共山西省委第一书记陶鲁笳在《让大寨精神遍地开花结果》一文中就提出：“在点和面的矛盾中，包括着先进与落后的矛盾。解决这个矛盾的最好办法，是通过一带二的方法开展比学赶帮超的群众运动。在这里，‘超’字有特别重要的意义。”他认为，“落后敢于超过先进，对先进是个压力，是个推动力，推动它先进更先进”。

一些在基层工作的人在学大寨运动中，也敢于提出超大寨的口号。山西省平定县立壁村第一生产队队长赵三虎就说：“学大寨，光跟着陈永贵同志的脚印走路，不是好学生。我们要敢于当探险家。”而且由于他们创造性地学大寨，1964 年的粮食单位亩产量，就由 1960 年的 157 斤提高到了 630 斤。用了 4 年的时间就走完了大寨 10 年的路程。不仅如此，1964 年这个队的谷子的单位亩产量达到 696 斤，超过了大寨。1965 年，大寨人就来向他们学习种谷子的经验了。

1965 年 6 月，《人民日报》发表一篇题为《怎样对待先进》的社论。这篇社论虽然是针对湖北省浠水县望城公社十月大队而发的，但从中也可以看出党中央当时在对待先进单位的问题上，头脑还是比较清醒的。社论指出：“在农业生产新高潮中，全国各地广大农村都在学先进、赶先进。先进单位在革命运动和生产运动中起着带头作用、骨干作用和示范作用。先进单位怎样不断提高自己的先进水平，这不只是同先进单位本身有着密切关系的一个问题，也是对整个生产高潮的健康发展有重大意义的一个问题。”社论说：“任何先进单位都离不开党组织的正确领导。领导上对一个先进单位采取什么样的态度，对于这个先进单位能不能继续前进，常常起着重要的作用。如果用形而上学的观点来对待一个先进单位，以为它在一切方面都很完善了；或者虽然也看到了它的缺点，但是为了‘爱护’它，而不及时地指点出来。这种做法其实是‘欲爱之，反害之’。有些先进单位之所以停滞了、甚至倒退了，原因之一就在于当地的领导机关对这些先进单位缺乏全面分析，往往只喜欢夸奖它们的成就，当兄弟单位诚恳地指出它们某些缺点的时候，还很不高兴，甚至有意地替它遮掩。可是，缺点并不因为遮掩住了就不再存在。实际存在的缺点，不正视，不克服，就会发展成为更大的缺点。只有用辩证观点对待先进单位，才是正确的态度。就是说，既要积极地推广它的经验和成就，同时又准确地指出它的缺点和短处。当然，这绝不是说，要对先进单位故意挑毛病。先进单位的主要方面是好的，忽视了主要方面而只看它们的某些缺点或者夸大它们的某些缺点，这种态度也是错误的、有害的。只有采取实事求是的态度，才是对先进单位的真正爱护，才能够鼓舞他们更加振奋起革命精神，同时又帮助他们防止和克服自满情绪，不断前进。”

《人民日报》的社论还特别指出：“有缺点并没有什么可怕，可怕的是对待缺点的错误态度。尽善尽美的先进单位是不存在的。如果真是一切都

十全十美了，那还怎能再前进一步呢？先进单位被人们称为‘火车头’，这是对的；可是，世界上哪有不需要检修的火车头呢？又哪有不需要再革新的火车头呢？”“各级党政领导机关和农业行政部门，要认真地把农业战线上的比学赶帮的群众运动领导好，注意引导大家不要从形式上学先进，也不只是从某些具体做法上学先进，而是要从不断革命的实质上学先进。学先进，既要学他们艰苦奋斗、奋发图强的精神，更要学他们一分为二、不断前进的精神。只有一分为二、不断革命，才能更好地做到艰苦奋斗，奋发图强，才能真正把先进单位的革命精神学到手。”

1966 年 3 月，《人民日报》发表了题为《学先进的学问》的短文。文章讲述了山东省菏泽县安兴公社张楼大队打井中遇到的问题。张楼大队过去打井用“木盘”，后来学习郭庄大队的先进经验，改用“砖盘”。结果井筒下落时极不稳定，严重地影响了工程质量。大队党支部书记张登爰为此访问了一个叫张兆兴的打井“行家”，问他“木盘”是不是比“砖盘”好。张兆兴告诉他：“学人家，也得看合适不合适。好比你的帽子戴在我头上，就一定可巧正好吗？咱这里用‘木盘’合适，就不必丢掉‘木盘’，硬去学人家的‘砖盘’法！”

文章指出：“在现实生活中，拿别人的帽子，不管合适不合适，硬往自己头上套的人是没有的。然而，在学习外地经验中，不从自己的条件出发，不是学人家的精神，而是学形式、生搬硬套的现象却是不难找到的。”

文章进一步分析说：学习先进经验有两种态度。“一种是教条主义的态度，是‘死学死用’。就是不管自己的具体情况，也不管是否适用，只要听说是先进单位的经验，就统统搬来，盲目地照着干。应该说，这叫‘搬’，不能叫‘学’。另一种态度是创造性地活学活用。在学的时候，肯于动脑筋、想问题，学那些适合自己的、有普遍意义的东西，不是学形式，学皮毛；在用的时候，更注意从自己的条件出发，用别人的经验去解决自己的实际问题。我们需要的是这样一种态度。也只有这样，才能把外地的经验真正学到手”。

时间过去了几十年，今天当我们重读当年的这些社论和文章，仍能感受到它所阐发的真理的力量。遗憾的是，在后来的农业学大寨运动中，我们没有能够牢牢地掌握这篇社论中所提出的正确思想，在对待大寨这个先进典型的问题上，犯了形而上学的错误。将大寨经验绝对化、神秘化、公式化，只准提学大寨，不准提超大寨；只准讲大寨的成绩，不准说大寨的不足；只准照搬照抄大寨经验，不准结合本地实际作出某些变通。将大寨的某些具体做法与大寨精神混为一谈，甚至用大寨经验来代替党的农村政策。几十年的岁月沧桑过去后，当着我们回首那段火红的经历，思及随之而来的农业学大寨运动的蜕化，不禁扼腕叹息！

第八章

运动在歧途

1. 参观者云集

大寨村出了名，来参观的人就多了起来。从毛泽东发出“农业学大寨”的号召以后，就有越来越多的人来大寨参观，但在“文化大革命”前，最多也不过一年来几万人。参观者真正络绎不绝达到高潮，是“文化大革命”开始以后的事情。1967年开始形成高潮，那一年，来大寨参观的人共有370多万，逢年过节，下雨下雪天都算上，每天平均一万多人，高峰期竟然达到每天数万人。这对于一个只有400多口人的小山村来说，实在是个奇迹。

有人是发扬着大寨精神来大寨参观的。山西省雁北地区灵丘县谢家坪大队的11名干部和党团员，严冬时节来大寨，不坐火车、汽车，坚持步行了四五百里路。途中走过一个个村镇时，学着当年老八路的样子，不住民房，不扰百姓，当然更不能进饭店吃饭，靠着吃自己带的干粮到了大寨。

许多人抱着旺盛的革命热情来到大寨。甘肃省的一支二三百人的参观队伍，每人身上穿着一件没有布面的白板羊皮筒大衣，在脖子上挂着一个用红绸带系着的搪瓷彩盘，彩盘的直径约有一尺长，上面印着毛泽东的画像。他们所到之处，都能赢得人们的热烈掌声。

来大寨参观，除了看虎头山、狼窝掌和那些沟沟坎坎的地方，人们最希望看到的就是大寨的干部，特别是看到陈永贵了。但每天来那么多人，别说陈永贵不可能人人都能见到，见一见贾进财、贾承让、梁便良、宋立英、郭凤莲等大寨党支部的支委们也很不容易。那时陈永贵为了能坚持在地里参加劳动，每天很早乘参观的人还没有来的时候就下地干活了，为了怕人们见到他，他总是要躲在参观的人到不了的地方干活，而且中午也不回家，就让家里人把饭送到地头上。他有一次对熟人们讲，我已经有一个月没有回家吃午饭了。可见陈永贵为了能坚持劳动，也克服了许多困难。但从参观者的角度讲，他们长途奔波来一趟，而且也许一生只能来这一趟，见不到“真人”也是蛮遗憾的。有一次几个参观的人意外地在一块庄稼地里看到了正在劳动着的陈永贵，他们心情激动地对着陈永贵欢呼，引来更多的人参加进来一道欢呼。陈永贵只好干笑着过来与他们握手。那一次，陈永贵有半天时间没能干地里的活。

为了满足来参观的人们能够看到“真人”的愿望，在1969年以前，大寨的干部每隔四五天出来接见一次参观者，让大家见一见大寨干部的风采。接见其实也很简单，就是在大寨干部从地里劳动回来，吃过饭后，大寨接待站的人把参观者集中起来，让他们沿着公路排成两列，由大寨干部在两列参观者中间走一个来回。

这种活动一般安排在中午进行，过程虽然简单，但场面却是激动人心的。常常是大寨接待站的人在麦克风前宣布：“现在，大寨干部和大家见见面。”参观者中间就爆发出一阵阵激动人心的欢呼声。人们自觉地排起长队，有时参观者很多，队伍要排一华里以上，一直排到大寨的邻村武家坪。队伍刚排好，大寨的几个干部就面带微笑地出现在参观者面前，他们每人手里都摇晃着一本“红宝书”，也就是一小本用红塑料皮包着的《毛主席语录》。他们行走得很快，两旁的队伍里则是群情激动，人人都挥动着“红宝书”向他们呼喊：“毛主席万岁!”“向大寨人学习!”“向大寨人致敬!”不断地有人挤上前去，大把大把地向大寨干部的口袋里装他们那里生产出的最新式样的毛泽东像章。大寨干部这时一般也要回赠几枚印有虎头山或大寨新村图案和毛泽东人头像的纪念章。偶尔大寨干部也向参观者讲几句话，大意是：大家响应伟大领袖毛主席的号召来大寨学习，但是大寨人不能接待大家，大寨的干部如果天天忙于接待大家，就不能下地劳动，那样，大寨就没有了，希望大家理解这点。这些话对于参观者来说，听了感到很温暖。但对于大寨干部来说，则成为格式化的语言，他们几乎天天都要说好几遍这样的话。

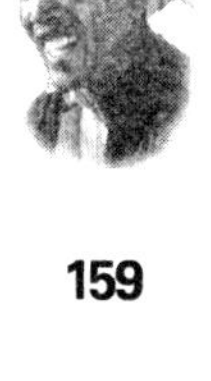

后来等待大寨干部接见成为参观者来大寨的重头戏，人们参观完了，还要等着大寨干部接见。这无形中就增加了人们在昔阳与大寨逗留的时间，影响了大寨人的正常生产。不知是谁建议的，1969 年以后，接见仪式取消了。这就使得不少人参观了一趟大寨，连个大寨干部也见不到。

即使把能推掉的接见都推掉了，大寨的干部仍很难安心劳动，因为有些人来到大寨，干部们是不能不出面陪同接待的。这些人大致包括五大类：一是中央及各省、直辖市、自治区领导，规格一般掌握在中央副部级以上和省、市、自治区副书记、革委会副主任以上，及大军区副司令员、副政委以上的领导干部；二是重要外宾，即国外政界、军界及其他各界要人，他们来大寨一般都由国家领导人陪同；三是全国著名的劳动模范，先进集体代表，如李顺达来访，南京军区硬骨头六连来参观等；四是革命圣地的代表，如井冈山、延安来的代表；五是少数民族代表，如新疆、西藏等地的少数民族代表来参观。就是这几类人物也已经使大寨干部应接不暇，开始大寨党支部的支委们还集体陪同，后来就只能是单个陪同了。

参观者见不到大寨干部，要想见个大寨村民，或者再与他们谈谈话，用当时的语言讲叫做“取经”，那更几乎是不可能的。参观者一来到大寨地面，就处于一种高度的组织状态中。他们要有组织地统一行动，决不容许单独走动。他们常常是被要求排成长队，在一名手持半导体扩音喇叭的讲解员带领下，一路小跑般地沿着一条事先确定了的路线参观虎头山、狼窝掌、团结沟、“乐人树”等“景点”，剩下来的事情就是自己去学习体会了。

每天都有这么多人来大寨，对大寨村乃至昔阳县都形成了巨大的压力。

为了接待外宾和中央领导人，有关部门在大寨村口推平了一座小山，建起了一个中国旅行社大寨支社，有青石窑洞和平房，设备很好，周恩来、邓小平、叶剑英等领导人来大寨都在这里休息。后来，在中国旅行社大寨支社旁边又填了一条小沟，建起了一个国际旅行社大寨支社，是现代化楼房，专门用来接待外国高级宾客。如缅甸总统奈温、荷兰王储等，都在这里休息过。

一般去大寨的参观者都不能在大寨住，他们只能住在昔阳县城。当时昔阳县城有第一招待所、第二招待所、新第二招待所，还有国营旅馆，一共约5000张床位，但还是满足不了大量参观者的住宿需求。城里的床位不够用，就要占用县城周围的房子。如河东、北关等生产大队集体盖了一批新房，本来是要给社员住的，但后来社员没有住成，也用来接待参观者了。即使这样，时常还显“僧多粥少”，就只好让参观者住在平定县和阳泉市，这些地方也都设有参观大寨的接待站。住在平定、阳泉的参观者，每天由汽车拉到大寨参观，晚上再回去住。高峰时，参观的人太多，连平定和阳泉也住不下了，有些人就只好先住在河北省石家庄市等着，等前边的人走了，他们再来。

人是要吃饭的。参观者可以不在大寨住，但一般都要在大寨吃一顿午饭。这在今天看来是一个巨大的市场，但在那时让每天成千上万的参观者吃上一顿饭，就是一个大负担了。大寨人准备不了这么多饭，只能由来参观的人自己带干粮，在大寨村喝上点水，就算吃了一顿饭。

我们可不能小瞧喝水这件事。大寨是个缺水的小山村，原来的一口水井，只够供本村人畜饮水。以后参观的人多了，大家都要喝水，有人还要洗脸，外宾房间里的抽水马桶更要用水。大寨井里的水不够用，县里只好接一根管子，从武家坪的井里把水抽给大寨用。但武家坪的井水也不是取之不竭的，后来也供不应求了。县里就只好用卡车，从远处拉水灌进大寨的水塔里，供庞大的参观群体消费。吃饭可以收个成本钱，喝水总不能收钱吧。因为那年头，还没有过喝水要钱的事情，可这水确实是有成本的呀，这笔钱就只能由昔阳县支付。

2. 要什么经验，有什么经验

参观的人来到大寨后，大多数是住几天，各处都看到了就回去了，但也有人还要在昔阳办学习班。特别是一些少数民族参观者，路途遥远，往来不便，来了以后也就格外郑重其事。如新疆维吾尔自治区的参观者，学习班就办得十分认真。他们的学习班每期十天左右，大寨的干部还轮流着给他们讲述大寨的事迹。他们在西安和石家庄设了转运站，还自己带了维吾尔文、哈萨克文、蒙古文翻译，有自己的油印机。在昔阳他们就把各种学大寨的材料翻译成民族文字，印出来发给大家。他们去大寨的人也多，先后有1000多人。这些人有些据说还是通过巴黎公社选举代表的方式选出来的，因此也就特别虔诚。他们来趟大寨很不容易，南疆的人们光在路上就要走十来天。还有从西藏来的人，有的是坐飞机先到北京，然后由中央民族事务委员会的人陪同来到大寨。

办学习班的人们还有不少是来自部队的。“文革”期间，海军办了一个干部学习班，由海军司令员萧劲光、政委苏振华带领到大寨参观学习。苏振华在学习班上就提出：“我希望不要把学大寨当成耳旁风，你们回去，要好好学习大寨人的革命精神，与天斗、与地斗，与自己头脑中的资产阶级思想斗。”他还说：“我们准备作个学习大寨的决定。如果把大寨人的革命精神和干劲用到海军建设上，我看十年奋斗目标可以提前完成。”海军政治部在一份《参观学习大寨简报》上还用诗一样的语言写道：“海军战士学大寨，万里海疆添新彩，军舰不能上高山，大寨精神可下海。”

海军在全军学大寨运动中带了个头，其他各大军区都由军区负责人带队，把军官组成临时连队，来到大寨。北京军区发挥近水楼台的优势，把各军的野外拉练和学大寨结合起来。28 军、63 军、69 军，都到大寨来拉练。38 军还在昔阳搞了一次军事演习，并请昔阳人来参观，参观者达一万多人。38 军还派过两台推土机帮助大寨搞农田基本建设。南京军区虽然相距比北京军区远，但也派了工兵到大寨帮助搞定向爆破，南京军区的硬骨头六连则在大寨受到了高规格的欢迎。

来大寨的参观者中，文化人不少，有写诗的，写散文的，写小说的，写报告文学的，画画的，摄影的。他们参观了大寨以后都很激动，回去就动笔，写了就发表。发表在报纸上、杂志上，有人还出了书。学大寨在全国都是件大事，各报社、杂志社和出版社也都愿意出这方面题目的作品。那时出版过许多学大寨的书籍，如《大寨》、《大寨红旗》、《大寨人的故事》、《大寨的经验》等。关于学大寨的理论文章和文学作品，各省、市、自治区纷纷汇编成书，然后免费发下去供人们学习。出版社出的书就通过新华书店向外卖。在这方面大寨也走在了前面，因为凡来这里的人，都是学大寨的积极分子或领导干部，他们对于学习和推广大寨经验有义不容辞的责任，是这类书最积极的购买者。因此，学大寨的书在大寨卖得最火。昔阳县在大寨设了一个新华书店，主要是卖学大寨的书，全国各地来参观的人，每人常常几十本成百本地买，买了当场就打包，送到旁边的邮局里就寄回去了。这样一来，大寨又成了有关学大寨专题书籍的批销中心，大量学大寨专题的书都从这里发往全国各地。那时书的定价很低，一本有 48 张照片、279 页文字的《大寨红旗》只卖到 7 角 2 分钱，那些只有文字的书籍价格就更便宜了。即使这样，大寨那个只有三人的小书店，一天的营业额竟能达到 2000 元。可见图书销售数量之多。

大寨已经不单纯是一个山区农业生产的先进单位，而是成了一个无所不包的先进大“熔炉”，凡是中央发出的号召，凡是上级提倡的活动，大寨都可以很快就产生出一整套先进经验。

来大寨参观的人里面，还有为数不少的人是来开会的。那时，大寨不仅是个农业生产先进单位，而且成为一个什么经验都可以出的“风水宝地”。无论是什么工作，只要大寨有，就会产生出先进的经验，大寨实在

没有，这个经验也会出在昔阳县。各行各业都来大寨、昔阳开会。农业及与农业相关的林业、水利、畜牧、农机等部门在大寨开会，总结先进经验；组织部、宣传部去开现场会总结党组织建设的经验和基层思想工作经验。和农业没有直接关系的一些部门也都去开现场会总结先进经验，文化部在那里开现场会，教育部也来开现场会，广播事业局也开现场会，其他如工业、商业、金融、交通、卫生、体育、档案、司法、公安、青年、民兵、妇女、气象、图书发行、优抚工作等等都要学大寨经验。有的推广先进经验的会还年年重复着开，这使大寨与昔阳县的现场会一个接着一个，有时还同时开两个现场会。各地去开会的人都要和去参观的人一样，在街上贴出许多大字标语，什么"向大寨人学习!""向大寨人致敬!""大寨精神万岁!"这就使得昔阳县红绿纸的销售在全国各县中，创了纪录。大寨村和昔阳县城地方不大，贴大标语的地方不多，全国去的人天天换，标语贴了一层又一层，于是，就又出了一个新的从业群体：撕标语卖废纸。昔阳县在这方面也走在全国的前面。

3."无冕之王"在大寨

大寨的迅速走红离不开记者的大力宣传，大寨人头顶上的神圣光环有记者的一份功劳。在全国学大寨的15年当中，对大寨这个只有几十户人家的小山村的宣传，就其宣传量来说，堪称世界之最。

最早宣传大寨的是地方报纸，如《晋中报》和《山西日报》，1963年8月，大寨开始在《人民日报》上露面，1964年以后对大寨的报道迅速多了起来。到1978年年中，全国从中央到各省、各地、各县的新闻传媒里，有关大寨的宣传便成了倾盆大雨。有人做过估算，仅新华社对于大寨的报道，不算大寨公社和昔阳县的报道，一年不会少于3万字，加上大寨公社和昔阳县的报道，那就翻一番也打不住，这些报道一般肯定都要上《人民日报》。其他如《山西日报》、山西人民广播电台、《晋中报》有关大寨的报道量更大。单只这几大媒体加起来，每年关于大寨的报道就不会低于10万字。把15年学大寨运动期间的报道加在一起，数量之大是惊人的。

为了搞好对大寨的报道，新华社、中央人民广播电台、《山西日报》、山西人民广播电台、《晋中报》都在大寨建了长驻记者组。新华社还安装了固定的新闻照片传真机，中央新闻电影制片厂也在那里驻着摄影师，后来随着电视新闻的发展，电视记者也到了大寨。

记者在大寨，不能参加大寨的社员大会，更不能参加支部大会或支委会，也不能不经大寨党支部的批准找社员进行单独采访。其实如果不是党支部同意了，即使有个别记者找到了某个村民，也不可能了解到什么真实情况，因为那个人第一句就要问这个记者："你经过支部同意了吗?"或者说："你还是去找支部吧!"

记者采访要走正式渠道，办理正规手续。这就是要通过大寨接待站向大寨党支部递交采访计划，然后等待统一的安排。但等待统一安排并不是个轻松的事，你得有充分的耐心。

曾经长期从事大寨新闻采访工作的新华社记者冯东书回忆过他在大寨的一段经历。他说，1968年初他开始正式长驻大寨从事新闻采访。他去后，先向大寨接待站的负责人说明来意，递交了"国书"，这是记者们对递交采访计划的戏称，对方让他等着。等了两天，没有任何消息，又不敢到村里去随便找人谈。因为这是纪律，没有经过大寨党支部，不能进村乱找人采访。他也不敢去冒这个险，因为那时处处讲阶级斗争，社员额头上也没写他们是什么阶级的人，没写他们是思想先进还是思想落后的人，万一去找了一个地主、富农，找了一个思想落后的人，那可是一个立场问题，是采访中的阶级路线的大问题。

冯东书去的第三天晚上，很巧，大寨党支部副书记梁便良到接待站来了。冯便凑上去，自我介绍，表示要进行采访。梁说："你先熟悉熟悉材

料吧。”一句多余的话都没有，讲得很严肃，脸上没有一丝笑容。冯只好继续熟悉已有的材料。又过了一星期，冯想，不能采访，干脆去和社员一起劳动好了，那也能了解许多情况。有一天，梁便良又来了大寨接待站，冯又凑上去，说：“一下采访不了，我去参加劳动吧。”梁听了，还是只有一句话：“你还是先熟悉熟悉材料吧。”脸上还是没有一丝笑容。就这样半个月过去了，冯连大寨的门还没有摸着。

4. 神秘化、绝对化、公式化

在“文化大革命”的开始阶段，动乱主要集中在城市，集中在上层建筑和领导机关，加上中共中央专门作出规定，制定了一系列稳定农村生产秩序的政策措施，也由于各级党委和政府坚持把发展农业放在重要位置，加强领导，广大农村基层干部、农民群众仍坚守岗位，搞好农业生产，使1966年全国农业总产值达到640.9亿元，比1965年增长8.7%；全国粮食总产量达21400万吨，比1965年增长10%；棉花总产量达233.7万吨，比1965年增长11.4%。其他如生猪存栏数、水产品总产量、植树造林面积等都比1965年有不同程度的增长。

但是，从1966年底开始，“文化大革命”越来越深刻地影响到了农村工作和农业生产领域，由于“左”倾错误在农业战线的泛滥与农业学大寨运动的急剧向“左”转，在农村开始激烈地批判“三自一包”、“四大自由”，推行一整套“左”倾错误做法，使农业生产出现了下降和停滞的局面。全国农业总产值1967年为651.3亿元，仅比1966年增长1.6%；1968年下降为634.5亿元，1969年为641.8亿元。全国粮食总产量，1967

年为21782万吨，比1966年略有增产；1968年减为20906万吨，1969年为21097万吨，产量较之1968年虽略有回升，但仍低于1966年的水平。全国棉花总产量，1967年和1968年两年产量徘徊在230多万吨的水平上，1969年下降为207.9万吨，比1966年减产11%。其他如林业、水产品、生猪饲养量，1967年至1969年间的生产形势均较1966年严峻。

“文化大革命”期间的农业学大寨运动，在政治上、经济上、思想上都给全国农村带来了不良后果，其原因不仅在于大寨的一些“经验”是错误的，是“左”的路线的产物，而且还在于采取了一整套错误的宣传、推广典型的做法。中国农村地域辽阔，地区之间自然地理条件、经济技术水平和耕作习惯等方面的差异很大。但在学大寨运动中，不分东西南北，都要“念大寨的一本经”，生搬硬套，强迫命令，并强调不仅要学习大寨的所谓“根本经验”，还要学习大寨的“具体经验”，“一整套地学”。用大寨这样一个“样板”的“经验”硬性指导全国农村所有地区、所有社队，这显然是十分有害的。

“文化大革命”中推行的大寨“经验”，包括一系列“左”的错误做法和表现，但最集中的是所谓“三条根本经验”，即“大批修正主义、大批资本主义、大干社会主义”。这“三条根本经验”，又常被概括为“大批促大干”。

1967年4月5日和8月6日，《人民日报》发表了《大寨在毛泽东思想光辉照耀下前进》和《大寨是在同中国赫鲁晓夫的斗争中前进的》两篇文章。1968年8月26日，《人民日报》又发表了题为《狠抓阶级斗争，在社会主义道路上阔步前进——记大寨大队以毛泽东思想为武器坚持革命斗争的经历》的文章。文章宣扬大寨大队最基本的经验，“是以两个阶级、两条道路、两条路线斗争为纲，坚持不懈地同人斗”。

此期间，农业学大寨运动在全国开展，使农业战线的工作不可避免地离开了正确的路线、方针和政策。许多地方人为地制造阶级斗争，搞阶级斗争扩大化，许多干部遭到错误的批判。

在各行各业学大寨的高潮中，一些本来只是大寨在特殊条件下采取的具体做法，也当成了大寨的基本经验四处推广，甚至将大寨实行的一些明

显不符合党的政策规定的做法，也推广到全国去，以大寨经验、大寨办法代替党的农村政策，给我国的农业经济和农村工作造成了消极影响。

1967年9月和1968年1月，农业部生产领导班子先后在大寨召开了“全国学大寨劳动管理经验现场会议”，除西藏外全国各省、自治区、直辖市都派代表参加了会议。会议系统地、全面地介绍了“大寨经验”，组织了现场参观。据会上反映的材料，当时上海、天津、山西、山东等省、直辖市已有70%以上的生产队推行了大寨劳动管理经验，广东、广西、河北、陕西、黑龙江等省、自治区推行大寨劳动管理经验的生产队也超过了半数，其他各地也都在积极试点和推广。1968年4月，当时的农业部向各省、自治区、直辖市革命委员会、军管会、军区生产指挥部和农业厅（局）印发了《全国学大寨劳动管理经验现场会议纪要》。这个《纪要》再次强调“以‘一心为公劳动，自报公议工分’为特点的大寨劳动管理经验，是在两条道路、两条路线和两种思想的斗争中产生的，是在批判繁琐复杂的定额包工制度的基础上建立起来的”，“大寨的劳动管理经验，绝不是一个简单的管理方法问题，……而是不让旧的剥削阶级复辟，不让新的剥削阶级产生，不让集体经济迷失方向，不让贫下中农变质，不让无产阶级江山变色的问题”。《纪要》还提出，要“高举革命的批判大旗，彻底批判‘工分挂帅’、‘物质刺激’为核心的修正主义管理制度，肃清其流毒”，“把推行大寨劳动管理经验的群众运动引向高潮”。

那时，人们把一些先进单位看得神乎其神，把它的经验说得完美无缺，有时简直就抬到了吓人的高度，任何人不能有半点非议，似乎“一分为二”不适用于那些先进单位。更有甚者，把如何对待这些单位的经验当做判断是非的标准，学不学，怎样学，都成了立场问题、感情问题，对毛主席的态度问题。

当时的一些文件、报纸、刊物、广播，以及某些领导人的讲话、报告等等，对先进单位渲染夸张、任意拔高，说它“一贯正确”、“一切正确”。每件事先进单位都表态，每个运动都出经验，什么时髦就有什么，什么新鲜就出什么，各行各业都得学，简直成了无奇不有的“百宝箱”，成了包医百病的“灵丹妙药”。在总结先进单位的经验时，往往不是实事求是，从实际出发，找出事物发展的固有规律，而是千篇一律，形成了一套固定的公式：增产了，就是学习大寨学得好，减产了就是不学大寨、假学大寨或半真半假学大寨。这样就把客观事物错综复杂、千差万别的矛盾运动简单化、概念化和庸俗化了。

这确实是我们在学习推广大寨经验时的严重偏差，值得我们认真研究其中的深刻教训。

5.“亮点”与“暗点”

大寨是毛泽东亲自树立起的一面红旗，大寨的“亮点”多而又多，但用当时的政治标准来衡量，大寨也并非一切都属“亮点”，它也有属于“暗点”的东西。

“文化大革命”一开始，全国立刻就变成了红色的海洋。无论手头正在干着什么，心里都要去背那本小红塑料皮书里面的“毛主席语录”，走在马路上都有可能被红卫兵拦住，要你背上段毛主席语录。甚至有的红卫兵到公路上拦截过往的车辆，要求司机背毛主席语录然后才能放行。于是，人们干着活，走着路，口中还念念有词地背语录。这在今天看来是十分可笑的，但在那个年代里却是很正常的事情，否则反倒不正常。

可笑、可悲的事情当然远不止这些。相当多的机关、团体、工厂、商店、农村生产队，每天早晨起来或上班时要先集中在一起，大家齐声高呼“敬祝毛主席万寿无疆，祝林副统帅永远健康!”然后念几条毛主席语录，歌唱颂扬毛泽东的《东方红》、《大海航行靠舵手》等歌曲，这叫“早请示”。晚上或下班的时候，还要如前再搞一遍，叫做“晚汇报”。这样的仪

式在大大小小的会议前也都要如法炮制，否则就是大不敬，就会惹来大祸。

大寨作为全国的一面红旗，按理说应该在这方面发挥带头作用吧，但大寨人没有。陈永贵对形式主义的东西有一种本能的反感，他说："咱们不搞那个'请示'、'汇报'，毛主席不在跟前，他也看不到，听不到。"地头会是要开的，在地头学毛著也搞过，但与全国其他地方相比，大寨人并没有走到前面，而且很可能属于落后一派。因为他们远没有达到"宝书不离手"、"语录不离口"的程度。经常有记者来给他们拍学习毛主席著作的照片，他们就按那时格式化的要求，摆上样子，照片拍完了，他们还要去干活。他们知道，大寨之所以能够成为红旗，是因为他们把地修得好，庄稼种得好，离开了这些，只靠读"红宝书"，大寨当不了先进典型。

在极"左"盛行的年代，全国到处都在斗"黑五类"，即地主、富农、反革命、坏分子、右派。这种斗争大量地伴以非人的折磨，在当时叫做"实行无产阶级专政"。这些斗争在全国的学大寨运动中也到处可见。既然学大寨要"大批促大干"，那么在批资本主义和修正主义的时候，顺便也就批了"黑五类"。但是在大寨，即使在极"左"最为严重的时候，也没有专门去批判过"黑五类"。大寨村在土改的时候也划出了1户地主和3户富农，但合作化以后，包括"文化大革命"中并没有特别地去处罚过他们，没有剃"阴阳头"，没有挂"黑五类"牌子等侮辱人格的过激行动。有一些时候，几乎在全国各地，扫街道、掏厕所都是"黑五类"的活，但大寨村是个例外。在大寨，上述活是党团员抢着干的事情，而地、富出身的人只要像普通人一样好好劳动就行了。他们像普通社员一样劳动，也像普通社员一样评工记分，村里从没有因为谁是地、富就少给工分或少分口粮的事情。那个年代，来大寨采访、照相的人多，有人担心照相的时候照上地主、富农怎么办？陈永贵安慰他们，你照不上他们，他们都在你们看不到的地方。事实也真的如此，地、富出身的人都被安排在参观者走不到的地方干活。

在那个"火红的年代"里，在全国范围内，地、富出身的人处境普遍凄惨，对于那些人来讲，生活在大寨就算是天堂了。当然，像这样的事情，也只有大寨人才敢做，他们是一面罩着神圣光环的旗帜，没有人敢说

▶ 大寨党支部组织社员地头学习

他们的不是。如果换了别的地方这样做，非要让他们尝一尝“无产阶级专政的铁拳”不可。但不管怎么说，大寨人是在那个非常年代里办了些很了不起的事情。

“文化大革命”开始以后，全国很快就陷入一片混乱之中，工农业生产受到很大的冲击。大寨在这场运动中处在引人注目的位置上，但大寨的干部、群众却始终坚持生产不放松，而且取得了很明显的成就。

60年代中期，大寨村有约800亩地，分成2900多块，其中最大的一块不到5亩。后来他们又制订了一项新的十年造地规划，并很快付诸行动。每到冬天，大寨人都要到他们的“七沟八梁一面坡”上去奋战，即使在“文化大革命”最为混乱的时候，他们冬修耕地的工程也没有停下来。经过几年的搬山填沟造平原，大寨的耕地已由2900多块连片并成了900多块，出现了10亩以上的大块地10几处。水浇地由原来的几十亩扩大到500多亩，几乎占了总耕地面积的70%。原来光秃秃的虎头山，已变成青松翠柏，郁郁葱葱。粮食亩产1970年就突破了千斤大关，以后又连年超过千斤。他们的田间耕作不但用上了农业机械，而且还安装了喷灌、滴灌的水利设施。在经济发展的同时，大寨村民的生活也获得了一定程度的提高。村里建成一排排新房新窑，人均居住面积已达20平方米。还新建了医院、中学、幼儿园、托儿所、大礼堂、展览馆、青年之家、书店、图书馆等卫生、文化设施。

6. 来大寨的外国友人

来大寨参观的人里面，不仅有中国人，还有许多外国人。有各国的国家军政要员，还有一些艺术家、科学家、新闻记者及其他各行各业的人们。据统计，从 60 年代以来，到大寨参观访问的外宾有 2288 批，25000 人，他们来自五大洲的 134 个国家。其中包括 22 位国家元首和政府首脑，如墨西哥总统路易斯·埃切维里亚·阿尔瓦雷斯、马里共和国国家元首兼政府总理穆萨·特拉奥雷、乍得共和国总统费利克斯·马卢姆、新加坡共和国总理李光耀和联合国秘书长瓦尔德海姆等。其他著名外籍人士还有英籍女作家韩素音、美国友好人士威廉·韩丁、美籍华裔科学家李政道、杨振宁。他们中有些人在大寨还留下了十分有趣的故事。

墨西哥总统埃切维里亚是到大寨访问的最高级别的外国客人之一。1973 年 4 月 23 日，他由中国国务院总理周恩来等陪同来到大寨。大寨人以锣鼓、乐曲、歌舞迎接这位远道而来的尊贵客人。当时的场面非常热烈，气氛十分友好，埃切维里亚说他感到“像回到家里一样”。

埃切维里亚兴致勃勃地登上虎头山，观看了层层梯田和引水上山工程，俯瞰了大寨新村的全貌。陈永贵边走边向客人介绍大寨人劈山填沟、修建大块平地和兴修水利的情况。

墨西哥的农业生产条件比较好，生产水平也比较先进，大寨人的一些具体做法对他们没有什么实用价值，但大寨人在艰苦贫困的条件下不向命运低头，敢于战天斗地的精神，仍令海天相隔的客人深受感动。埃切维里亚说：“我们清清楚楚地看到你们修建了伟大的工程。”墨西哥客人还赞扬说，大寨人民的劳动精神是中国的榜样，也是第三世界的榜样。

令总统先生感兴趣的还有大寨的“海绵田”。他说：“陈永贵的有机农业战略，对我们很有启示。”

墨西哥客人走进陈永贵家，陈的4岁小儿子拿起炒玉米花请客人品尝。埃切维里亚十分高兴地把他抱在怀里。在宋立英家里，总统夫人热情地拥抱着在公社卫生院工作的宋立英的女儿，说：“我们很高兴认识你，我们也在培养妇女干部，像你一样工作。”

那天中午，陈永贵设宴招待埃切维里亚，桌上摆着的都是中国北方的传统食品。陈永贵向客人敬了酒，对总统和夫人及其他墨西哥客人的来访表示热烈欢迎和深切感谢。埃切维里亚的夫人也在宴会上祝酒，向大寨妇女转达墨西哥妇女热情友好的问候。她说，我们尊重大寨妇女的劳动，我们需要理解，男人能做到的事，妇女也能够做到。墨西哥全国财政公司副主任普恩特在宴会上宣读了一批墨西哥青年农民请埃切维里亚总统带给大寨人民的一封信，信中表达了墨西哥农民希望同中国农民加强友谊的诚挚愿望。墨西哥查帕斯州州长贝拉斯科向大寨赠送了礼品，那是一个印第安农民的木雕像。来而不往非礼也，陈永贵也向客人回赠了礼品，那是一些大寨人种植的玉米、谷子和核桃、红枣。

美国人韩丁对中国人民充满了友好情谊，可以说是中国人民的“友好世家”。他本人长期生活在中国。在抗日战争时期，韩丁曾到过我国的昆明、重庆；40年代土地改革时在山西长治地区的潞城县张庄体验生活，写出了著名作品《翻身》。他的女儿卡玛就生在中国长在中国，他的妹妹寒春、妹夫阳早长期在中国工作，他的外甥阳和平也是生在中国长在中国。

所有这一大家人都曾长期住在大寨。他们同大寨结缘，其牵线人就是周恩来。

那是1971年，当时中美两国尚未建立外交关系，韩丁偕妻子、母亲、妹妹、妹夫等假道加拿大、法国来到北京。在中南海西花厅，周恩来亲切会见了他们。周恩来对他说：“大寨是艰苦奋斗、自力更生建设农村的典型。你如果有志于研究探讨中国的农业，就应该到那里看一下。”于是那年7月底，韩丁首次来到大寨。

韩丁与陈永贵很快成了好朋友，他们共同感兴趣的话题是科学种田。韩丁向陈永贵了解“海绵田”，热情称赞大寨多年实行的秸秆还田。他对陈永贵说：“中国现在还很落后，但只要有大寨的奋斗精神，加上科学化和机械化，中国的农业完全可以赶上世界先进水平。”

当然，韩丁和陈永贵都是直性子人，他们在一起的时间长了，也会有分歧。韩丁说美国的免耕法好处多，建议大寨也这样搞。陈永贵却强调“三深法”的作用，说：“我们一口人才两亩地，就得在‘深’字上做文章。”两个人甚至因此抬起扛来。陈永贵说：“老韩，你那一套我用不上，我只能用我的‘三深法’，你用你的免耕法。”韩丁则用徐缓的口气说：“现在中国的大部分土地还得靠‘三深法’，等将来实现了机械化可以实行免耕法。”

这还不算，韩丁的母亲80多岁了，还从美国带着一个青年参观团来到大寨。这个参观团还不是参观几天就走，而是像中国的干部下农村那样实行“革命化”，和贫下中农实行“三同”，即同吃、同住、同劳动。人们估计这可能是长期在中国工作的寒春、阳早的主意。既然是搞“三同”，就不能住在大寨的国际旅行社，也不能在旅行社吃饭了。大寨人看来也很宠着他们，真的就在村里给他们找了几间房子，又从旅行社给他们派了一名厨师。于是，他们就实行起“三同”来了。其实这并不是什么“三同”，不过是一种带点刺激性的游戏罢了。这些美国的年轻人，大概大手大脚习惯了，吃饭的时候边吃边丢，用美国人的观点看这可能很正常，但在大寨人眼里这种行为说轻点是浪费，说严重了就是犯罪。而且他们吃完饭也不收拾干净了，经常是杯盘狼藉，一副美国现代青年的派头。这件事反映到了大寨党支部，如果是中国年轻人这样干的话，那可以有许多办法对付，但麻烦的是，他们都是美国人，而且是美国友好人士韩丁请来的客人，这就比较伤脑筋了。

倒是陈永贵点子多。他把这些美国年轻人包括韩丁一家人都请到了大寨会议室，还把驻大寨村的记者和农学家们也都请了来。

这是一次别开生面的会议，会议的主题明里是批评大寨村的某些人，实际是要教育这些大手大脚的美国人。会议一开始，陈永贵坐在讲台前，让两个社员挑进两担谷穗。陈永贵让挑担进来的社员把筐子举起来给大家看看清楚。筐子不大，装得也不满，两担大概有40斤谷穗。陈永贵说，这两担谷穗是今天在一片收割过的地里拾来的，是由某某人领导的一班人收的。他们这样不负责任，一小片地就丢这么多粮食，全大寨要丢多少？这个事大家得讨论讨论，旧社会贫下中农没有粮食吃，吃糠咽菜，有这么些粮食，要救活多少贫下中农？

陈永贵讲完了，贾进财首先站起来“忆苦思甜”，即回忆旧社会生活之苦，思想新社会生活之甜。贾进财说，旧社会许多穷人没有饭吃，饿死病死，他自己从小就是给人当小长工，给人放牛，是吃糠吃野菜长大的。继贾进财之后，还有许多老贫农也起来忆苦思甜，主要是忆旧社会之苦。在那片地里割谷的年轻社员也站起来作了检讨。

这整个过程本来就是要给美国人看的。会议进行中，寒春等几个中国通，就开始轻声给那些美国青年翻译。会散了，他们回到住地，寒春、阳早连夜组织他们结合几天来生活、劳动中的问题进行了讨论。据说这一着还挺顶用的，第二天饭桌上就干净了许多。

1978年金秋时节，韩丁应陈永贵之邀在大寨礼堂演讲。当地群众、附近村民和县城各界人士都来听他的这场充满异国情调的演说。韩丁用比较生硬的中国普通话将中国的农业和美国的农业作了一番比较，讲他自己在美国经营的农场，讲美国农业的现代化和社会的专门服务体系，也讲美国社会的高消费。他所传递的来自大洋彼岸的信息，给了太行山区的听众一种耳目一新的感觉。

7. 身不由己

在大寨这个“红色殿堂”的当家人其实是很苦的。毛泽东号召干部参加劳动，这个“劳动”当然不包括脑力劳动，是特指体力劳动。毛泽东认为，干部参加体力劳动是防止出现修正主义，防止干部腐化变质，防止社会主义发生资本主义复辟的根本大事。大寨的干部在这方面一定要发挥表率作用，他们要带头干重活、脏活、关键活、危险活，而且要干得比普通社员好。经过一天劳动，社员吃过饭就睡觉了，干部们还要开会，总结今天的工作，安排明天的活。在这种情况下，应付大量的参观者、来访者对他们来说，当然是一个大负担。有人回忆说，郭凤莲就曾多次劳动回来边做饭边接受记者采访。

来大寨的文艺界名人和著名团体也很多。那时大寨几乎三天两头有人

◄ 大寨业余演出队为社员表演文艺节目

在搞演出。这些文艺团体能来大寨，都是因为他们学毛泽东的著作学得好，演出效果好，因此来大寨演出本身就是一种奖赏。他们为了给大寨人演出，也都作了大量精心准备。但他们也会遇到些麻烦：麻烦之一是节目太单调，麻烦之二是大寨干部实在太累了，他们无福消受这些红色经典作品。

那时，全国舞台上只有那么8个“样板戏”可以演，无论谁来也是在这个圈子里表演。这个圈子就是：《红灯记》、《沙家浜》、《智取威虎山》、《奇袭白虎团》、《白毛女》、《红色娘子军》、《海港》、《交响音乐沙家浜》。参观的人来了，大寨的干部可以不接见，但人家文艺团体专门来演出总不好不参加，再说这里面也有个对革命样板戏的态度问题。这也成了大寨干部的一大负担。有时，头一天晚上是空军演的《沙家浜》，第二天晚上工程兵演的也是《沙家浜》，第三天晚上海军来演的还是《沙家浜》。这些样板戏都是千锤百炼过了的，把任何一点有生活情趣，能够吸引人的内容全部锤炼掉了，只剩下教育人干革命的一种功能。而且台上的道白、演员的唱词，人们都已到了耳熟能详、出口能唱的程度。尽管演员在台上很卖力气，但大寨的干部们超强度劳动了一天，他们实在太累了，台上阿庆嫂一亮开嗓子，他们便坐在座位上合上眼睛睡了起来。一场戏演完了，台下掌声雷动，把他们从睡梦中吵醒，他们就跟着鼓掌。他们鼓掌的动作使台上的演员激动万分，演出就更加卖力气，但他们鼓过掌后，又开始合上了眼睛。

大寨这个小社会，只有几十户人家，几百口人，但组织性非常强，用陈永贵的说法，就是里三层外三层组织起来的。在最中心位置的是党支部书记陈永贵，他周围是几个党支部委员，再外面是其他干部和党员，然后依次是共青团员、贫农、下中农中的积极分子，最外面的是全体社员。大寨的每一个人，都处在这个严密的、层次分明的组织系统中。有这样一套组织系统作保障，大寨领导人就不怕记者“刺探情报”。

新闻记者都想搞点时间性强点的材料，但大寨村毕竟不是专职的新闻社，大寨党支部的人们白天要干活，晚上要开会，每天都有那么多的参观、学习、开会的人需要应付，他们不可能及时地接受记者的采访。可记

者也是肩负重要使命的，他们要赶快把学大寨的材料采访来，把稿件写好，供广大读者学习应用。耽误了时间，影响了工作就会成为对学大寨的态度问题。所以他们也要千方百计地想办法早点采访到人，早点弄到新闻材料。赶上毛泽东发表了“最高指示”，或者发生了什么重要的政治事件，再或者上级的什么重要人物下来了重要指令，记者便要连夜赶写出新闻。在这种情况下，他们因为手里有了“尚方宝剑”，大寨的干部就得听他们的调遣，赶紧给他们提供材料。为了这种事，记者也真是把大寨干部害得够苦的。

大寨干部就是这样，凡有重大政治事件都要表态。这些表态有的属于发自内心，是真心的表态；有些是他们不大懂的事情，需要记者或其他人提示他们如何表态，是非真心的表态；还有些表态是他们不赞成，但又不得不按照上面的意思去说，是违心的表态；另有些是他们来不及说的话，别人以他们的名义先说出来，记在他们的账上，然后由他们去认账，是别人代他们表态。但不管哪种情况，在全国人民看来，他们是些对什么都懂得，对什么都积极，对什么都热心，对什么都干涉，对什么都好说三道四的人。这在当时为他们赢得了太多的荣誉，事后又让他们背上了过多的指责。

第九章

普及大寨县

1. 北方农业会议

1970年，农村局势开始趋于相对稳定。各级农业领导管理机构相继恢复或建立；一些在“文革”初期受冲击、“靠边站”的干部、技术人员陆续解脱出来，重新走上工作岗位，使农业生产的领导管理工作逐步恢复和开展起来。为了扭转1967年至1969年农业生产连续三年下降、停滞的被动局面，中共中央、国务院恢复和加强了对农业生产的领导。

1970年5月，国家农林部成立，6月开始进行北方地区农业会议的筹备工作。

8月25日，北方地区农业会议在山西省昔阳县开幕。这次会议的规模很大，参加会议的有北方14个省、直辖市、自治区的省、地、县级领导和部分公社、大队的代表，南方各省、直辖市、自治区的省一级和解放军各生产建设兵团的代表也参加了会议，到会的共有1259人。会议第一阶段在大寨、昔阳“参观学习”。9月1日转到北京继续举行。会议第二阶段主要是开展“革命大批判”，总结和交流各地农业学大寨的经验。9月14日，会议进入第三阶段，着重分组讨论实现《全国农业发展纲要》的措施和各项农村经济政策。12月11日，中共中央正式批准下发了《国务院关于北方地区农业会议的报告》。

北方地区农业会议包含了两个方面的内容。一方面，会议针对“文化大革命”初期全面动乱、农村的一些重要经济政策遭到严重破坏、农业生产下降等情况，明确提出了一系列有利于农业发展的政策措施。会议重申：《农业六十条》对巩固集体经济和发展农业生产起了巨大的作用。《农业六十条》中关于人民公社现阶段的基本政策，仍然适用，必须继续贯彻执行。农村人民公社现有“三级所有、队为基础”的制度，关于自留地制度，一般不要变动。对运动中新出现的问题，特别是牵涉到所有制的问题，要谨慎对待。在保证集体经济的发展和占绝对优势的条件下，社员可以经营少量的自留地和家庭副业。要坚持按劳分配的原则，反对平均主义，既要批判“分光吃尽”的错误倾向，也不要一下子积累过多，影响社员的当年收入。在服从国家统一计划的前提下，要允许生产队因地制宜种植的灵活性。切不可重犯穷富拉平的“一平二调”错误，不许无偿地调用生产队的劳力、生产资料和其他物资，不得加重社员负担。目前有些社、队，随意增加非生产人员和非生产开支，降低社员收入，影响社员积极性，各地必须采取有效措施，加以制止。

北方地区农业会议的另一方面内容是强调学大寨要“大批促大干”，提出要解决农村干部中“五种人”掌权的问题，并推广了昔阳县学大寨、建设大寨县的经验。

北方地区农业会议重点讨论了如何排除影响学大寨的拦路虎问题。会议认为，昔阳县工作搞得好，首先是抓了阶级斗争、路线斗争的结果，是因为无产阶级掌握了领导权的结果。会议提出，要排除妨碍学大寨的拦路虎，就要解决走资派、民主派、老好人、坏人、蜕化变质分子等五种人掌权的问题。这五种人里面，走资派是从“四清”运动开始后就在党内清理的阶级敌人，是一个极为模糊、随意性很强的概念。而民主派，陈永贵在汇报提纲里作过描述：“入党早，资格老，白天干，黑天跑，开口想当年，闭口打土豪，没有功劳有苦恼。”

北方农业会议提出的“五种人”，给农业学大寨运动蒙上了更加浓厚的阶级斗争色彩。强调“大批促大干”，在全国造成了很不好的影响。北方地区农业会议产生了一个叫做《北方地区 14 省农业会议纪要》的文章，肯定了“想新的，干大的”和“一年一个新套套”的思路与做法。

在全国范围内贯彻北方地区农业会议精神，产生了两个直接后果：一个是各地农村普遍开展了大规模的农田基本建设，二是农业学大寨运动更向“左”发展。

1970年冬和1971年春，各地农村贯彻北方地区农业会议的精神，自力更生、艰苦奋斗，大搞农田基本建设，全国共有近百万名干部、1亿多农民群众参加。除普遍兴修小型水库、水渠、塘堰和打井外，还修建了一批大中型水利灌溉工程。如黄河下游的引黄排灌工程，经过大规模开挖排水系统之后，又逐步恢复引水，先后修建引黄涵闸70多处，加上虹吸管及抽水站的建设，引提水能力达到4000米^3/秒，灌溉面积达106.7万公顷。河南、安徽、江苏、山东等省淮河流域广大人民，在多年治淮的基础上，又经过一个冬春的奋战，建成了一批大型和中小型水利工程，兴修了一批蓄洪工程，并整修了河道，开辟了新沂河、新沭河和苏北灌溉总渠等入海出路。这些工程的建成，使淮河流域抗御洪、涝、旱灾的能力大大加强，灌溉面积迅速扩大，使多灾低产的淮河流域发生了巨大变化。

由于从中央到地方各级党组织加强了农业基础工作，加之1970年全国的气候条件较好，当年遭受自然灾害的成灾面积仅有330万公顷，比1949年以来成灾面积最少的1951年还少48万公顷。特别是由于农民生产积极性的提高，使得1970年的全国农业生产摆脱了连续三年下降和停滞的局面，取得较大幅度的增长，基本实现了国民经济“三五”计划规定的各项生产指标。

1970年，全国农业总产值达到716.3亿元，比1965年增长21.5%；粮食总产量达到23996万吨，比1965年增长23.3%；棉花总产量达227.7万吨，比1965年增长8.5%。其他如猪牛羊肉、油料、糖料等都有不同程度的增长。

北方农业会议强调学大寨要坚持“大批促大干”，给山西省造成很大的压力，为此，在省革委第四次全体会议上通过了一个进一步开展学大寨运动的决议。决议提出“大寨在山西，山西怎么办?”的问题。强调学大寨要“学根本”和解决基层领导班子中“五种人”的问题。这样做的结果是更加打乱了山西省的农业生产秩序，影响了农业生产质量。中共山西省吕梁地委书记王国英后来在《人民日报》上发表文章指出：当时农村的经济政策，被践踏无遗了。从“割资本主义尾巴”，到“大批集体经济内部的资本主义”，把社员的自留地、正当的家庭副业和集市贸易割掉了，把发展多种经营和集体工、副业的路子堵死了，把生产队的自主权和按劳分配的原则也批掉了。有的县还搞过没收社员自留地、自留树、自留羊、小平车、缝纫机的所谓“五大革命”，对农业生产和群众生活破坏很大，出现群众缺粮外流的现象。

全国各省、直辖市、自治区都在贯彻会议精神，纷纷召开四级干部会议，即由省、地、县、社领导参加的会议，作了各自的学大寨决议。许多省、直辖市、自治区在检讨中都谈到，自己原来只是把大寨看成是生产典型，把学大寨当成增产的措施，没有看做是方向、路线的问题。有的地方把学不学大寨提升到“对伟大领袖毛主席忠不忠的问题”的高度来认识，还有的地方把学大寨与“文化大革命”中的“斗、批、改”结合起来，把学大寨和“一打三反”结合起来，和整党建党结合起来。

这年11月9日，山东省为贯彻北方地区农业会议精神给党中央写了一个报告，提出：“学大寨就是走社会主义大道，不学大寨就是搞歪门邪道。”“反对学大寨，就是走资派。”这个报告在11月19日作为中共中央文件下发全国，更加提高了学大寨运动的调子。

党的十一届三中全会以后，在学大寨的问题上也逐步实行了拨乱反正。1980年7月9日，《山西日报》发表了一篇题为《抓典型上的严重教训》的文章，其中提出了一个关键性的问题：在学习推广先进经验时，如何正确对待先进经验与党的方针政策的关系。文章指出：“先进经验不等于党的方针政策，不能把先进典型的经验同党的方针政策混为一谈，更不能把两者的关系搞颠倒，用某个先进典型的经验代替党的方针政策。”这是人们在总结了学大寨运动的深刻教训后得到的认识。

2. 全国首家大寨县

1967年，陈永贵担任了晋阳县主要领导人。此后，他在全县范围内推行大寨模式，使晋阳县迅速成为全国学大寨的先进单位，并在北方地区农业会议上被认定为全国第一个“大寨县”。

应当承认，昔阳在学大寨运动中，通过治山治水、大搞农田水利基本建设，在农业生产方面确实取得了一定的成绩。全县主要几条河川，经过几年的治水治山，控制水土流失，在宽广的河滩上打坝填土造平原，全县增加了5万亩既能机耕又能浇水的良田。1970年全县粮食平均亩产超过400斤，提前两年实现了毛泽东提出的《全国农业发展纲要》到1972年黄河以北粮食亩产的目标，用3年时间，使全县粮食总产量翻了一番。

但是，昔阳在建设“大寨县”的过程中，除了粮食生产之外，其他各业都受到严重冲击。昔阳县领导推行的一些极“左”政策，损害了农民群众的切身利益，挫伤了农民的生产积极性。

在建设“大寨县”的过程中，昔阳县以打击“黑市”为名，严厉限制集市贸易。按照当时的说法，人们将集市贸易称为“自由市场”。在限制集市贸易的同时，昔阳县还基本取消了农民的家庭副业，一家农户只准养几只鸡和一两头猪。昔阳县赵壁公社有两个村子，历史上人们习惯用麦秆编草帽辫，这种家庭副业是当地农民的主要经济来源之一。但1967年以后，县领导规定，草帽辫只准集体组织编织，个人业余时间编织要受到批判。昔阳的山上有一种白草，农民原来常常割些拿到市场上卖，换点零花钱；昔阳县是深山区，有的山洼里可以开小块地种，农民就自己开了地种点蔬菜、瓜果调剂生活。但后来这些都被禁止了，谁要自己割草卖，或去开小块地种，要受到严厉批判。当时“白草、黑市、小块地”，在昔阳成了走资本主义道路的代名词。不仅如此，昔阳县还通过批判“集体经济内部的资本主义”，严格限制了各社队的工副业生产。

在昔阳县，还有一条不成条文的规定，就是干什么工作也不能超过大寨。城关有一些大队在发展工副业方面，本来具备较好的物质条件和技术能力，但就是因为怕“压”了大寨，始终不敢放开手脚去发展。无论什么工作都只能说是学大寨、赶大寨，不能说“超大寨”。就昔阳范围来说，大寨在林牧业生产方面不如白羊峪大队搞得好，但也不能提倡学习并推广白羊峪发展林牧业的经验；大寨在发展队办企业方面不如李家庄公社搞得好，但也不能提倡学习并推广李家庄发展队办企业的经验。结果使得有的社队偷偷到邻近的阳泉市搞副业。他们为了不挨批判，借的是相邻的寿阳县一些社队的户头，不敢说自己是昔阳人。后来，昔阳人将那时的政策概括为：“光种玉茭（玉米），甚也不要”，还有人将其称之为阻碍经济发展的“自杀政策”。

昔阳县农村原来大多实行以生产小队为基本核算单位，这本来是符合当时党的农村政策的做法。但从 1967 年上半年起，昔阳县普遍推广大寨以大队为基本核算单位的做法，并把这作为学习大寨“坚持无产阶级专政下继续革命”的一项重要内容。

在学大寨运动中，昔阳在全县范围内“割资本主义尾巴”，取消了农民的自留地。而且由于怕农民成为“暴发户”，怕他们“掉进资本主义泥坑”，县里决定把社员房前屋后栽种的树一律收归集体所有。所有这些政策措施，都严重侵犯了农民的切身利益，挫伤了农民的生产积极性，影响了农民生活。

1967 年 4 月，昔阳县革命委员会把仍在全县大多数生产队实行的劳动定额管理制度，斥之为“修正主义、经济挂帅”的劳动管理制度，同“一心为公劳动，自报公议工分”为特点的大寨劳动管理是“明明显显的两个对抗的东西”，“是劳动管理上的两条路线斗争”。在批判中，一方面指责实行劳动定额管理是搞“工分挂帅、物质刺激”，使“强劳动力肥得不得

了，弱劳动力生活不下去，导致两极分化”；另一方面，把大寨“一心为公劳动，自报公议工分”制度说成是“突出了政治，突出了人的因素，反对了资本主义经营方针，反对了物质刺激和工分挂帅，是巩固集体经济、发展农业生产的正确道路”，是农业“经营管理革命的方向和道路”。这就使大寨的劳动管理制度很快在昔阳县推开。

完成以上的几项变动后，在昔阳县境内，实际上就把《农业六十条》所赋予农民的一点私有、自由权利又重新进行了一次“革命”，又割了一段“资本主义尾巴”。

由于大寨村的房屋、窑洞在1963年的洪灾中大部被冲毁了，此后，他们依靠集体力量重新建设起大寨新村。在建设“大寨县”的过程中，昔阳在全县推广大寨建设新村的经验。于是，各个大队都集体盖了一些新房子，不少社员迁入新居。这看起来是件好事，可是有些大队在修建新居的时候，拆了社员的一部分旧房，对拆了的旧房作价偏低，有的甚至没有作价，等于无偿剥夺了农民的一部分财产。而社员住新房仍要出一些房费，虽然费用不是很高，但农民也有意见。有些大队的集体经济本来就不厚实，也要拼命建设新村，好像不这样就是不学大寨，结果是对农民的旧房不管户主愿意不愿意都要拆除。而修建成的新村，也都学着大寨的样子，一没地方养鸡，二没地方喂猪。农民感到没有原来住的四合院适用。这实际上是对农民生活资料的一种剥夺。农民群众有怨言，许多基层干部也有意见，但是不敢向上讲，怕被说成是破坏学大寨运动。

在1970年的北方地区农业会议上，昔阳被确认为全国第一个“大寨县”。为了表明阶级斗争的严峻形势，在这次会上还点名批判了昔阳县著名的劳动模范张老太。

张老太是昔阳县刀把口大队党支部书记。刀把口是老解放区，在抗日战争时期，张老太因领导群众发展畜牧业成就显著，被誉为太行老劳模。新中国成立后，他曾经受到毛泽东的接见，在全国有一定影响，是昔阳原来的“三枝花”之一，与白羊峪和大寨的领导人齐名。在这次会议上为了把张老太打成对立面，就给他加上了许多“莫须有”的罪名，将张老太定性为民主派、走资派的代表。

昔阳县成为全国第一个“大寨县”。所谓“大寨县”，就是说全县都已经成了大寨式的了。于是，昔阳县也就成为全国性的先进典型，拥有了几乎与大寨相等的地位。以前的学大寨运动还只是宣传大寨，随后，对昔阳的宣传也开始逐渐加温。出版社还出了不少宣传昔阳的书，如：《昔阳学大寨》、《昔阳散记》、《昔阳新故事》、《昔阳新歌谣》等。

▲ 陈永贵领导下的昔阳县委领导班子

昔阳仍不断地搞“新套套”。在财贸领域，实行了更为严厉的极“左”政策。县委以“社会主义商业要全面占领农村市场阵地”为由，对集市贸易再次进行“大围剿”。在“堵不住资本主义的路，迈不开社会主义的步”的口号下，三令五申要县工商行政管理部门为学大寨“站好岗”、“放好哨”，对集市贸易要“管紧、管严、管死”、“宁左勿右”。在限制、管制、处罚三项打击下，全县集市贸易终于在1970年到1971年间被强行关闭，严重地影响了农副产品的收购，影响了昔阳县经济的全面均衡发展，危害了人民的生活。当时还提出：“只抓购、销、调、存，必然要为资本主义服务。”要财贸职工在“割资本主义尾巴”中冲锋陷阵，提出要“狠抓商品流通领域里的阶级斗争”。什么“三尺柜台不平静，一买一卖有斗争”、“一个鸡蛋两条线”的极“左”言论盛极一时。结果，沙锅、砂制茅勺、

茅桶等土特产绝迹了，苇席、麻皮、笤帚由调出变成调入，菜羊、鲜蛋收购显著下降。

为了建设大寨县，昔阳几乎把所有与农业生产没有直接联系的部门和行业全部限制起来了。弄到后来，为了解决机关落后于农村的情况，昔阳县竟然将农民派往机关厂矿，学着毛泽东派“工宣队”的做法，创造出一支“农宣队”，被人称其为“倒蹲点”。即原来总是机关干部到农村去蹲点，现在要让农民到机关来蹲点。这种“农宣队倒蹲点”的经验后来也在全国推广开了。

1975 年 4 月，“四人帮”鼓吹对资产阶级实行全面专政，大讲批判“资产阶级法权”，打“土围子”。受此影响，昔阳县也提出“要专资产阶级的政，必须首先专好自己头脑里资本主义思想的政”的口号。他们把社员要求在自己院内、屋内经营家庭副业，如搞缝纫、编织、修理或制造木器到市场出售以增加经济收入的想法，都当做“资本主义思想”去批判，并总结了这方面的经验：“多年来我们把资本主义从山上赶到坡上，从坡上赶到村里，从村里赶到房前屋后，从房前屋后赶到家里，从家里赶到每个人的头脑里，再专好头脑里的资本主义思想的政，彻底消灭它。”

3. 大旱之灾

1973 年春天，昔阳遭遇大旱灾。

那年的干旱确实很严重，整个春天都没有下雨，地里的土层都是干的，下不了种。当时陈永贵正在北京，家里由张怀英出面主持工作。张怀英作出决定，挑水抗旱！为此，县里买了几百个橡皮水袋，大的能装三四吨水，放在卡车和大拖拉机的拖斗上，往地里拉水；小的能装半吨水，放在小平车上，也往地里拉水。他们把全县所有的卡车、拖拉机、马车、小平车，全部动员起来拉水。水拉到地头，由人担到地里。地里先由人刨好坑，将水担来浇到坑中，等水渗到土里后，再把玉米籽种在坑里。昔阳县是个大山区，车辆少，水源也缺。为了抗旱，可以说什么办法都用上了。有的村里没有汽车和拖拉机，就完全靠人力担水。一担水来回要跑 30 里路，一天只能担 3 担。每担一担水可以浇十来个坑，一个人一天也就只能种 30 个坑的庄稼。所以被称之为“千里百担一亩苗”。

在各方面条件都很差的情况下，要想抗旱抢种，就只能搞人海战术了。昔阳县把所有可以动员出来的人全部动员了，所有的机关、工厂、学校全部放下工作，放下工具，放下课本，统统参加抗旱。这种情况在今天似乎是不可思议，但在当时是好事，各地几乎都这样做过，叫做“全党全民总动员”。有些小学生，人小体弱，担不动担子，就一人拿两个盛酒的瓶子，或者拿上暖壶、脸盆。总之，凡能盛水的东西都用上，凡能运水的人都派上，凡能想出的办法都使上。反正当时人力不花钱，种粮比任何事情都重要，一切为了抗旱，一切为了抢种，一切为了秋后的收成。

有些参加过当年那场拼死劳动的人，回忆起当时的劳动场面都深为感动。那确实是一个打动人心的劳动场面，男女老少齐上阵，各行各业总动员，起早贪黑拼命干。有人说，那场面使人回想起解放战争中群众千军万马支援前线打仗的情景。

当时的人们都有一个不可动摇的信念：人定胜天。从大寨到昔阳，他们的创业过程其实就是一个战天斗地的过程，就是一个同恶劣的自然条件作斗争的过程。所谓“大批资本主义、大批修正主义”，所谓“七半八斗”，事实上是为了迎合当时的政治气象附会上去的。实际支撑他们干下去的，是人定胜天这一信念。

但人定胜天这一信念，也只是在强调人类在大自然面前不能无所作为这一点上，才有它的积极意义。而在农业学大寨运动中，人们片面夸大了人在自然界面前的主观能动作用，不承认自然规律的作用，不尊重自然规律，办了很多蠢事。此是旁话。

也许是昔阳人的这种不畏天灾、拼命劳动的场面感动了上帝吧，类似《愚公移山》的故事真的发生了：6 月 12 日，老天终于下雨了。如果天再不下雨，这场昔阳县历史上从未见过的抗旱大业会是一个什么样的结果，可能就只有天知道了。因为，到后来有些人实在也坚持不住了。人嘛，力量总是有限的。孩子不可能像大人那样一直坚持下去，病人不可能像健康人一样长期坚持下去，老年人与中年人不一样，女人与男人也不一样，都是中年男人也有身体好些与差些之分。坚持不下去的人退下来后，剩下来的人劳动强度就要加大，而事实上他们也已经超强度劳动了很长时间，也已成为强弩之末。当时县里有人看到这种情况就提出，是否可以将全县 40 万亩耕地，放弃 20 万亩，集中保 20 万亩。这个建议没有被采纳，因为县里经过研究，认为还没有到最后关头，不松口。也就在这个时候，天下雨了。

◄ 昔阳县建成的自流灌溉渠

天下雨后，陈永贵也回来了。他说这场抗旱是“没有见过的大旱，没有见过的大干”。又有一些人整天搜集、整理他的话，于是在《人民日报》发表了一整版的文章，题目就是他的这句话《没有见过的大旱，没有见过的大干》。

这还不算，到了秋天陈永贵又在他的那两句话后面加了一句：“没见过的大丰收。”而此时庄稼还长在地里，究竟收多少粮食还是个未知数。

本来那一年昔阳全县人民拼死拼活，各方面都付出了巨大的代价，学生连课都不上了，全县都来弄粮食，在粮食生产方面确实取得了明显的成绩。但毕竟是大灾之年，不可能达到“没见过的大丰收”。但老陈说话了，总要想办法兑现。

秋天开汇报会时，大家都知道上边一定要实现“没有见过的大丰收”的诺言，因此，都放着胆尽量多报。结果报上来的数字为1.9亿公斤。这个数字已经比实际产量高出了5000万公斤，但离“没见过的大丰收”还差“十万八千里”。县里要求推翻重来。儿经反复，最后一个大体上符合要求的产粮数字终于报上来了：昔阳当年的产量“达到”——事实上是报到了——2.39亿公斤。比实际产量多报了9000万公斤，占当年实际产量的60%以上。

世间许多事情都是这样，有了开头，就不怕没有继续。昔阳县在这条道路上越走越远。从1973年开始，昔阳县连年虚报产量，直到粉碎“四人帮”以后的1977年还又虚报了6000多万斤。

虚报粮食产量在为一些领导人骗取成绩的同时，却严重损害了广大农民的切身利益。由于连年虚报，弄得有些社队增了产却闹粮荒。群众埋怨说：“他们出名升官，我们出力受苦，还得跟着遭饥荒。”

后来事情败露了，人们对此就有了新的说法。有人说1973年的昔阳是：没见过的大旱，没见过的大干，没见过的大丰收，没见过的大骗局。

4. 普及大寨县

1970 年 12 月至 1971 年 2 月召开的全国计划会议，针对不少地区在农业学大寨运动中陆续暴露出来的问题集中进行了讨论，重申了各项农村经济政策。会议以《当前农业学大寨运动中的一些问题》为题，发出综合简报第三期，强调指出：要正确贯彻“以粮为纲，全面发展”的方针，不可以把粮食生产同多种经营对立起来，要在继续抓好粮食生产的同时，积极发展多种经营；对已经改变基本核算单位的，应当从实际情况出发，多数群众不满意又减了产的，要作适当的调整；要坚持实行“各尽所能，按劳分配”的原则，防止平均主义。等等。会后，各地农村按照这次会议的精神，进一步纠正“左”的错误。

1971 年 9 月，林彪反革命集团被粉碎后，周恩来主持中央和国务院日常工作。为了克服“左”倾错误造成的危害，周恩来提出批判极“左”思潮和无政府主义，着手纠正某些“左”的错误。在农业生产上，强调落实正确的农村经济政策。1971 年 12 月 5 日，周恩来在听取国家计委汇报全国计划会议情况时指出，现在管理乱得很，要整顿；要加强经济核算制度，贯彻“按劳分配”原则，实行必要的奖励制度。《农业六十条》仍然有效，农村工作必须认真执行。由于坚持纠正“左”的错误，重视贯彻了各项农村经济政策，调动了广大基层干部和社员群众的生产积极性，1971 年和 1972 年虽然遇到比较严重的自然灾害，其中 1972 年全国农田受灾面积达 4046 万公顷，为 1962 年以来所未有，但农业生产仍有增长。

1974 年初，“四人帮”掀起了波及全国的所谓“批林批孔”运动。他们把周恩来主持中央和国务院工作期间采取的纠正“左”的错误和调整国民经济的一系列正确政策措施，诬蔑为“复辟”、“倒退”，并继续利用大寨这块牌子推行“左”倾路线。这年3月7日，《人民日报》发表署名大寨党支部的文章《大寨之路就是斗争之路》，攻击批判极“左”是“一股复辟倒退歪风”，说大寨“顶住了资本主义复辟的反动思想”。8月31日，《人民日报》发表新华社记者文章《无产阶级文化大革命促进了昔阳县的农业学大寨运动》，颂扬“大寨不是一个生产典型，而是所有制变革以后，农村如何继续革命的一面旗帜”。9月19日，《人民日报》发表题为《深刻的变革——大寨意识形态领域里的革命》的文章。文章说：由于大寨善于在思想意识形态领域进行“深刻的革命”，因而“识别能力高，斗争精神强，经常有个新套套”。“批林批孔”运动和农业学大寨运动中的“左”倾错误，对农业生产和农村工作造成了消极影响。

1975年9月15日，全国农业学大寨会议在昔阳召开。由于在粉碎“四人帮”以后，中央又召开了一个第二次全国农业学大寨会议，人们便将这次会议称为第一次全国农业学大寨会议。

召开这样一次会议是由毛泽东亲自提议，中央政治局作出的决议，这就决定了会议的规格和规模。

这个会议的规模很大，共有代表3700人参加，其中包括2300个县以上的主要领导干部，这对一个不大的昔阳县城来说，也是一个不小的压力。首先是能够容纳3700人的礼堂就不好解决。不过还算凑巧，国家在昔阳县投资建一个拖拉机厂，这也是国家当时给昔阳县“吃偏饭”的一个项目，我们以后还要讲到它，现在要提到的是，这个工厂有个大车间已经建成，但还没有安装设备，空在那里，县里就决定用它作为大会的礼堂。开会时给每个与会者发一个小凳子作为座位，条件是艰苦了点，但与大寨精神还算吻合。

3700人的吃饭和住宿也是个大问题，不过好在可以分开吃住，而且昔阳与大寨这些年来参观的人本来就多，接待人员已经积累了丰富的经验，问题解决起来并不太困难。只是有些与会者住的地方远了点，不少代表住在城外的工厂里。

大会开幕的那一天，空荡荡的昔阳拖拉机厂热闹了起来，几千名来自全国各地的代表坐满了一个大车间。

陈永贵在开幕词中说，这次全国农业学大寨会议，是毛主席发出“农业学大寨”伟大号召以来的一次很重要的会议。参加会议的代表将参观大寨和昔阳抓革命、促生产的成就，学习大寨和昔阳的经验，总结交流各地11年来，特别是1970年北方地区农业会议以后开展农业学大寨运动、建设大寨县的经验，研究进一步开展农业学大寨运动、尽快普及大寨县的问题。同时，总结交流农业机械化的经验，讨论1980年基本实现农业机械化的任务。

邓小平代表中央在开幕式上发表讲话。邓小平在“文化大革命”开始后就被当做“刘、邓资产阶级司令部”的代表人物打倒了。1971年林彪事件以后，经周恩来提议，毛泽东批准他又重新开始在中央工作。毛泽东对他的评价是：“政治思想强”、“人才难得”。在中共“十大”上，他当选为中央委员。1974年的中共十届二中全会上，毛泽东提议补选他为中央政治局委员、常委，并担任中共中央副主席，随后开始协助周恩来主持中央日常工作。他上任伊始便开始了大刀阔斧的整顿工作，使国民经济的混乱局面迅速得到有效控制，人们在经过“文化大革命”的动乱之后，也再次看到了国家的希望。在1975年年初举行的四届人大一次会议上，周恩来提名他担任国务院排名第一的副总理。当华国锋宣布请邓小平同志讲话以后，全场掌声雷动，经久不息。邓小平几次招手示意大家停止鼓掌，掌声反而更加热烈了，不少人还站起来鼓掌。一些当事人回忆，当时有不少人还激动得掉下了热泪。

邓小平讲话不看讲稿。他首先代表党中央和毛泽东主席对大会的召开表示热烈祝贺。他还说：“我跟外宾吹过，全国只要有三分之一的地方赶上大寨和昔阳县，我们的粮食就没地方搁了。据说现在全国有300个县学大寨程度不同地比较好；但是，这300个县是不是都能像大寨那样，25年如一日？全国2200个县才有300个县，太少了。”

邓小平在这次会议和同期召开的农村工作座谈会上还指出：“实现四个现代化，关键是农业现代化。”他针对当时存在的一些社会经济秩序混乱情况，明确提出军队、地方、工业、农业、商业、文化教育、各方面都要整顿的问题，强调“农业要整顿”，“要通过整顿解决农村的问题”。

对于毛泽东亲自树立的大寨红旗，邓小平是爱护的。1973 年 6 月 25 日，恢复工作不久的邓小平就曾陪同马里国家元首、政府总理特拉奥雷访问大寨。这次出席过全国农业学大寨会议的开幕式后，他又一次登上虎头山。

据长期在昔阳县从事党政工作的孔令贤在他的《大寨》一书中披露，党的十一届三中全会以后，在拨乱反正的过程中，有的记者写内参反映山西舆论说陈永贵有这样那样的问题，邓小平对陈永贵和大寨给予了中肯的评价。他讲了两条：第一，起码陈永贵不是“四人帮”的人；第二，大寨卖粮是真的。邓小平在历史的关键时刻，实事求是地肯定了陈永贵的为人和大寨所取得的成绩，表明他对大寨和陈永贵本人的真心爱护。

大会的第二阶段移到了北京，华国锋代表中央作了《全党动员，大办农业，为普及大寨县而奋斗》的报告。报告共有五个部分，分别是：普及大寨县是全党的战斗任务；建设大寨县，县委是关键；深入进行党的基本路线教育等。报告重要的新提法有两个，一个是提出了建成大寨县的六条标准，一个是提出了解决巩固发展集体经济的四个问题。

报告提出的关于建成大寨县的六条标准是：（一）有一个坚决执行党的路线和政策、团结战斗的县委领导核心；（二）树立了贫下中农的阶级优势，能够对资本主义活动进行坚决斗争，对阶级敌人实行有效的监督改造；（三）县、社、队三级干部都能够象昔阳那样坚持参加集体生产劳动；（四）在农田基本建设、农业机械化和科学种田方面，进展快，收效大；（五）集体经济不断壮大，穷社队的生产和收入，达到或超过当地中等社队现在的水平；（六）农林牧副各业全面发展，增产数量大，对国家贡献多，社员生活逐步有改善。

谈到深入进行党的基本路线教育时，报告提出了妥善解决巩固发展集体经济的四个问题，即：收回外流单干的劳动力；把分散单干的工匠组织起来；把社员超过党的政策规定多占的自留地、开荒地收归集体；纠正分

配中的不留积累，分光吃净等倾向。

华国锋的这个报告经毛泽东圈阅后，以中共中央文件的形式下发。

10 月 19 日，全国农业学大寨会议举行闭幕大会，陈永贵致闭幕词。

这次全国农业学大寨会议虽然对在全国农村进一步开展农田基本建设、改善生产条件、推动社队企业的发展等，起到了积极作用，但会议提出的要在全国普及大寨县，在农村继续进行“基本路线教育”等口号，使农业学大寨运动在“左”的道路上越走越远。

5. 加快普及大寨县

全国农业学大寨会议结束不久，一场“批邓、反击右倾翻案风”运动又席卷全国，农业学大寨、普及大寨县的运动随之与“批邓、反击右倾翻案风”运动挂钩，使我国的农业生产再度遭受严重损失。

1976 年 5 月下旬至 7 月上旬，经国务院批准，农林部先后在河北省石家庄市、江苏省无锡市召开了北方“三夏”和南方水稻两个生产现场会。两个会议都把“批邓、反击右倾翻案风”同农业学大寨联系起来，要求农村也要广泛开展“批邓、反击右倾翻案风”运动。在“反击右倾翻案风”、“反复辟”、“反倒退”的干扰下，许多已经得到纠正的农业和农村工作中“左”的政策和做法又出现了回潮。一些地区在农业学大寨、普及大寨县的旗号下，盲目追求“一大二公”，扩大基本核算单位，限制农民家庭副业，取缔农村集市贸易，不准农民到集市上出售自己生产的蔬菜、禽蛋等农副产品，剥夺了农民从事商品性生产的自主权。

有些地方在农业学大寨、普及大寨县运动中又搞了不少“大办集体经济”的活动。如安徽省农村1976年又大办集体养猪场，限制农民家庭养猪养禽，禁止农民家庭饲养大牲畜和母猪，将耕畜全部收归集体饲养。1976年全省办起集体养猪场22.42万个，有77.2%的生产队办起了集体养猪场，共养猪280多万头。由于饲料不足和管理不善，这些养猪场普遍存在“三低一高”现象，即饲料报酬低，母猪繁殖率低，存猪成活率低，养猪成本高。全年生猪出栏率由1973年的70%下降到48.1%，为历史最低水平。而生猪死亡率却创历史最高纪录，给养猪业和集体经济造成了很大损失。

由于“批邓、反击右倾翻案风”和普及大寨县运动的影响，1976年，国家虽然继续从财力、物力上增加了对农业的投入，但较好的生产条件没有发挥出应有的效益，农业生产再度遭受挫折。1976年，粮食、棉花、油料、猪牛羊肉、水产品等主要农牧渔业产品的生产均没有完成国家计划。这一年全国粮食总产量停滞在1975年2.8亿多吨的水平上，棉花总产量比1975年减少32.6万吨，下降13.7%；油料、猪牛羊肉等都有不同程度的下降。

1976年10月，党中央代表人民意志，一举粉碎了“四人帮”。历时十年的“文化大革命”随之结束。

粉碎“四人帮”以后，全国人民迫切希望党中央能带领人们拨乱反正，农业学大寨运动当然也面临着拨乱反正的历史任务。但是，以华国锋为首的新的中央领导却急急忙忙地决定召开第二次全国农业学大寨会议。到这个时候，对大寨的颂扬调子更高了，它被称为是“伟大领袖毛主席亲自树立的，敬爱的周总理精心培育的，英明领袖华主席高高举起的大寨红旗”。虽然提法过于啰嗦了，但却强调了大寨红旗的神圣与庄严。

12月10日，第二次全国农业学大寨会议在北京人民大会堂开幕。这次会议的规模超过了第一次，共有五千多名代表参加。出席会议的五千名代表中，有各省、直辖市、自治区党委的负责人和有关部门的负责人，各地区、各县和部分国有农牧场的负责人，农业学大寨先进单位的代表，上山下乡知识青年的代表，大庆油田的代表，农业机械企业、事业和科学、教育单位的代表，以及中共中央直属机关、中央国家机关和中国人民解放

军有关单位的代表。其他有关方面的代表列席了会议。

12月11日，《人民日报》发表社论《更高地举起农业学大寨的红旗——热烈祝贺第二次全国农业学大寨会议开幕》。社论写道：“农业学大寨、普及大寨县，是一个在无产阶级专政下继续革命、多快好省地建设社会主义农业的伟大革命群众运动。这同土地改革、农业合作化、人民公社化一样，是农村两个阶级、两条道路、两条路线斗争的重要内容。”社论提出：“这次大会是总结经验的大会。一年来农业学大寨运动在激烈的阶级斗争中前进。原有的三百多个学大寨先进县进一步巩固提高，今年又有一百多个县跨入了学大寨的先进行列。”

陈永贵代表中央在大会上作了题为《彻底批判“四人帮”，掀起普及大寨县运动的新高潮》的报告。报告的主题还是普及大寨县。与第一次全国农业学大寨会议不同的是，“四人帮”被打倒了，农业学大寨、普及大寨县也就与揭批“四人帮”联系了起来。陈永贵在报告中提出，要批判“四人帮”在学大寨问题上的“三反一砍”罪行。“三反”是说“四人帮”在学大寨运动中，反对大批资本主义，反对大批修正主义，反对大干社会主义；“一砍”是说，“四人帮”妄图砍倒大寨红旗。陈永贵说，这“三反一砍”的要害就是篡党夺权，是要改变党的基本路线，复辟资本主义。而且说，“四人帮”用“三反一砍”干扰破坏学大寨运动，罪行累累，铁证如山。

“四人帮”确实干了大量祸国殃民的事情，但说他们反对大批资本主义、大批修正主义，显然并不准确。实际情况是，他们就是靠了“大批资本主义、大批修正主义”起家的，乱批乱斗是他们的职业，离开了大批大斗、乱批乱斗，他们就无从施展伎俩。陈永贵的这些说法，维护了农业学大寨运动中一整套“左”的错误，谁要是对农业学大寨运动的某些做法有意见，有抵触，就会被当成与“四人帮”有牵连的人和事受到批判和清理。

陈永贵在报告中再次重申了第一次农业学大寨会议提出的任务：1980年把三分之一以上的县建成大寨县；全国基本上实现农业机械化；以粮为纲，全面发展，粮棉油猪和各项经济作物、林牧副渔各业的生产超《纲要》、超计划。这些要求显然严重脱离了当时的实际可能，也给以后的经济工作和农业生产带来消极影响。

大寨大队党支部书记郭凤莲、昔阳县委副书记李喜慎、江苏省委书记王敏生，分别代表所在队、县、省在大会上作了发言。

第二次全国农业学大寨会议的召开，标志着农业学大寨运动达到了最高潮。

6. 解析“大寨县”

全国的农业学大寨运动从1964年开始，到“文化大革命”开始后就走了样。以1970年的北方农业会议为转折点，这场运动又发展到了它的一个新阶段，即建设和普及大寨县的阶段。从那时直到党的十一届三中全会召开，历经8年多时间，按当时的说法是在全国建设了几百个“大寨县”。这

▶ 歌舞：紧跟华主席，高举大寨旗。

些“大寨县”就自然条件而言，大多比昔阳县好一些，由于那里的干部群众的艰苦努力，加上各级领导和各行各业的大力扶植，这些县的农业生产、特别是粮食产量一般都有了明显的提高。但由于从中央到地方在普及大寨县的运动中，不顾当地的实际情况，盲目照搬大寨和昔阳的做法，使不少地方在提高粮食产量的同时，没能有效提高农民的生活水平。不少地方粮食产量的提高还以林、牧、副、渔各业的衰退为代价，使人们增产不增收，广大农民长期生活在贫困状态。

1981 年 3 月 11 日，《人民日报》发表文章，解剖了一个从“大寨县”到“大债县”的例子，颇能说明这场遍及全国的普及大寨县运动的实际效果。

《人民日报》的文章解剖的是吉林省榆树县。榆树县是吉林省的粮仓，一个著名的“大豆之乡”。但从 1972 年，该县在农业学大寨运动中提出了一个“双百万”口号，即年产 100 万吨粮、100 万头猪。以后每年都要重复这个口号，可这个目标一直也没能实现。之所以没能实现，是因为这是一个脱离榆树实际的高指标。

榆树县为了完成百万吨粮的任务，不断扩大高产作物玉米的种植面积，第一个五年计划期间，即 1953—1957 年，玉米占整个粮食作物面积的 7.2%，以后逐年扩大，到 1980 年扩大到了 60%以上。这种做法当时叫做“保大王”。为了“保大王”，拼命压缩经济作物和其他粮食作物的播种面积。新中国成立初期，榆树大豆种植面积占整个粮豆面积的 38%，1980 年下降到 18%，种植方式也由清种变成混种、间种和套种，实际上是发展玉米，苛待大豆，使大豆变成了玉米的通风道。在生产措施上，如农业贷款、机耕机播、施肥，也是首先保证玉米的需要。县里一位干部说：“榆树县实际是以苞（玉）米为纲。”玉米面积过大，打乱了轮作茬口，土壤得不到休养。一般大豆茬比其他粮食作物茬增产 10—13%，每亩大豆从空气中固定氮相当于 13.3 斤硝氨。实行间作，年年翻地，把豆茬也翻了，根瘤固氮菌受损。加上马牛减少，猪羊增加很少，有机肥数量少，质量差；化肥数量虽不断增加，但 85%的地块缺磷，更缺钾肥。本来榆树主推的玉米品种吉单 101、102，土壤适宜，水肥跟上，单产可达千斤以上，而 1979 年玉米单产加上“帮忙地”平均才690斤，空杆率和无效果穗率增加。由于农业生态平衡遭到破坏，土壤中病毒细菌增加，病虫害越来越严重。“苞米为纲”的结果是其他粮食作物、经济作物产量下降，苞米本身也没大上。

在北方地区农业会议以后，全国开展建设大寨县的活动，榆树县也成为当地的“大寨县”，但这个“大寨县”对外债台高筑。1970年这个县就欠国家贷款1347万元，1980年11月末，也就是正式停止学大寨的那一年，全县欠国家贷款达到9733万元，加上300多万元的利息，超过一亿元，全县100万人口，每人平均欠100元。吉林省每年农业生产贷款一亿元左右，榆树县贷三千多万元，占三分之一。全县39个公社，社社都欠国家贷款，多的欠300多万元，少的欠20多万元。富安公社东沟大队第五生产队67户，平均每户欠款两千多元。不少队多年不分红，社员说：“这种状况再维持一、二年，恐怕小孩连人民币都不认识了。”

集体经济效益差，农民收入也就很低。这个吉林省有名的“大寨县”，1979年向国家提供商品粮8亿多斤，成为全国贡献粮食最多的一个县。但农民每人年平均收入只有127元，扣除口粮、烧柴等，平均分得现金30多元。超支户六万多户，超支金额2万多元。

榆树县终于建成了“大寨县”，但经济效益很差。县长张占歧算了一笔账：粮食单位面积产量提高到一定程度时，再提高就要追加更多的投资。而新增加的产量往往补偿不了新增加的劳动力、机械设备、化肥、农药等，结果投资越多，成本越高，所得纯收入越少。以化肥为例：榆树县1971年每吨化肥增加的粮食是15.06吨，1979年为7.69吨。1979年种植业费用占整个农业费用95%。而化肥和农机这两项费用占大宗。饲草、饲料费又不减少，两套成本，是增产不增收、经济效果差的重要原因，农业只能维护简单再生产，要扩大再生产就得靠贷款。恶性循环，债台越筑越高。

榆树县的情况，是当年全国农业学大寨、建设大寨县的一个缩影。

中共十一届三中全会以后，1980年1月，吉林省决定对榆树等三个商品粮基地县实行特殊政策，搞农工商联合企业，很快给这个县的经济注入了活力，大豆之乡重新出现了“满山遍野的大豆高粱”的兴旺景象。

7. 又要搞穷过渡

大寨1963年战胜特大洪灾后，在收回农民自留地的同时，还实现了基本核算单位由生产队向生产大队的过渡。1967年上半年，全县开始推行大寨关于以大队为基本核算单位的经验。昔阳县革命委员会认为，以生产队为核算单位已暴露出不适应生产力发展的要求：一则不能集中人力、物力、财力进行大规模的农田基本建设，只能修修补补维持简单再生产；二则不能像大寨那样实行土地连片、因地种植，挖掘土地潜力；三则妨碍集中领导、统一指挥；四则不能有计划地建设社会主义新农村。实际上，当时昔阳县农村的生产力水平和农民经济收入水平都很低，搞“穷过渡”的结果，使原来由于生产条件和经济发展不平衡形成的穷队与富队在收益分配上“一拉平”，实际是穷队“共”了富队的产，既侵犯了富队的利益，也不利于调动穷队干部、群众的积极性。

大寨大队这种“穷过渡”的做法在全国农村宣扬和推广以后，在许多地方都造成了不良影响，部分地区刮起了一股扩社并队的“穷过渡”风。据山西、河北、北京、上海、江苏、浙江等11个省、自治区、直辖市的统计，1970年以生产大队为核算单位的大队已占到大队总数的14%，其中山西省的大多数生产队已合并为大队所有制，浙江省有四分之一的社队实行了以大队为基本核算单位的制度。

1970年的北方地区农业会议以后，特别是粉碎林彪反革命集团之后，中央开始在一系列会议和文件中重申《农业六十条》的政策规定，强调继续执行“三级所有、队为基础”的人民公社管理体制，有效地遏制了一些地方搞起的“穷过渡”。

1975年年底，“批邓、反击右倾翻案风”的运动突起，“穷过渡”又一次遇到了合适的气候与土壤条件。1976年，全国又有一些地方在农业学大寨、普及大寨县的运动中搞起了“穷过渡”。例如，湖北省农村就在这一年进行了撤区并社。即将1961年经过体制调整后，人民公社缩小为一乡一社的规模，基本上又恢复到1961年以前的一区一社；同时将一部分基本核算单位从生产队扩大为生产大队。1970年，全省有农村人民公社4432个，全都是以生产队为基本核算单位。1976年撤区并社过程中，人民公社合并为1330个，以生产大队为基本核算单位的有2594个，占全省大队总数的8.7%。中共湖北省委当时认为，“撤区并社是农村党政体制的一项重大改革，是社会主义革命和建设形势发展的需要，是深入开展农业学大寨运动，充分发挥人民公社‘一大二公’优越性，进一步巩固和壮大人民公社集体经济的重要措施，可以更好地把巩固无产阶级专政的任务落实到基层。”

1977年是全国学大寨运动进入顶峰的一年，陈永贵再一次试图把昔阳县的农村人民公社从生产大队所有制，提高到公社所有制，直到把公社纳入国家的全民所有制。在1977年5月23日举行的中共昔阳县委扩大会议上，他曾问与会者：“想不想看一看全国第一个全民所有制县呀？”他说：“昔阳愿冒这个险，你们那里不愿干的，我们愿多做这样革命的事。”

大寨公社先行一步。1977年7月9日，大寨公社拿出了《关于逐步实现向公社所有制过渡的草案》，提出今后“公社干部逐步改为半脱产或不脱产，工农商学兵的职工都是一样挣工分，进一步调整人与人的关系”。声称要把大寨公社建设成为“消灭城乡差别的榜样，让人们从大寨看到共产主义的明天”。提出公社要办好学校、合作医疗、幼儿园、托儿所、缝纫组、文化室、电影队、公共食堂，公社社员实行劳动保险制度。

应当说，这些设想实在不是什么新的创造，在1958年人民公社化运动中不少地方都这样胡闹过，结果曾造成了全民族的大饥荒。此后，即使在

“文化大革命”最为混乱的时候，虽然有人也曾动过在农村再刮“共产风”的主意，但毛泽东始终没有松口。因此，《农业六十条》仍是党在农业和农村工作中的纲领性政策文件。

“穷过渡”是不得人心的。大寨公社一动手做这项工作，马上就遇到了麻烦，原本还比较团结的各大队，一“共产”就出现矛盾了。大寨公社各个生产大队，经济水平有高低之分，拥有的财富有多少之别。平时讲支援亚非拉美好办，因为那是很远的地方，无非是说几句套话。现在要玩真的，真搞起“共产”来了，许多原来想不到的事情都发生了。首先就是过去努力生产、尽量节约的生产队感到吃亏。

“穷过渡”仍在继续。1977年底，全国普及大寨县工作座谈会在北京召开。会议提出：“实现基本核算单位由生产队向大队过渡，进一步发挥人民公社‘一大二公’的优越性，是前进的方向，是大势所趋。各级党委应采取积极热情的态度，做过细的工作，因势利导，努力创造条件，逐步向以大队为基本核算单位过渡。”并要求当年冬季和1978年春季再选择一部分条件已经成熟的大队，如10%左右，先行过渡，进一步取得经验。这一错误决策的实行，再次刮起“过渡风”，在群众中引起很大波动，有的存棉不售，有的乱砍树木。

斗转星移，大江东去。1978年11月11日至12月15日召开的中央工作会议，确定把农业问题列为即将召开的中共十一届三中全会的重要议题，并为此作了充分准备。12月18日至22日，中共十一届三中全会在北京举行，会议坚决批判了“左”倾错误和“两个凡是”的错误方针，果断地停止使用“以阶级斗争为纲”这个已经不适用于社会主义社会的口号，作出把工作重点转移到社会主义现代化建设上来的战略决策，并深入讨论了农业问题。会议原则通过了《中共中央关于加快农业发展若干问题的决定（草案）》，并发到各省、自治区、直辖市讨论和试行。这个决定于1979年9月中共十一届四中全会上作了必要的修正，正式通过并公布实行。《决定》指出：确定农业政策和农村经济政策的首要出发点，是充分发挥社会主义制度的优越性，充分发挥中国八亿农民的积极性。而要做到这一点，一定要在思想上加强对农民的社会主义教育的同时，在经济上充分关心他们的物质利益，在政治上切实保障他们的民主权利。从这个指导思想出发，《决定》提出了25条政策和措施。其中就有：社队的所有权和自主权必须受到国家法律的切实保护；人民公社要坚决实行三级所有、队为基础的制度等政策规定。至此，在人民公社所有制及基本核算单位方面的“穷过渡”终于被叫停。

第十章

在山之巅

1. 由劳模到高官

“文化大革命”开始后，陈永贵迅速由一名大队党支部书记升为晋阳县革委会主任、山西省革委会副主任。

当时全国形势大乱，山西省、昔阳县以及大寨村都不能避免。陈永贵从来都是积极响应党中央和毛泽东号召的，这次他也积极行动起来，投入到“文化大革命”的斗争行列中。

当然，陈永贵作为一个农民，也不是一开始就积极投身于“文化大革命”中的。运动刚开始的时候，他所熟悉的一些省、地、县领导人都被当做“走资派”打倒了，有人挨斗，有人挨打，还有人被逼走上了绝路。据有关资料显示，对于这些混乱现象，他也有些不理解。那时，大批红卫兵走到大寨，乱批乱斗，严重干扰了大寨正常的生产秩序。还有的红卫兵向大寨党支部“叫板”，弄块大石头让郭凤莲扛，要试一试她到底是不是“铁姑娘”。在“怀疑一切”的混乱局面下，也有人还对陈永贵本人的家庭出身和历史提出了疑问，有人说他出身于河北省的一个大地主家，又有人抖出了他在抗日战争时期当“伪代表”的事。对于这些冲着大寨和他本人的“革命”行动，他也有些不知所措。据有关材料说，在运动初期，他还装病到医院里躲了一段时间。

1966 年 11 月，陈永贵在医院里遇到了一个记者。那位记者劝他去找周恩来。他说，别人见不着，你应该见得着。

真是听君一席话，胜读十年书！记者的一句话，拨亮了陈永贵的心。说走就走，他从大寨弄了十几个大苹果，就登上了开往北京的火车。

据秦怀录在《扎白毛巾的副总理——陈永贵》一书中披露，周恩来得知陈永贵到了北京，很快就接见了他。在中南海西花厅的会客厅里，周恩来与陈永贵热情握手，询问他大寨的近况。陈永贵向周恩来汇报了三个问题：第一个问题是到大寨参观的人太多，每天少则四、五千人，多则上万人，大寨感到压力太大，接待不过来，有人为了带纪念品，把地里的玉米穗也掰走了。这样的参观效果也不好。第二个问题是能不能批准昔阳办个化肥厂，因为昔阳干部为买化肥，经常会出现“犯错误”的事情。第三个问题是关于“文化大革命”，他说有些事他不理解，有些他的老领导都被打成反革命了，红卫兵要造他的反，不造反就夺权，还要试试铁姑娘到底硬不硬，抬起大石头往她们肩上放，生产无法搞。

听过陈永贵的讲述，周恩来逐一解答了他的问题。关于第一个问题，周恩来说，你也想点办法，我也想点办法，上下努力，控制人数。关于第二个问题，周恩来说，昔阳有煤，化肥厂的事可以考虑，正好给延安安排的一套设备，因为武斗不能实施，给你们吧。关于第三个问题，因为涉及的是毛泽东亲自发动的“文化大革命”，周恩来也没有更好的解决办法，他能够做到的只是给了陈永贵几个红袖章，并对他说，他们组织红卫兵，你也组织；他们破坏了生产秩序，你组织红卫兵维护生产秩序。

接见结束时，陈永贵把带来的苹果送到周恩来面前，说这是大寨的果

▶ 周恩来视察大寨时的休息室

树上结的，请总理尝一尝。周恩来很高兴地接过来，边看边赞扬说，这么好的苹果，我代你转送给毛主席吧！

陈永贵此番进京请示了三个问题，他最着急要解决的还是第三个问题。在这个问题上周恩来虽然不可能给他一个圆满的解决办法，但给他指明了方向，这就是要维护生产秩序，保障正常生产。

“文化大革命”开始后，陈永贵主要的工作还是在昔阳县。1967 年 2 月 11 日是农历春节，昔阳县的 30 个造反派组织在县城南寺坪广场举行夺权大会，人称“2.11 夺权”。4 月 8 日，在“昔阳革命造反总指挥部”的基础上，按照“三结合”的原则，又成立了昔阳县革命委员会，陈永贵担任县革委会主任。从此，他成了昔阳县说一不二的实权人物。

陈永贵是个劳动模范，他是靠着艰苦奋斗搞好生产受到各级党政领导机关，以至于最后受到中共中央、国务院和毛泽东、周恩来表彰的，即使是在动乱岁月里，陈永贵也没有忘记自己是个农民，是个劳动模范，没有忘记农业生产。

陈永贵在昔阳县执掌权力以后，马上就在全县开展了声势浩大的学大寨运动。他想把生产搞上去，改变群众吃不饱饭的局面。那时，昔阳县的农业生产发展水平普遍偏低，农民秋收时分到家的粮食吃不到第二年秋天就没有了，只好借大队的储备粮。借了粮食就得还，来年把借的粮食还上了，分到家的粮食就更不够吃。这便形成了恶性循环。陈永贵就听到了农民的怪话：“学大寨好是好，就是肚子吃不饱。”他派人了解了下情况，发现 80％的生产大队中的 80％的社员欠集体的储备粮，总量达 2 千万斤，相当于全县每人欠 100 斤。问题相当严重！陈永贵是个农民，对于种田人连肚子都吃不饱，他深为同情。1968 年春播结束后，他在大寨开了一个很大规模的学大寨会议，陈永贵在主席台上扯着嗓子喊道：“过去年年说丰收，社员年年欠集体的粮，吃不饱肚子，这是给社会主义败兴。这不是群众欠集体的，是领导欠大家的，他们执行了错误的路线，没有把生产搞好。”接着，他又宣布：“今年大家好好干，丰收了，把这笔债免了。”

陈永贵的讲话对全县的农民来说是个很大的鼓舞，大家的干劲很足，当年秋天果然就取得了大丰收。年底，陈永贵许下的诺言就要兑现了。那几天，陈永贵正有事在北京，县里领导开会讨论怎么兑现。有人提出要讲阶级路线，按照贫下中农全免，中农免一半，地主、富农不免的办法兑现春天的诺言。等要拍板时，县里把电话打到北京，问陈永贵该怎么办。陈永贵当时讲了几句即使在今天听来仍觉颇有道理的话，他说："你们看上去是在贯彻阶级路线，阶级路线不是这样贯彻。社会主义要人人吃饱饭，人人有事干，战犯还要给饭吃。你们开大会宣布，统统免。"实事求是地讲，陈永贵说的这几句话，在当时是需要一定胆量的，一般人不敢讲，讲了也可能被当成执行反革命修正主义路线而打倒。陈永贵有毛泽东的支持，就等于有了金刚不坏之身，所以才敢于讲别人不敢讲的话。不过，他能够把这种别人不具备的优越条件用来减轻老百姓的负担，大家还是应该说他的好。

陈永贵在昔阳县掌权之后，就把昔阳县当成了一个放大了的大寨，提出要把昔阳建成一个大寨县。他用当年治理大寨的思路来治理昔阳。上台之初，他就开始在昔阳县推广大寨的"海绵田"建设经验，抓坡地加工，调剂土壤。从 1967 年 9 月开始，又搞了界都河造地工程，在界都河畔筑起一道大坝，坝内垫土造地 200 多亩。随后，又搞了南河大会战、赵壁川大会战、秦山水库和水峪水库工程等。这些工程当时叫做"改天换地"，重新安排昔阳河山。后来许多人都承认，他领导搞的这些农田基本建设项目，对于提高昔阳县农业生产水平，提高粮食产量起到了积极的作用。

陈永贵是一个劳动模范，不劳动就不能当劳模，劳动不好就当不好劳模，这是陈永贵坚定不移的认识。在"文化大革命"初期，由于忙着造反夺权，一段时间里他参加劳动少了些，后来他在昔阳站稳了脚跟，局势稍微平稳了，他又恢复了劳模的本色，坚持参加体力劳动。他在昔阳县掌权后，不仅自己参加劳动，而且还要求全县各级领导干部都要参加劳动。在陈永贵的脑子里还有个认识，一讲劳动就是下地干活，坐在办公室里不算劳动，文人摇笔杆子更不能算劳动，而且他还特别不习惯八小时工作制。他的这种认识与昔阳县的机关工作人员无疑也会弄出矛盾来，但他来头大，别人都要听他的。

这里有一个我们不容忽视的背景：当时几乎全国都在打派仗，搞武

斗。陈永贵在昔阳县领导搞的那些农田基本建设项目成就大小可以由专业人员去论证，但有一点是不需要论证的：把人组织起来搞农田基本建设总比相互武斗要好得多。

陈永贵利用他的特殊身份，还讲过几句在全国产生重大影响的话，对于稳定全国的农村工作和农业生产起了积极作用。

那是 1967 年的事情。那年中共中央理论刊物《红旗》杂志的一位记者采访了陈永贵，记下了他关于农村“文化大革命”的一篇谈话。在那篇谈话里，陈永贵对农村的“文化大革命”谈了五条意见，重点是为广大农村基层干部说了不少好话，说他们“春天是红人，夏天是忙人，秋天是穷人，冬天是罪人”。他说“‘文化大革命’不是打倒一切”，反对学生到农村去串连、夺权，提出对学生造反夺权，大队、生产队干部“要组织贫下中农顶住”。他还说：“农村‘文化大革命’，必须坚决执行毛主席的指示，‘相信和依靠干部的大多数’，使他们既领导运动，又组织生产，绝对不能把矛头对准广大农村基层干部；农村‘文化大革命’必须依靠贫下中农，组织以贫下中农为主体的农村‘文化大革命’大军，自己解放自己，自己教育自己。”对于社会上说的保当权派就是“保皇派”，陈永贵说不要怕戴“保皇派”的帽子，“冬天很冷，戴下去暖和！”

可以肯定，这篇谈话中所列陈永贵的话，不可能是他的原话，必定经过了记者的文字加工，以使它更加符合当时的政治品味，但它反映了陈永贵的思想观点是没有疑问的。因为正如后来有人评价的那样：“这是一篇胆大包天的讲话。”确实如此，换了别人，说这样一番话，早就被打倒了。但他是陈永贵，是“毛主席的好学生”，别人谁也奈何他不得。

毛泽东很欣赏陈永贵这种敢说敢为的风格。经毛泽东批准，1967 年 11 月 7 日，陈永贵的这篇谈话作为中发（67）339 号文件批发全国。中共中央的按语写道：“陈永贵同志关于农村无产阶级‘文化大革命’的谈话，具体地揭露了中国最大的走资派形‘左’实右的资产阶级反动路线在山西晋中地区犯下的滔天罪行。所提五条意见也是正确的，供同类情况的地方参考。”随后，《人民日报》、《红旗》杂志、《解放军报》编辑部为此发表题为《中国农村两条道路的斗争》的文章，高度评价了陈永贵的五条意见。可以肯定，陈永贵的这些话，对于制止农村基层的夺权活动，稳定农村的生产和生活局面起到了积极作用。

1969 年 4 月 1 日，中国共产党第九次全国代表大会在北京召开。为了体现工人阶级和贫下中农掌权，大会代表和选出的中央委员会中，来自基层的人也明显增多了。陈永贵出席了“九大”，并且当选为大会主席团成员，还曾作为大会执行主席主持过一次会议。更重要的是，他还在大会上当选为中央委员，这就意味着他已经进入了中央领导层。在山西省，他成为仅有的两个中央委员之一，另一个中央委员是李顺达，李顺达并不是山西省革命委员会副主任，而他的上级，山西省革命委员会主任谢振华则只是一名候补中央委员。这就使他成为山西省事实上的最高领导人。

2. 政治局里的农民委员

在虎头山陈永贵的墓地，有三组石级，分别有 72 阶、38 阶和 8 阶。它分别代表了陈永贵一生重要的三个数字，即 72 岁的阳寿，38 年的党龄和在中央工作了 8 年时间。

陈永贵在 1969 年 4 月中共“九大”上当选为中央委员，从那时起他就已经成为中央领导人了。但中央委员并不是个专职，他也没有到中央去工作。在山西省他是革命委员会副主任，其职权相当于“文化大革命”前的副省长，但他也没有实际在太原工作，他的实际工作岗位是昔阳县革委会主任和大寨大队党支部书记。因此，大寨村委会在为他立碑时，没有将“九大”后的几年时间算做他在中央工作是符合事实的。

1973 年 8 月 30 日下午，中共“十大”在北京开幕。陈永贵出席了这

◂升为高官之后的陈永贵仍坚持参加劳动

次大会。在十届一中全会上，他当选为中央政治局委员。“十大”闭幕以后，陈永贵于9月中旬回到昔阳。他在县级机关干部职工大会上作报告，介绍“十大”的“盛况”。在会上他还讲了一番毛泽东让他进中央政治局的“伟大意义”，他说：“古今中外还没有一个人把农民提到国家领导岗位上的。列宁没有解决，斯大林没有解决，毛主席解决了。这就是毛主席对工农的依靠和重用。”

陈永贵进入政治局以后，分管农业。他是种田的能手，但不懂农业科技。在识字上他是文盲，在科技上他是科盲。他不知道水是氢氧原子的结合，不知道什么是原子，什么是分子。即使在农业领域，他的那些知识，也是经验型的，而且限于太行山区的农村经验。一次陈永贵听汇报时谈起杂交高粱的事情，谈着谈着就发了火。他怒气冲冲地说：“他们硬说杂交高粱种子只能种一年，谁试过？我们大寨的玉米、谷子，种了几十年，现在还在种!”当时在场的人谁都不敢指出他的错误，更没有人敢笑话他。其实这是一个很常识性的问题，人工配制的杂交高粱种子，就是只能种一代，第二代就退化了。

陈永贵缺乏起码的地理知识，尽管他身在高位可以到处视察，但他不懂地理，不懂气象，更不懂土壤学。他在大寨种地可以因地制宜，搞“四不专种三不空”，但一到外地，他还是拿了大寨的那点经验到处乱套。他也不是一个称职的政治家，除了凭着一种农民特有的聪明，自己揣摩出一点政治权术外，对于政治理论他可以说一概不懂。他弄不清哪些是大寨的基本经验，哪些是大寨的具体做法，哪些符合党的农村政策，哪些是为党的政策所不允许的。他一再反对各地对大寨经验“抽象肯定，具体否定”，就十分典型地反映出他根本混淆了大寨的基本经验与具体做法的界限，要求人们照搬照抄大寨的一套“左”的做法。他不懂得《农业六十条》是党中央关于农村工作的一个带有根本性的政策文件，他所批判的许多东西，都是《农业六十条》明确肯定的。这种思想随着他进入中央政治局，就给中国的农村工作和农业经济造成了消极影响。

3.“布衣宰相”

陈永贵进了中央政治局，这就意味着他将在政府中担任要职。因为当时的中央政治局委员，都是中国党、政、军界的要员。依他的背景来讲，他没有军职，也不可能专职做党务工作。唯一的可能就是在国务院担任职务。

1975年1月，四届人大一次会议在北京召开。陈永贵四届人大一次会议上又是满载而归，他成为11名副总理中的一人。在这11名副总理中，他的名字排在邓小平、张春桥、李先念、华国锋、纪登奎等人之后，名列第8位。在他的后面，还有吴桂贤、谷牧、孙健3位副总理。

陈永贵对于自己的当上副总理也没有感到意外，开会之前周恩来就找他谈过了。按照大会的程序，副总理是由总理提名，大会通过产生的。我们无法理解周恩来当时提名陈永贵时的复杂心情。从一些后来披露出来的材料看，周恩来对大寨是有感情的，对于陈永贵是关心、爱护的。但他是一个知人善任的伟大政治家，他不可能不知道陈永贵的水平和能力与国务院副总理的职务是多么的不相称。在大会的《政府工作报告》中，他又一次提出了实现“四个现代化”的宏伟目标。实现这个目标当然特别需要德才兼备的高级领导干部，在这种情况下，他不得不提名一介文盲来担任国务院副总理。我们想，此时周恩来的心情肯定不会平静。

陈永贵的办公室与其他高级官员布置的没什么两样，也是有一张两米长的条儿，上面放着几十种文件和内部刊物，政治、军事、外交、工业、农业、教育、文化、科学，各个部门都有。读这些东西显然不是他之所长，他也确实很少读。对于每天需要他来批阅的材料，都是由他从昔阳县带来的秘书先看，然后挑重要的向他说说，或把最重要的地方划出来给他

◂大寨旅行社东窑洞

看，认不得的字给他念念，听不懂的再给他讲一讲。他同意的，就在材料上画个圈。这是当时中共领导处理文件的一种常用办法，用当时的行话说，叫做“圈阅”。这个办法倒是省了陈永贵的事。据说还有些经过秘书讲解他仍不懂的事情，他就看别人怎么办，主要是看李先念等人，他们画圈陈永贵也就跟着画圈。

当然，农民出身的陈永贵也有他的可贵之处。他虽然当上了国务院副总理，但却不脱农籍，不拿国家工资。既当国家副总理，又是农民的身份，新中国成立以来除他之外也没有第二个人。在“文化大革命”期间，陈永贵掌握了昔阳县的领导权，不过他本人仍在大寨住，仍担任着大寨大队党支部书记。党的“十大”以后，他搬到了北京，将大寨党支书一职交给了原副支书郭凤莲，但他仍保留了个大寨党支部委员的职务。这就使他成为一个很奇怪的官，他的职务分别是：中共中央政治局委员、国务院副总理、山西省革命委员会副主任、中共晋中地委书记、中共昔阳县委书记、中共大寨大队党支部委员。这种情况不仅当时没有，以前和以后可能都不会有。由于他从中央最高层到地方的最基层都有职务，也使得一些党政部门的上下级关系变得模糊不清。例如，大寨公社本来是大寨大队的上级，但由于大寨大队有陈永贵这样一名大人物，他们从来不敢过问大寨的事情。相反，有什么事，倒经常向大寨“汇报”。同样的情况也发生在昔阳县委、晋中地委甚至山西省委与大寨的关系上。连山西省委书记在陈永贵面前也要汇报工作，更不用说各级职能部门的负责人了。还有一个很有意思的现象，就是省、地、县、公社各级评先进，大寨本来是理所当然的获奖者，但发证的一方却心有不安。因为颁发证书常常是上级对下级的一种奖励，但他们在大寨党支部面前不敢以上级自居，不能写“奖给”这样的字样。最后只好写成“赠给”。

陈永贵人进了北京，但户口还留在大寨村，大寨每年还给他记一个中等男劳动力一年的劳动日，到年终，社员一个劳动日分配多少钱，他也分多少钱。另外，作为不脱产的干部，山西省每月给他 60 元的现金补贴，后来这笔钱涨到了 100 元。同时，北京每天再给他 1.2 元的伙食补助，这就是他每月的全部收入。这当然要比他担任副总理所应当享受的待遇低得多

了。有一本写陈永贵的书，名字就叫《扎白毛巾的副总理——陈永贵》，书名很传神，道出了已经成为国务院副总理的陈永贵的一个重要特点。确实，陈永贵当了副总理以后，仍是一身的农民打扮，头扎白毛巾，脚蹬布底鞋，身穿对襟衣，一副“布衣宰相”的样子。在吃饭方面，他要求的标准也很低。他刚来北京的时候，国务院机关事务管理局给他派了一名高级厨师，过了些日子，被他打发走了。他的理由是：“他做的我不爱吃，我爱吃的他不会做。”他自己从昔阳县找了一个会做家乡饭的厨师，每天给他做昔阳面食。有人说，他当了副总理以后的饭菜水平达不到江浙和广东中等农民家的水平。

4. 钓鱼台无鱼

陈永贵进京以后，开始住在京西宾馆。这是一处位于北京西山风景区的中央高级宾馆，中央许多重要会议和重要活动都安排在这里举行，后来的十一届三中全会就是在这里召开的。陈永贵住进来后，中央给他配备了秘书、警卫和服务员，室内所有设施都是国内一流的。陈永贵出身农民，住在这样高级、豪华的环境中，他并不感到很舒服，反倒觉得很不自在。后来，他又搬进了钓鱼台国宾馆。

钓鱼台原本是清朝皇帝钓鱼的地方，乾隆帝时在这里修了个行宫，但规模不大，他也没来住过几次。以后随着清朝国力衰微，政府拿不出多少钱来修，皇帝也没有这等雅兴临池垂钓，钓鱼台处于一种半废弃的状态。新中国成立后，中央斥巨资在这里大兴土木，建成了一座富丽堂皇的国宾馆，成为国庆十周年北京的十大建筑之一。

陈永贵住进钓鱼台国宾馆后，感到很不方便。除了一名秘书和一名警卫员，他在那里没有熟人。如果中央开会他就有事干，但中央不可能一天到晚总开会，不开会的时候，他就苦了。他没有文化读不了小说，没有艺术鉴赏水平也就不爱看电影、节目之类。他是个与土地打交道的人，一旦离开了土地，他真的就无所事事了。

陈永贵实在不愿意再这样下去了，于是就由秘书提笔给毛泽东写了封信，提出两个要求：一是搬出钓鱼台，二是实行“三三制”。所谓“三三制”，就是三分之一时间在中央，三分之一时间在面上，三分之一时间在大寨搞蹲点。

▸ 大寨党支部委员贾承让（右一）作为特邀代表出席全国工业学大庆会议

毛泽东接到陈永贵的信后大为赞赏，当天就提笔批示说：“很好，钓鱼台无鱼可钓，请政治局议。”第二天，毛泽东还出席了中央政治局会议。在这次会议上，毛泽东表扬了陈永贵，说：“永贵呀，你那个三三制很好嘛！三分之一在大寨；三分之一在全国；三分之一在中央，不要在钓鱼台啦，那里没鱼可钓！”

陈永贵搬出钓鱼台国宾馆以后，经国管局安排，搬到了东城区交道口四条23号。那是一套平房，原是清代高官李鸿章的住宅，院子很大，经过重新装修，设施也十分高档，有一个班的战士专门保卫着他。住在这里的陈永贵心情也变得比较舒畅了，大寨来的人、昔阳来的人可以随便出入。

而且他还争取到了三分之一的时间可以回大寨，这对于他来说就有了一种如鱼得水的感觉。

陈永贵每次回昔阳或大寨，都要有警卫员，这是规定。陈永贵当上政治局委员后，周恩来就给山西省革命委员会主任谢振华打电话，要求省军区给陈永贵配备个警卫员。但陈永贵不愿意让省军区来人，他提出由昔阳县出人。于是，就从昔阳县委托了个办事员，经过几个月培训，成了他的警卫员。但这个警卫员从来不跟他去大寨，他不准许警卫员进大寨村。一进大寨村，他就成了一个普通人，下地干活，找人聊天，还下厨房做家乡饭请乡亲们吃。

5. 昔阳干部满天下

陈永贵有句名言，叫做“学大寨，赶大寨，手中无权行不开”。在这样一种思想指导下，为了推广大寨经验，他便不遗余力地提拔、重用那些对大寨“有感情”的人来当担任各级领导职务。开始，他主要是在昔阳县境内提拔重用这样的干部。从1970年北方农业工作会议以后，昔阳被认定为“大寨县”以后，全国都在“学大寨，赶昔阳”，在他所管辖的领域内，就又有了一个新的说法，叫做：“要念大寨经，还得昔阳人。”于是，就出现了一个昔阳干部遍山西，甚至遍全国的不正常现象。

1980年中共十一届五中全会以后，山西省及其他相关的省份和部门开始着手解决昔阳干部满天飞的问题，根据当时有关部门的调查，从1966年5月到1979年12月，经昔阳县委组织部介绍，调出干部491人，其中有一些人调出时只是工人、农民、警察、售货员等，但调出后就担任了重要领导职务。这些干部分布在山西省直单位、各地市县和外省工作。他们多数是为推广大寨经验而调出的，其中有38人担任了县委副书记、县革委副主任以上领导职务。这38人中，绝大多数是从一般干部或基层提拔起来的。这些人所任职务有的还很高，有的甚至当上了省委书记、国务院的副部长。据统计，这38人的任职情况是：国务院副部长1人，省委书记2人，省委副部长5人，省副厅、局长及厅局党组成员3人，地委书记、副书记3人，地委部、局、科以上干部7人，县委书记、副书记14人，县革委主任、副主任3人。从昔阳调出这么多干部，而且担任这么重要的领导职务，的确是一种很不正常的现象。

在目前国内出版的一些有关著作中介绍了昔阳县外调干部的一些具体细节，使我们了解到这件事情在当时也不是没有不同意见的。但为了贯彻“要念大寨经，还得昔阳人”的这样一种指导思想，许多昔阳基层干部还是以“对大寨有感情”、“敢批敢斗”等原因被提拔了起来，安排到各地区、各部门去掌权，使一些本不属于德才兼备的干部得到了提拔与重用。一些基层干部被从昔阳调出担任重要领导职务后，往往又凭借职权，把自己所熟悉的干部或亲戚朋友拉到自己所管辖的地区或部门工作。这样，就使昔阳干部调出越来越多。

在解决昔阳干部遍山西的问题时，中共山西省委派人对从昔阳调出担任领导职务的干部作过认真的调查分析，经过调查分析，认为这些人可分为两种类型。一种类型是：他们的本质是好的，工作是积极的，但由于提拔太快，缺乏领导工作经验和组织才能，担负不起所主管的地方和部门的工作。而且在省委的调查中，有的昔阳调出干部自己也感到了力不胜任，主动要求上级调整所担任的领导职务。中共山西省委认为，这样的干部是多数。这些人有的到新的领导岗位上做了一些有益的工作，有的受当时政治气候的影响，盲目推行大寨、昔阳一套极“左”的经验，起了不好的作用。如一位从昔阳的大队党支部书记提拔到别的县任县委书记的干部说：“我过去就凭昔阳大寨那套干，自己没本事。”实际情况也确实如此。中共山西省委同时还指出，昔阳外调干部还有另外一种类型，他们是“文革”中造反起家的造反派头头，有的甚至是打砸抢分子、违法乱纪分子。这种

类型的干部是少数人。他们调出昔阳担任领导职务后，不仅积极推行大寨极“左”经验，而且大搞封建家长式领导。在政治上，坚持七斗八斗，搞阶级斗争扩大化，伤害了不少干部和群众；在经济上，“堵资本主义路”、“割资本主义尾巴”，盲目上项目，“想新的，干大的”，给所在地方的农业生产造成很大损失；在组织上，拉帮结派，以我划线，任人唯亲，大搞裙带风；在作风上，搞一言堂，搞强迫命令瞎指挥；在生活上，追求个人享受，大搞特殊化。

任人唯贤是中国共产党一贯的干部路线，德才兼备是我们党始终坚持的干部标准。但发生在那个特殊时期的昔阳干部满天飞现象，就从根本上违背了任人唯贤的干部路线，而是搞了“任人唯昔阳”、以地域来任用干部的封建主义干部路线。所谓“念好大寨经，还得昔阳人”就是这种干部路线的直白表述。在“任人唯昔阳”这样一种干部路线的指导下所提拔起来的干部，也就不可能符合德才兼备的标准。从山西省委后来的分析结果我们可以看出，昔阳外调干部实际上是两种情况，一种是“有德无才”，用山西省委的评价说，就是本质是好的，但缺乏胜任工作所必需的领导经验和组织才能；另一种是“无德无才”，即造反派头头、打砸抢分子和违法乱纪分子。出现这两种情况是执行“任人唯昔阳”这种错误干部路线的必然结果。这也为我们提供了一个反面教材，它从反面告诉我们，必须永远坚持任人唯贤的干部路线和德才兼备的干部标准。

第十一章

历史回归

1. 凤阳花鼓唱神州

安徽省凤阳县以花鼓戏闻名，这种花鼓戏就被称为“凤阳花鼓”。但在20世纪70年代末，使凤阳闻名全国的却不是这种花鼓戏，而是这个县的小岗村率先搞起的家庭联产承包责任制。1978年秋天，这个村的村民秘密聚会，对天盟誓，一夜之间就把土地、牲畜全部分到各家各户。当时在全国实行“一大二公”的人民公社制度，这既是中国共产党的基本政策，也是中华人民共和国宪法上载明了的内容，小岗村的行动也是一种十分典型的“无法无天”行为。但出于人的求生本能，杀头坐牢村民们都认了。他们写下盟誓，按下手印，约定如果事情败露，带头的人被抓被杀，全村人保证把他们的孩子养活到18周岁。

小岗村的犯上行为也是被逼无奈，走投无路。人民公社把这个村子已经逼上了绝境，1958年搞人民公社，紧接着就是三年经济困难，这个村里饿死了60口人，有几户死得灭了门，绝了户。后来国家松绑，《农业六十条》给人们留了条活路，但接下来的学大寨运动又把人们要往死路上逼。全村成年男子能当干部的都当过了，但集体经济一点指望都没有，1978年的粮食产量只有1955年的三分之一。

小岗村不大，当时他们的行动是极端秘密的，包括小岗村的村民在内，没有人想到由他们发起的这个行动会扳倒毛泽东亲手树立起的大寨红旗，会冲垮人民公社的堤坝。

包产到户最早发端于安徽，既有历史原因，也有现实的因素。从历史上看，穷则思变，从60年代初安徽省的许多地方就搞过包产到户。开始这一行动得到了毛泽东的默许，责任田成了农民的“救命田”。但人命一旦救过来了，毛泽东又坚持要他们重新走上“社会主义”道路。那次包产到户的时间虽然不长，但留给人们的记忆是深刻的，使农民有了一个实实在在的认识：天无绝人之路，只要包产到户，就饿不死人。小岗村的人们敢于铤而走险，完全是出于人的求生本能。

当然，如果没有大的政治环境的改变，没有中共安徽省委的默许，小岗村的行动可能也弄不出名堂，至少也不会成大气候。从全国的形势来说，粉碎“四人帮”也就意味着“文化大革命”的结束，这不能不给人的思想以极大的震撼。尽管华国锋等中央领导人还坚持“两个凡是”，但实际上已经很难说得通、行得通了。“文化大革命”的错误实在是太明显，农业学大寨实在是搞得太不像话了。拨乱反正成为人心所向，非一两个人所能阻挡，尽管这一两个人还手握大权。

中共安徽省委的态度也是至关重要的。当时，担任安徽省委第一书记的万里是第一个向学大寨运动发起挑战的中共高级官员。

万里是1977年6月出任中共安徽省委第一书记的。到安徽后，他拖着一条伤腿，走遍江淮大地，行程三千里。安徽的贫穷令万里震惊。在金寨深山区一户农家访问时，万里竟发现一个老人和两个姑娘连裤子都没有，只能在严寒里蹲在锅灶口取暖。万里感慨道：“我们革命这么多年，老百姓还穷得连裤子都穿不上。”

在调查研究的基础上，万里于1978年2月4日大胆提出了“以农业为中心”的思想。他说：“农业生产有其固定的特点和规律，一定要自觉地把农业生产作为中心工作，其他一切工作都要围绕生产进行。凡是有利于生产的事就干，凡是妨碍生产的所谓任务都要改变。谁耽误了农时，谁就会犯新的错误。”万里在这里也提出了“两个凡是”，但与华国锋的“两个凡是”完全不同。

在万里的直接倡导与支持下，1977年年底，安徽省委制定了一个《关于目前农村经济政策几个问题的规定》，即后来所说的“省委六条”。这个文件的主要精神是尊重生产队的自主权；允许农民经营自留地和搞正当的家庭副业，其收获除完成国家任务外可以到集市上出售；生产队可以实行定任务、

定质量、定工分的责任制，只需个别人完成的农活可以责任到人。

万里还对当时正在全国进行的农业学大寨运动提出质疑。1978 年春天，万里在安徽省委党校的工作会议上说："什么这个学大寨学歪了，那个学大寨错了，大寨本身就不正。"这是从 1964 年毛泽东树立大寨红旗以来，第一次由一位共产党的高级干部对大寨说"不"。这在当时是需要勇气的。后来，在这年的秋天，万里在听取滁县地委书记汇报农村工作时，又说起大寨。他说道："你大寨那套我们学不了。"还说："你走你的阳关道，我走我的独木桥……你们不要强加于我们，我们也不强加于你们。谁是谁非，实践会作出公正结论的。" "你说你是大寨经验，我说你是极'左'样板。""我们学不了他们，也不想学他们。"正因为万里有这样的看法，又有这样的勇气，使安徽成为中国农村改革的带头省。他们带头反对搞大队核算，反对取消自留地，反对取消自由市场，反对实行大寨搞的那种"神仙一把抓"的记工法。

从后来披露出来的资料我们得知，偷偷摸摸把地分了的，并不是只有一个安徽省凤阳县小岗村，与小岗村村民秘密开会、写誓言、按血印的同时，在陕西省米脂县一个叫孟家坪的生产队，也悄悄地把地分了。这样干的，还有其他一些地方，结果，他们在经济上全部翻了身。

2. 真理标准大讨论

从 1978 年春天开始，各地就在落实党的农村政策的口号下，开始要求纠正农业学大寨运动中的极"左"错误，如要求归还农民的自留地、自留树，开放集市贸易，允许农民搞家庭副业，允许农民发展点家庭养猪、养鸡，要求重新恢复定额劳动管理制度等。这些都是《农业六十条》明确规定要赋予农民的一些私有权利和自由权利，但在农业学大寨运动中逐步被剥夺了。现在人们又重新拿起了《农业六十条》这个武器。这种说法合乎法律，合乎党的政策，即使是在“文化大革命”最混乱的时候，党中央也从未公开否定过《农业六十条》；即使在农业学大寨运动最热闹的时候，尽管《农业六十条》已被冲击得支离破碎，但也没有谁公开说可以不执行《农业六十条》。于是，人们就抓住了这一点可以利用之处，开始向农业学大寨运动发起挑战。

1978 年 2 月 3 日，《人民日报》在一版显著位置以《一份省委文件的诞生》为题，发表了记者写的关于安徽“省委六条”的新闻报道；3 月，新华社播发了万里《落实农村经济政策》的文章，成了当时的重大新闻。恢复工作不久的中共中央副主席邓小平，对安徽省委六条给予了热情肯定。邓小平表示，我们现在需要有些新概念，不能老是原来的老框框。农业的路子要宽一些，思想要解放，只是老概念不解决问题，要有新概念。

新闻界总是最敏感的。据新华社记者冯东书回忆，1978 年的年初，他从大寨回到北京，就听到有人对新华社国内部的领导人说：“你们新华社再像过去那样宣传大寨，你们将会成为历史的罪人。”这是一个信号，虽然还不正规，但却十分明确。当时，农业学大寨运动正如日当空，但一种向其挑战的力量已在形成。此后，《人民日报》、新华社、中央人民广播电台和部分省、市、自治区的报纸、电台，陆续以落实党的农村政策为总题目，报道一些地方纠正极“左”的做法。

粉碎“四人帮”以后，农业学大寨运动的理论支撑点就是“两个凡是”，只要“两个凡是”不倒，大寨红旗就不会倒下去。

最早批评“两个凡是”的是邓小平。

邓小平在正式恢复工作以前，已经在 1977 年 4 月写给中央的一封信中，针对“两个凡是”的观点，指出必须准确地完整地掌握毛泽东思想体系。5 月，他明确指出“两个凡是”是错误的。他在十届三中全会的发言中强调，不能够只从个别词句来理解毛泽东思想，要善于学习、掌握和运用毛泽东思想的体系来指导我们的各项工作，这样才不至于割裂、歪曲毛

泽东思想。

全党上下对“两个凡是”的不满与抗议，集中地表现在1978年5月开始的关于真理标准问题的大讨论上。

1978年5月，一篇名为《实践是检验真理的唯一标准》的文章引起了全国各界的关注。文章先是在中央党校内部刊物《理论动态》上发表，随后又以“本报特约评论员”的名义，在5月11日的《光明日报》上发表，并由此揭开了中华人民共和国历史上的规模空前的思想解放运动。

《实践是检验真理的唯一标准》的文章重申了实践是检验真理的唯一标准这个马克思主义认识论的基本原理，尖锐地提出“四人帮”加在人们身上的精神枷锁还远没有完全粉碎，对“四人帮”设置的禁区“要敢于去触及，敢于去弄清是非”，并提出不能拿现成的公式去限制、宰割、剪裁无限丰富的飞速发展的革命实践，应该勇于研究新的实践中提出的问题。

实践是检验真理的唯一标准，这本来是马克思主义的一个常识性的问题，但多少年来，现代迷信盛行，“最高指示”成了人们判断是非的唯一

◀ 大寨公社南堖大队党支部书记李锁寿在建设“人造小平原”的工地上

标准。如今有人提出实践是检验真理的唯一标准，这就意味着连毛泽东说过的一些话也要接受实践的检验。是时代赋予了一个基本的理论问题以鲜活的社会涵义。

《实践是检验真理的唯一标准》一文确实击中了“两个凡是”的要害。文章一发表，立即引起了社会各界的极大反响，有人支持，有人反对，各地都有争论。当然，支持者众多，而且理直气壮，反对者较少，而且除了给作者扣顶“砍旗”的大帽子以外，也缺乏理论上的说服力。

以往凡有重大理论问题，或者又要批判一个什么新的人物，新的观点，总要有人找大寨的领导干部们表态。但这一次是个例外，没有人去找他们，没有报纸报道他们的观点和态度，他们也就没有参与这件事。虽然这场讨论关系到大寨在这个社会上的“定位”，但在讨论过程中，他们完全是局外人。

陈永贵对于中央的动态应该说是清楚的，但这一次他也显得有些迟钝。中共十一届三中全会高度评价了这场关于真理标准问题的大讨论，认为这是一场伟大的马克思主义的思想解放运动。指出：“一个党，一个国家，一个民族，如果一切从本本出发，思想僵化，那它就不能前进，它的生机就停止了，就要亡党亡国。”到了这个时候陈永贵才意识到这不是一般的说三道四了，而是一个很重要的理论与实践问题。

真理标准问题的讨论，为在农业经济和农村工作中的拨乱反正提供了锐利的思想武器。既然实践是检验真理的唯一标准，那么对于毛泽东亲自树立的大寨红旗也不是不可以检验的；既然一切事情都要接受实践的检验，那么搞了十几年的农业学大寨运动也有必要检验一番。这一下农业学大寨运动就惨了，那些关于“无产阶级专政下继续革命”的经验，“大批促大干”的经验，割资本主义尾巴的经验，批资产阶级法权的经验，向“共产主义”过渡的经验，等等，一个个全都给检验下来了。算来算去，只有周恩来在1964年12月给总结出来的那三条经验能够站住脚，其他都被否定了。

今天回想起来，一座小山村能够为一个拥有几亿农民的大国提供三条

具有指导意义的基本经验，已经相当了不起了。但由于大寨人曾经头顶过太多的光环，出了太多的经验，现在几个书生写了点文章，人们七嘴八舌地一讨论，那么多大寨经验一下子就只剩这么一点儿了。还有那些“大寨县”，竟连一条经验也没剩下来。在这种历史的大转折中，他们真是感到了失落。有人后来说，那时他们就像是做了一场梦。

3. 拨乱反正新气象

1979 年的春天来得格外早，中共十一届三中全会精神传遍大江南北，中华大地到处春意盎然。

《人民日报》刚刚报道了中共十一届三中全会闭幕的消息，记者就来到了山西省平顺县西沟村，采访了著名劳动模范李顺达。李顺达与陈永贵原本同为劳动模范，李顺达比陈永贵当劳模的时间早，但陈永贵后来居上，从 1964 年起就超过了李顺达成为“中国农民的代表”。毛泽东去世后，党中央一举粉碎了“四人帮”，随后中央部署在全国清查与“四人帮”有牵连的人和事。这本来是拨乱反正、平反冤假错案的一个好机会，但在山西省却有人利用这次清查工作，又制造了一批“反大寨”的新的冤假错案。在 1977 年的一次大会上，山西省委的一位负责人说，李顺达是“反大寨”的代表人物，晋东南地委书记也跟着指责李顺达在“四人帮”对大寨“三反一砍”的活动中，充当了可耻的角色，于是晋东南地区就大抓以李顺达为头目的“反大寨帮派体系”。晋东南地委还派出工作组到西沟查李顺达反大寨的罪行，大喇叭天天对着李顺达家叫，搞神经战。还免除了李顺达的山西省人大代表资格。

这是山西省在粉碎“四人帮”以后，制造的一个大的冤假错案。在办案过程中，再次使用“文化大革命”手段，牵连无辜，无情打击，仅平顺县就牵连100多人。有个曾给李顺达当过秘书的人，在清查中，因被逼供李顺达的材料，惨遭折磨而死。阳泉市下章召大队，有个叫王进军的老人，抗日战争时期参加革命，前些年主动回乡务农，带领家乡群众三年改变了落后面貌。他也被说成是“反大寨”的急先锋，理由之一是，他去大寨参观以后又去西沟参观了。

有了这样的背景，十一届三中全会后《人民日报》记者对李顺达的采访就不能不引起人们的格外关注。虽然在接受记者采访时，李顺达并没有公开批评学大寨运动，但他说的要认真落实党的农村政策，因地制宜搞好农业生产，还说在山区要重视发展林业，不能一味地搞黄土搬家等等。这些话，人们不难听出其中的话外之音。

《人民日报》刚报道了对李顺达的专访，又在1月12日刊登了一封读者来信，这位读者是甘肃省张掖地区农机局的史福荣，他反映的是各地组织到大寨、昔阳参观的问题。他说：

“去年十月，我参加了统一组织的赴昔阳、大寨参观团。这次参观是第二批，共八百人。第一批是上半年，也是八百人。参观的时间，不计路途往返，都在六天左右，现在就此算一笔经济账。

这次我们参观的人，除部分地区单独前往昔阳集中外，有六百人左右在兰州集中，乘专列到阳泉后转乘汽车至昔阳。乘坐专列的人，每人预交150元（包括兰州至昔阳的全部往返车旅费）。后经结算，每人车费约140元。这样，600人就需八万多元。另有单独前往昔阳的200人，因路程较短，每人按100元计，共二万元。一次参观的车旅费，以最低标准计算就是十万多元。再加上路途和住勤补助，平均每人每天按六角计，又得好几千元。全年两次参观，少说也得20多万元。

前往大寨参观的人来自全国各地，络绎不绝。这次我们在昔阳就遇到福建、宁夏等地和部队等不少单位。我国还有不少先进典型，如果每年都要组织人前往参观，一年就不知要花多少万元了。

此外，为了组织人参观，需要动用多少交通工具，多少住房，多少服

务人员？如果将这些交通工具、住房、服务人员用于建设事业或旅游业，又将增加多少收入？这一进一出的帐，不能不算。”

这位读者进一步说道：“我不是一概反对组织参观学习，但参观的人数要尽量精简，要让真正能解决问题的同志去。就我所知，仅张掖地区这几年到大寨参观的人，农村中几乎遍及生产队长以上的干部，有的还去过几次。效果如何呢？不能说没有，但属于游逛性质者有之；参观回来后汇报一下，交差了事者有之；有的只学大寨的具体做法而把经验学歪了，收自留地就是突出一例。这样的参观劳民伤财，要不得！”

史福荣的来信所反映的是一个老问题了。早在1967年年初，陈永贵就曾向周恩来反映过，到大寨参观的人太多，影响了大寨的正常生产和生活。周恩来也答复说，你也想点办法，我也想点办法，把人数控制一下。但在当时的局面下，全国形势都很乱，大寨也不可能安稳了。后来在农业学大寨运动中，上级总是再三强调学大寨“不走样”，实际上等于动员人们多去大寨参观“取经”。如今，在全党、全国人民开始拨乱反正的新形势下，《人民日报》通过一封读者来信又把这个问题提了出来，不能不使人感到另有含义。而且来信还将去大寨参观说成是“劳民伤财”，其措辞不谓不重。

史福荣的信见报后，《人民日报》编辑部不断收到读者的来信。全国农业展览馆的赵廷俊在信中说：“我是一个搞农业展览的工作人员，向你们反映一个情况。现在不但存在参观成风现象，而且存在办展览成风现象。”

赵廷俊在信中说：1977年至1978年全国农业展览馆举办的第三届农业学大寨展览，两个馆共展出30个典型，每个典型由省里花钱，少则5万元，多则7万元左右，共花费200多万元。制作一台大寨模型就用了两万三千元。每个展出典型和项目都要印发小册子一到二万份，有的要三万份。有个展出县印发两万份，花了两万二千元。有的小册子直到农展馆已经停展才运到北京，只好堆放起来。十个馆共展出150个典型，97个项目，用的钱和纸张是多少，细心的读者可算而知。我馆大多数干部和群众反映，用了这么多钱和物，要多少工人和农民的辛勤劳动啊！效果又怎样呢？据统计，去年一年全馆共接待观众六十二万七千人，除接待了各省市区农业战线代表三千多人之外，绝大部分都是北京市的观众。因为馆大，展品多，参观半天看不完。他们说：看这个展览，要跑马看花。有的反映：典型重复，内容相似，标语口号多，具体经验少，内行看不到门道，外行看不到热闹。

显而易见，赵廷俊的来信比较史福荣对于农业学大寨运动的批评又进了一步。如果说，各地去大寨、昔阳参观大多还属于自发行为或者是由基层单位组织的话，那么，第三次全国农业学大寨展览则是由高层领导决策的；如果说，批评各地去大寨、昔阳参观是劳民伤财还只是对学大寨运动形式的批评，那么，批评学大寨展览“典型重复，内容相似，标语口号多，具体经验少，内行看不到门道，外行看不到热闹”，则已经涉及这场运动的内容了。这样的信以前不可能有人写，即使写了也没有报纸敢刊登，而如今，这封信却发表在中共中央机关报《人民日报》上。形势的变化应当说已经明白可见了。

4. 问题被揭了出来

如果说《人民日报》记者对李顺达的采访和史福荣等人的来信还只是提供了某种对农业学大寨运动不利的信息，那么接下来舆论对于全国第一个“大寨县”——昔阳的一些做法直接提出批评，则是向大寨模式发出的严峻挑战。

1979 年 3 月初，中共昔阳县委召开常委扩大会议和县委扩大会议，在

各方面的强大压力下，县委一位副书记在会上承认，昔阳县1973年虚报了粮食产量。他承认，那年全县粮食实际产量是1.48965亿公斤，但是，上报的数字却是2.19亿公斤，虚报了7000多万斤。他解释说，那一年大旱，春天抗旱播种，在庄稼生长过程中就估了产。没想到后来秋雨连绵，收获时败了兴。但是为了套原来已经讲出去的“没见过的大旱，没见过的大干，没见过的大丰收”，向上报的产量就不实事求是了。

1979年年底，山西省委对昔阳县委进行了人事调整。7月7日，《人民日报》在第一版刊登消息，披露了新华社记者张进兴等人从山西省统计局获悉的准确数字：昔阳县从1973年到1977年的5年间共虚报了2.72多亿斤粮食，比这5年的实际粮食产量多报了近24%。文章说：“党的十一届三中全会以后，前昔阳县委主要负责同志继续说假话，只向中央报告1973年虚报了7000多万斤，并由当时主持县委日常工作的副书记等人向各公社布置，按照县委决定的历年虚报数字，更改公社粮食产量账。”

第二天，《人民日报》又就此发表评论员文章《说假话者戒》，文章写道：

“昔阳县自1973年到1977年的五年间，共虚报粮食产量二亿七千多万斤。一个曾经名扬中外的县，在粮食总产量这个极其严肃、极其重要的问题上，说了五年假话，这是非常令人痛心的。

我们党历来强调忠诚老实，实事求是。说真话，办实事，历来反对言行不一，反对说假话、搞假汇报。多少年来，我们党以有这样一个优良的作风，博得全国人民的信任……昔阳县在粮食产量上弄虚作假，这个问题不是今天才提出来的。早几年就有人怀疑其中有假，而且昔阳县委个别领导开始也承认过，后来又矢口否认，还迫使别人改口赖账。为什么同说假话的行为作斗争，竟是这样的困难呢？原因也很清楚，有少数领导人依仗权势，竭力维护谎言。你要敢讲真话，那就给你扣上‘反大寨’、‘砍红旗’的帽子。这种政治迫害是封建专制的产物。它掩盖了事情的真相，才使谎言不得拆穿，假话横行无忌。

昔阳粮食产量年年大幅度增长的谎言，终于揭开了。这是不幸中之大幸。脓疮与其让它长在身上，危害人体的健康，不如把它戳破了好。这里有一条经验，如果不对造假话的主要责任者加以更换，要他们承认错误讲

▶ 陈永贵亲自指挥规划“西水东调”工程

出真话是不容易的。昔阳县委正是在更换了主要领导人、端正了思想路线、学习和贯彻《准则》的过程中，才把说了五年的谎话纠正过来的。纠正比不纠正好，所以说这还是一件好事。

昔阳县虚报粮食产量，责任主要是前县委的主要领导人，昔阳的广大人民群众是好的，他们是说假话的受害者。原县委的个别领导人弄虚作假，不仅欺骗了党，欺骗了全国人民，同样欺骗了昔阳的人民群众。”

1980 年 6 月 15 日，《人民日报》在第一版发表了题为《昔阳“西水东调”工程缓建》的长篇报道，同时配发了社论《再也不要干“西水东调”式的蠢事了》。

所谓“西水东调”工程，就是从昔阳县境西边，把西向流入黄河水系的潇河水，通过一系列工程措施，在昔阳与寿阳交界处，东调向海河水系。这样，可流经昔阳的 5 个公社，发展 74200 亩水地，改善 15800 亩灌溉面积，共计 9 万亩地。据说将潇河的“西水”，“东调”入昔阳的设想，有人在 60 年代就勘察、设计过，但由于工程量相当大，耗资也相当多，谁也不敢轻易拍板。为什么不敢轻易拍板，估计就是因为拿不出这么多钱来

吧。因为这笔钱昔阳县自己肯定掏不起，国家有这么多钱搞这项工程吗？至少当时不可能有。但到了70年代中期情况就完全不同了，昔阳县成了全国第一个“大寨县”，各方面对它就都开起了绿灯。

《人民日报》的社论指出：“山西省昔阳县‘西水东调’工程，搞了四、五年，投工近五百万个，耗资达几千万元，最近终于下马了。这是农田水利建设工程中的一个极为沉痛的教训，很值得我们深思。”

《人民日报》的社论由昔阳县的西水东调工程引发出一个带普遍性的问题：发展农业究竟靠什么？社论指出：“多少年来，我们搞农业，一靠运动，二靠‘大干’。现在看得很清楚，没完没了的政治运动，极大地伤害了广大农民和农村基层干部的积极性，结果是‘你整我，我整你，整来整去，大都挨过整；你上台，我下台，台上台下，大都下过台’。这种蠢事，我们不能再干了。至于‘大干’，作为一种革命精神，当然很可贵，很需要发扬，不仅现在需要发扬，将来也需要发扬；问题是‘大干’干什么？近十几年来，在农业战线的所谓大干，就是‘大搞农田基本建设’，‘大搞人造小平原’，‘大搞水利’，‘大搞围湖造田’等等。这些工程里边，当然有很多是搞得对，搞得好的。所谓搞得对，搞得好，就是说这些工程是切合实际，投资少的。但是，其中也确有很大一部分工程，是搞得很不好，甚至根本不该搞的。昔阳县的‘西水东调’工程，就是其中的一例。这种工程，耗资巨大，劳民伤财，得益很少，甚至根本就是无效劳动、无效投资。如果我们把农业生产的发展寄托在这种‘大干’上，我国的农业是永远没有指望的。”

社论还对十几年农业学大寨运动的一些蛮干行为提出批评。社论说：“我国幅员辽阔，地形、气候、土壤、植被、水利等自然条件千差万别，各不相同。从这个实际情况出发，发展农业生产应该鼓励各个地区因地制宜，发挥自己的优势，做到农林牧副渔五业并举。搞农业基本建设，也应该从各个地区的特点出发，扬长避短，把人力、物力、财力用在最能发挥效益的地方。可是，在过去很长的一段时间里，由于不问土质、地势、生产习惯、技术条件等具体情况，统统强调抓粮食，弄得宜林不林，宜牧不牧，宜果不果，宜渔不渔，不但不能扬其所长，反而强人所难，趋其所短，结果是‘以粮为纲，全面砍光’。这种‘一刀切’的错误方针，表现在农业基本建设上，突出的就是到处硬搞整齐划一的‘旱地改水田’，硬搞‘人造平原’、‘水平田’、‘海绵田’，硬搞‘连成片，一条线’的园林化。大量的人力，大捆大捆的人民币，耗费在收益很小的黄土大搬家上，甚至不但没有收益，反而破坏了生态平衡，贻害了子孙后代。”

《人民日报》社论最严厉的部分，是对“西水东调”工程随意性的决策方式和封建家长式统治的批评。社论说：“昔阳‘西水东调’工程弊端丛生，工程技术人员意见很大，为什么能够说干就干，并且一搞就是几年，直到粉碎‘四人帮’三年以后才停下来呢？这里，另一个很重要的教训就是某些领导同志的封建家长式统治。我们有些做领导工作的同志，官做大了，自己不懂科学，不懂技术，又不听取专家的意见，偏要号令一切，指挥一切，甚至用个人的喜愿来左右一切。而上上下下，又有那样一些同志捧着他，护着他。明明他的主张荒谬，却要连声称赞，执行不误。于是，设计改来改去，坝址忽上忽下；真理被谬误取代，科学为献媚遮蔽。你要坚持不同意见，那就是‘立场问题’、‘态度问题’，甚至是‘搞阴谋出难题’。不幸，这样的事情，前些年在我们国家还是不少的。”

社论进一步剖析了封建家长式统治的危害：“家长式统治是一种封建

▸ 汪东兴视察“西水东调”工程

思想。我国经历了漫长的封建社会的历史，虽然封建制度早就打倒了，但是封建传统根深蒂固，封建思想依然存在，它对我们的党造成的危害很深，对社会主义事业带来的损失很大。在我们党的生活中，仍有很多带有封建色彩的东西。它反映在我们的政治生活中，也反映在我们的经济建设上。我们要把反对封建思想作为思想战线上的一项重要任务。什么时候我们真正吸取了教训，不再搞容不得不同意见的‘一言堂’，不再搞违反客观规律的瞎指挥，也就再也不会干‘西水东调’这类蠢事了，我们的事业就会办得好得多。”

《人民日报》的社论坚持摆事实、讲道理，有理有据。既指出了昔阳县“西水东调”工程违反科学、劳民伤财的严重错误，又从这个典型事例中剖析了影响当时我国经济建设的一些带有普遍性的错误倾向。特别是社论提出的尊重科学、反对封建家长式瞎指挥的问题，切中时弊，针对性强，在全国引起了强烈反响。

5. 陈永贵淡出政坛

1979 年年底，中共昔阳县委进行人事调整，陈永贵不再兼任昔阳县委书记。这一人事调整是由十一届三中全会以来全国的发展形势决定了的，也是昔阳县开展真理标准问题大讨论“补课”的必然结果。1980 年 5 月，中共晋中地委进行人事调整。在这次调整中，陈永贵的中共晋中地委书记职务被调整下来。1980 年 8 月全国人大五届三次会议在北京召开，陈永贵请求解除他国务院副总理的职务，大会接受了他的请求。

陈永贵被解除副总理职务后，邓小平与他谈了一次话。据孔令贤所著

《大寨》一书披露，邓小平对他说：“永贵同志，你不是‘四人帮’的人，中央是清楚的。”后来有记者写内参反映山西舆论说陈永贵有这样那样的问题，邓小平讲了两条意见：第一，起码陈永贵不是“四人帮”的人；第二，大寨卖粮是真的。

从领导岗位上退下来之后，陈永贵对于大寨和他本人过去的事情进行了认真的反思。他曾对来京看望他的大寨干部说：“我那几年算是吃够亏了。上面提出九十九，我就能干出一百一。”他还说：“咱们过去提倡自力更生、艰苦奋斗没错，可是一些具体做法值得考虑。尤其一些分配办法和打疲劳战，统得太死，对外面一些地方是不适应，这点要逐步认识。我常常看不惯机关的八小时、礼拜天，不想这还是巴黎公社革命以后工人和资本家作斗争才争下的自由。唉，我老了，以后你们做工作，就要取长补短，我的长处，你们发扬，我的短处，你们可不要再犯！”

1981 年，中央对山西省委关于农业学大寨运动中经验教训的检查报告作出批语，陈永贵很重视中央的这个批语，他自己说：“我看了好几遍，比较能够接受下去。对于学大寨出现的问题，中央承担了责任，我也有责任，是我的责任，我也不向上推。”

陈永贵尽管不再担任副总理了，但中央对他还是照顾的，生活上仍保持着原有的待遇不变，他的住所仍然按副总理待遇继续留在交道口的那处大院子里。但陈永贵是个生活上严格要求自己的人，他对国务院机关事务管理局的负责人说：“不当副总理了，还住什么交道口？能上能下嘛！”他多次提出要搬出交道口，撤去警卫。当时国管局领导没有答应他搬出，但答应把那个院子让出一半。陈永贵还是不同意，说这样还有点特殊。国管局又为他在禄米仓找了一处房子，陈永贵看后直摇头，说这处院子和交道口的差不多一样大，与他现在的平民身份不相称。后来，中央决定让他住复外 22 号高干楼，按部长级待遇，陈永贵这才同意。

陈永贵任职期间有两辆汽车，红旗轿车为他使用，另一辆为生活用车。解职之后，他退了红旗轿车，说耗油太多。解职后不长时间，他就辞去了炊事员，自己和老伴动手炒菜做饭，他说自己想吃什么也方便些。

在任期间，陈永贵一直保持着农民身份。解职后他才开始领上工资，

工资标准是每月 200 元。当时物价已经开始上涨，他家人口多，负担重，这点钱过日子也是满紧张的。在这方面陈永贵倒是很达观，他总是要求家里人，还是本着给多少、领多少、吃多少的方针吧，不要随便向上伸手。

关于陈永贵在北京城度过的这段平民生活，不少人在文章和书籍中都讲到过。中央电视台播音员赵忠祥在他的《岁月随想》一书中写道：

“我家离他住处很近，他上街散步，我有事出门，偶然对面碰上。我太熟悉他了，但他根本没注意我，他目不斜视地走在柏油路旁的石板人行道上。给我的感觉，他瘦了，而且老了，已不复有当年在大寨时我见到的那种虎虎有生气的形象了。然而，他还是他。在北京的街头，他是一位普通的漫步街头的老乡，因为，他还穿着对襟的布衣，穿着一双布鞋。这非常短暂的路遇，给我留下十分深刻的印象。”

作为一个忙忙碌碌大半生的人，陈永贵过着清闲日子反倒不舒服。他向中央要求做一点具体的工作。中央有关领导表示支持，还征求了他的意见，问他是否就在中央当个顾问。他不愿意。后来，有关部门就安排他到北京东郊农场当了个顾问。其实这也是一个闲差事，但陈永贵挺满意，还真的到那里去上过班，参加过党组织的生活会。但时间不长，医生从他的身体内查出了癌细胞。于是，他住进了医院。

陈永贵住院期间，不少原来的同事、同乡、朋友都去看过他。这其中就包括原山西省委第一书记陶鲁笳。陶回忆说：

“他在北京医院住院期间，我曾先后两次去探视过他。每次他总是说：‘我在工作中有严重的“左”的错误。但有人说，我是“四人帮”的人，大寨是“四人帮”的黑样板，我是绝对不能接受的。’‘我自己的错误向中央作过检讨。小平同志也对我说过，你有错误，但和“四人帮”无关，你不是“四人帮”的人。有了小平同志的这句话，我死也就可瞑目了！’”

1986 年 3 月 25 日 20 时 35 分，陈永贵病逝于北京。随后，新华社向外界公布了陈永贵病逝的消息。在那篇消息中，对陈永贵作出了最后的评价：

“陈永贵同志曾经是全国著名农业劳动模范，多次受到县、地区和省的奖励。新中国成立初期，他坚决听党的话，带头组织互助合作社，为改变山区贫困面貌，他积极带领干部、群众发扬自力更生、艰苦创业精神，为促进山西农业生产建设，贡献了自己毕生的力量。他这种敢于战天斗地的精神，曾经受到党中央和毛泽东主席、周恩来总理的高度赞扬和表彰。陈永贵同志衷心拥护党的十一届三中全会以来的路线、方针和政策，诚恳地总结了过去工作中的经验教训。1983 年，陈永贵同志被分配到北京东郊农场任顾问，他愉快地听从党中央的安排。几年来，他注意联系群众，关心农场的发展，得到农场干部、工人的好评。在日常生活中，他始终严格要求自己，保持了中国农民固有的勤劳、朴实、节俭的传统美德。”

新华社的这段文字，成为对陈永贵的权威性“盖棺定论”。以后在正式场合，人们都是采用这样的口径来评价陈永贵，包括大寨村在虎头山上为陈永贵立的碑，碑文也大体上采用了这段文字。

6. 昔阳新局面

1979 年 8 月以后，中共昔阳县委常委连续召开常委和公社党委书记、革委会主任和县级机关科局长以上的干部会议，联系学大寨运动的实际，开展真理标准问题的讨论。这是在昔阳县进行的一场马克思主义的思想解放运动。大家通过讨论，端正思想路线，解决了落实农村经济政策中的九个问题。

在这场大讨论中，大家运用实践是检验真理的唯一标准这个马列主义的基本原则，对全县十多年来开展学大寨运动中的极“左”错误，进行了回顾和检查。许多人一针见血地指出，在相当一个时期，为什么我们贯彻三中全会精神不那么得力？为什么落实中央关于发展农业的两个文件不那么彻底？为什么对开展真理标准的讨论不那么认真？就是县委常委本身思想不解放，心中有顾虑。县委领导深切地感到，过去把大寨抬到了不适当

的地位，把大寨的具体经验当成不可逾越的“本本”，干了许多蠢事。当前，昔阳面临着“问题不揭不得了”这样一个状况。现在开展真理标准问题的讨论，就要把矛盾揭透，把问题说够，端正思想路线，卸掉思想包袱，发扬成绩，修正错误，振奋精神，努力工作，尽快把全县广大干部和群众的思想统一到党的三中全会和五届人大二次会议精神上来，全力以赴地贯彻落实党中央关于发展农业的两个文件。

通过这段讨论，昔阳县委解决了以下九个问题：

一是关于落实自留地政策的问题。1979 年春天，昔阳县委在落实自留地政策时，总认为集体代种比社员自种好。结果，全县社员户自种自留地的只占总户数的百分之十。大家说，现在县委要解决自留地下放是不是“右了”、“倒退了”的糊涂认识。自留地收归集体代种的做法，是在林彪、“四人帮”掀起的“割资本主义尾巴”的极“左”浪潮中产生的。现在我们来个拨“左”归正，正是一件顺乎民心，合乎民意的事情，根本不是什么“右了”、“倒退了”。通过讨论，县委也明确了自留地实行自种，并不是资本主义尾巴，而是社会主义经济的补充。县委决定打破今年春天定的那些条条框框，秋收以后，全县的自留地全部下放，并且要创造条件，鼓励和支持社员群众种好自留地。

二是关于劳动管理问题。实行大寨的“一心为公劳动，自报公议工分”的办法好，还是实行定额记分好？昔阳一些社队在过去早已有过争论，而且有的大队一直在实行定额记分的办法。但是他们怕戴“反大寨”的帽子，对外说是实行大寨的劳动管理。县委不实事求是，搞“一刀切”，让全县各社队一律推广大寨的一套评工记分法，实际上导致有些大队的干部说假话。这种情况，县委的一些领导人并不是不知道，但他们认为昔阳特殊，再搞定额管理是后退。在讨论会上，县委常委们和大家一起摆了大量事实，对各种劳动管理办法作了认真比较，相比之下，大家感到，还是定额管理好：一是社员容易接受，有利于调动大家的积极性；二是队干部便于管理。1979 年有些大队恢复了定额管理以后，节省了劳力，提高了效率，农活比往年赶前了，也不像以前紧张了。大家说，我们要想贯彻好中央的两个农业文件，必须破除“昔阳条件特殊”的错误认识，向全县公开宣布：只要有利于集体经济的巩固和发展，只要有利于调动广大社员群众的社会主义积极性，各社队可根据本地的实际情况，需要采用哪一种管理办法就采用哪一种办法。考虑到大寨人可能一时难以接受，县委也允许他们再观望一段时间。会议决定，大寨的劳动管理办法，宜搞则搞，不宜搞则罢，全县要积极采用定额管理，也可以实行包工到作业组、联系产量计算报酬的办法。大寨党支部则表示，大寨也要实行定额管理。

三是关于集市贸易问题。在真理标准的讨论会上，县委的人们说，过去咱们怕这怕那，始终不敢开放集市贸易。其实，县委不开，群众就自动开。1979 年春天，县城附近一些大队的社员陆续进城卖菜，城里的职工都愿意买社员们出售的新鲜蔬菜。实践证明，开放集市贸易，社员欢喜，职工满意，既搞活了市场的供应，也增加了农民的收入。县委的一些领导人深切感到，过去卡集市贸易的做法，既违背客观经济规律，也违背群众的意愿，如果这样继续搞下去，就会更加脱离群众。当年 7 月，全县已经开放了集市贸易，“八一”组织了一次规模空前的物资交流大会，人们高兴地说：“咱昔阳的经济也活啦！”

四是关于社队工副业问题。过去，昔阳全县曾经批判过“集体经济内部的资本主义”，各社队的工副业生产因此而受到严重影响，社员的家庭副业也基本上被限制死了。在昔阳，还有一个不成条文的规定，就是干什么工作也不能超过大寨。城关公社有一些大队在发展工副业方面，本来具备较好的物质条件和技术能力，但就因为怕“压”了大寨，始终不敢放开手脚去发展。大家说，过去咱们只能说“学大寨”、“赶大寨”，不敢说“超大寨”，以为这样就是“爱”大寨，殊不知这正是害大寨。正如世界上任何东西都不是十全十美的一样，任何先进典型都不会是完美无缺的，大寨也是这样。过去我们学大寨的艰苦创业精神，今天在建设四化的过程中仍然要发挥这种精神，大寨的科学种田和其他一些经验，我们也应该根据自己的实际情况去学习。可是，就昔阳的范围来说，大寨在林牧业方面就不如白羊峪大队搞得好，我们为什么不可以向白羊峪学习发展林牧业的经验呢？大寨在发展队办企业方面就不如李家庄公社搞得好，我们为什么不可以向李家庄公社学习发展社队企业的好经验呢？过去有的社队偷偷到阳泉市搞副业，他们为了不挨

批判，借的是寿阳县一些社队的户头，不敢说自己是昔阳人。许多人说，回想起往年干的那些事来，真蠢呀！“光种玉茭（玉米），甚也不要”，这实际上是一种“自杀政策”，如果再这样搞下去，社队集体经济非垮了不可。县委决定，今后要大力发展社队的工副业生产。

五是关于自留树问题。前些年，昔阳县怕农民成了“暴发户”，“掉进资本主义泥坑”，把社员房前屋后栽种的树一律收归集体所有。1978 年以来，社员们纷纷要求县里归还他们的自留树。当时由于县委没有摆脱极“左”的框框，名义上宣布下放，但具体做起来却不放手。现在，县委坚决按党的政策办事，全部归还了社员的自留树。

六是关于新农村建设的问题。那些年来，昔阳县的各个大队都集体盖了一些房子，不少社员迁入居住，这是一件好事。可是有些大队在修建新农村的时候，拆了社员的一部分旧房；对拆了社员的旧房作价偏低，有的甚至就没有作价，而社员住新房仍要出一些房费，群众意见很大。有些大队的集体经济本来就不厚实，也要拼命盖新房，好像不这样就不是学大寨，结果违犯了政策，社员的旧房不管户主愿意不愿意都拆。修建新农村，还有形式主义的毛病。新农村盖成排房，一没地方养鸡，二没地方喂猪，不如过去住的四合院适用。这实际上是对农民的生活资料的一种剥夺，群众有怨言，许多基层干部有意见，但是不敢向上讲，怕被说成是“破坏学大寨运动”。现在县委已经作出决定：凡是被拆掉的社员的住房，没作价的要重新作价，作价不合理的，要重新调整，一定要让群众满意。

七是关于分配问题。这些年昔阳在分配问题上存在着严重的平均主义。这主要表现在两个方面：一是在口粮分配上搞“自报公议”。名义上是“自报公议”，实际上是只报不议，这样就不适当地扩大了按人分配的部分，缩小了按劳分配的部分，带来了“干多干少一个样”，不符合按劳分配，多劳多得的原则，挫伤群众的劳动积极性。二是按人均分配的实物过多，甚至把本来不应该按人头分配的东西，也不管大人或是小孩、劳动的还是不劳动的，一律实行“大锅饭”。另外，其他大队不管生产搞得怎么好，在实物和现金分配上一律不得超过大寨的水平，这样就使许多大队多劳不多分。大家认为，口粮分配的“自报公议”，应该予以否定。分配水平不能超过大寨的做法，更是错误的。县委决定，今年秋收分配，全县不再搞“自报公议”那一套了，要认真纠正平均主义倾向，坚决贯彻社会主义分配原则。县委还宣布，各社队在分配上要从实际出发，可以超过大寨，真正超过大寨是大好事。

八是兴办集体福利事业方面存在的问题。过去，昔阳总爱讲“扩大共产主义因素”，但是由于林彪、“四人帮”极“左”路线的干扰破坏，往往把平均主义当做共产主义的因素去提倡。在兴办集体福利上，不适当地实行了“几不要”。县委要求各社队整顿集体福利事业，一定要从本大队的实际出发，不要搞“大包干”那一套，杜绝平均主义。

九是关于干部补贴工的问题。昔阳干部参加集体生产劳动是有光荣传统的，但在近些年来，要求社队干部参加集体生产劳动每年要达到三百天，并号召尽量不要补贴工，全年工分不要超过同等劳力。这样做的结果，有些人本来劳动不多也记三百天工，有些人劳动多也不能多记工。县委决定，过去的错误做法，要一律废止，坚决按《六十条》办，干部实行定工劳动，定额增产奖励。

通过讨论，原先还有一些人顾虑执行现阶段的政策是“砍旗”。现在认识到，不管是大寨的经验，还是什么本本也好，都得用实践来检验。今后要坚决按中央的方针、政策办。

昔阳县委开展的这场真理标准问题的讨论虽然较全国来说，进行的晚了一些，但其效果却是明显的。它标志着由陈永贵一人控制昔阳局面的结束，昔阳县的工作从此一步步走入正轨。

7. 尘埃落定

1979年11月，中共山西省晋中地委召开常委扩大会议。在这次常委扩大会议上，与会者认真学习叶剑英在国庆30周年大会上的重要讲话，用实践是检验真理的唯一标准这一思想武器，总结前几年在领导农业学大寨运动中的经验教训，澄清了许多思想问题。在三个方面的问题上提高了认识，并总结了四条主要教训。

这三个方面的问题分别是：第一，把大寨这个农业生产战线上的先进典型神化为“无产阶级专政下继续革命的光辉典范”和“全面专政”的典型，从而扩大了农村的阶级斗争；第二，在指导思想上没有坚持实事求是的原则，犯了主观唯心主义和形而上学的错误；第三，把农业学大寨同贯彻党的农村经济政策对立起来，妨碍了党的农村经济政策的落实。

晋中地委常委扩大会议总结农业学大寨运动的四条主要教训是：第一，在任何时候、任何情况下，都必须坚持理论与实践相统一，实事求是，一切从实际出发的辩证唯物主义的思想路线；第二，巩固社会主义集体经济的根本任务是发展生产、提高劳动生产效率，不断满足广大农民的物质和文化生活需要；第三，发展社会主义农业生产，必须关心农民的物质利益，尊重人民的民主权利，保持党在农村各项政策的严肃性和稳定性；第四，任何先进典型，都是在党的领导下培养成长起来的，对先进典型必须始终加强党的领导。

10月23日，中共山西省委第二书记罗贵波在全省宣传工作会议上发表讲话，指出在山西省，极“左”路线的流毒和影响是严重的，必须继续批判极“左”路线，肃清其流毒和影响。这是山西省当前思想战线的一项重要任务。

罗贵波列举了极“左”路线的流毒和影响的四个突出表现，其中前三项都是关于学大寨运动的。（一）在学大寨运动中，各条战线、各个方面都推行了一套极“左”的东西，危害很深，流毒很广。（二）在清查问题上，有些地方和单位，把反大寨作为清查内容；有些地方和单位，由于派性的干扰，不按中央关于清查“四人帮”运动的有关政策和规定进行清查，而是自行规定清查标准，无限上纲，混淆两类不同性质的矛盾，致使运动出现了一些偏差，至今还没有完全纠正。在十年浩劫中，林彪、“四人帮”制造的冤、假、错案，至今还有一些没有平反昭雪。（三）1978年全国开展真理标准问题的讨论时，山西没有及时组织讨论；1979年也没有很好地抓真理标准问题的补课，严重影响广大干部和群众思想的解放，影响对党的三中全会精神的贯彻执行。

该是对农业学大寨运动作出正式结论的时候了。1981年初，中共山西省委向党中央作出关于农业学大寨运动中经验教训的检查报告。报告说，大寨、昔阳的经验中“左”的东西表现在政治、经济、思想、组织、作风等各个方面，但最集中的是所谓“三条根本经验”，即“大批资本主义、大批修正主义、大干社会主义”，简称“大批促大干”。这三条根本经验，归结到一点，就是所谓坚持无产阶级专政下的继续革命。从大寨、昔阳十年的实践来看，这个“继续革命”的内容就是：

第一，不断地人为地制造“阶级斗争”，形成阶级斗争扩大化。大寨的代表人物说：他们的脾气“就是爱斗，七斗八斗不停休”，“斗一步进十步，步步斗，进一路”。他们混淆敌我，把各级党政领导同志当做“反革命修正主义分子”，把许多干部和群众当做“敌人”，进行无情的打击和残酷的斗争，对社员群众的一些生活小事也要进行批判。这样乱批乱斗的后果是严重的。

第二，不断地变革生产关系，搞“穷过渡”。农业合作化以来的实践证明，一切脱离生产力发展水平，盲目进行生产关系变革的做法，归根到底都只能阻碍和破坏生产力的发展。

第三，不断地“割资本主义尾巴”、“堵资本主义的路”。实际上割掉的不是“资本主义尾巴”，而是集体经济的必要补充，堵的也不是“资本主义的路”，而是发展社会主义经济的路、使农民由穷变富的路。

第四，不断鼓吹平均主义，破坏按劳分配。

山西省委在检查报告中总结了在指导农业学大寨运动中的主要错误。包括提出不但要学大寨的根本经验，还要学大寨的一整套具体经验；要求各行各业都要学大寨；将农业学大寨运动和各种政治运动混在一起，整了许多人；为了推广大寨经验，省委陆续从昔阳调出一批干部，到一些地、县和省直一些单位担任领导职务；在一段时期内，省委同大寨、昔阳之间离开了正常的上下级关系，把大寨和昔阳看成特殊的地方和单位。

山西省委在总结中指出，全省农业学大寨运动中发生的“左”的错误，责任在省委，各级党组织和广大干部是没有责任的。在总结农业学大寨经验教训时，绝不能层层追究责任。

中共中央批发了山西省委的这个检查报告，并作了重要批语。中央在批语中指出：“文化大革命”以来，在山西省内推行大寨的错误以及由此造成的严重后果，山西省委已经承担了责任，就全国范围来说，主要责任，在当时的党中央。全国各地学大寨的农业先进典型绝大多数在生产上、建设上都是有成绩的，有贡献的。同样，大寨和昔阳县的绝大多数干部和群众，在农业战线上也作出过贡献，大寨工作中的错误，是违背大寨社员群众的意愿的。“文化大革命”前，大寨的确是农业战线上的先进典型。周恩来同志所总结的大寨基本经验以及这些经验的推广，也曾经起过积极作用。“文化大革命”以来，大寨成为执行“左”倾路线的典型，学大寨运动造成了严重后果。中央希望大寨和昔阳县的干部和群众认真总结经验教训，恢复过去自力更生、艰苦奋斗的好作风，好传统，结合自己的实际，切实贯彻执行党三中全会以来的各项政策，为社会主义建设作出新的贡献。

中央的批语强调指出，表扬先进人物和先进典型，一向是我们党推进各项工作的有效方法之一。但是，必须坚持辩证唯物主义的思想路线，实事求是地把任何先进典型都看做是群众集体智慧和辛勤劳动的产物。历史已经证明，人为地树立先进典型，最终没有不失败的。先进典型同其他事物一样，是不断发展和变化的。对先进典型我们要从政治上、思想上给予正确指导，但是当它们的主观和客观条件发生了重大的变化的时候，就不应当人为地去“保”，更不允许滥用职权，动用国家财力、人力去支撑所谓“先进典型”的门面，甚至弄虚作假，欺骗上级，欺骗舆论。那种把先进典型的经验模式化、绝对化、永恒化的做法是错误的，有害的。宣传和介绍先进典型，一定要说真话，不要说假话。那种只让人看几个事先安排好的点，只提甚至夸大先进一面，隐瞒落后一面的做法是很错误的。这类误人害己的事，已经很多，今后务必要引为鉴戒。我国农村地域辽阔，各地自然条件、生产情况和耕作习惯千差万别，农村经济水平也很不相同。各个地区，各个方面的工作都要发现、培养各种各样的先进典型。在推广先进经验的时候，必须分析它是在什么情况下产生的，适合于哪些条件，哪些是带有普遍性的东西，哪些是不带普遍性的具体做法，绝对不能生搬硬套，强迫命令，重犯过去农业学大寨运动中的错误，不分东南西北，不分自然条件和耕作习惯，用大寨这样一个典型的经验硬性指导农村所有地区和不同行业的各项工作。

中共中央在批语中还指出，任何先进技术或经营管理经验，都必须同当地农民的经济利益联系起来，重视经济效果，在农民自愿接受的基础上，经过试验逐步推广。切不可用一阵风的运动方式一哄而起，更不得乱扣政治帽子，采取行政压制等手段。例如，农业基本建设还是要搞的，但是必须量力而行，坚持自愿互利的原则，讲求实际效果，不搞形式主义。今后各级领导机关和干部，凡未经群众同意，采取强制手段，搞瞎指挥，造成重大经济损失者，农民有权要求司法机关根据法律判处有关负责者给予一定的赔偿。

中央的批语最后说，表扬和宣传在创造先进经验方面作出贡献的先进人物，从中发现、培养干部，也是我党推进工作的有效方法之一。“文化大革命”期间，林彪、“四人帮”打击劳动模范的做法，已经得到纠正。但是，一成为劳动模范，就一定要当从下到上的各级党政机关或群众团体的领导职务，事实证明，这不仅会使一些劳动模范自己骄傲自满、脱离群

众，而且会使他们陷入自己的能力和精力无法应付的会议、报告和各种政治活动中去，无法再起劳动模范的作用。这种做法，害了一批劳动模范，也给党的工作带来不应有的损失。今后我们还应当而且需要从劳动模范中选拔优秀的干部，同时也要负责地对他们进行培养和教育。

历时15年的农业学大寨运动至此尘埃落定。

尾声

春风又绿虎头山

在改革开放的大潮下，大寨曾一度落在后面。从20世纪80年代中期开始，大寨也落实了农业生产家庭联产承包责任制，使生产面貌发生了巨大变化。从此，大寨人在向全国学习的口号下，开始了二次创业。

1981年，全国到处都在实行大包干责任制。大寨党支部经过再三研究，也决定实行专业承包、联产计酬的责任制。但由于党支部的思想没有真正统一，也由于大寨固有模式的影响及人们的思想一时适应不了新的形势，产生了许多新的问题。1982年，大寨又走了段回头路，重新实行大队统一核算，统一分配。这一行动不可避免地引起人们思想的严重混乱，也引起昔阳县委和大寨乡党委的重视。这一年大寨的农业生产也严重滑坡，粮食总产量由上一年的80万公斤下降到65万公斤。于是，这年10月，昔阳县委派工作组进驻大寨。在县委工作组的反复劝说和细致工作下，大寨党支部“一班人”又重新统一了思想，重新走上了改革之路。

从1981年开始，经过曲曲折折的改革探索，大寨村终于走出了传统的计划经济农业模式，开始了自己的“二次创业”。大寨在村集体收入增长和固定资产总额增长的基础上，对农业生产的内部结构作了调整，下放了自留地，家庭副业从无到有，铁、木匠和豆腐坊重新开张；调整了农作物布局，增加了谷子和小麦的种植面积，减少了玉米播种面积；在粮食生产上以科技投入、提高单产为主要措施。大寨的产业结构变化最突出的表现在第一、第二、第三产业的比例上。改革开放前，工业收入只占全村总收入的15％，1989年工业收入占总收入的百分比已上升到82.5％。

通过近十年的改革，大寨的劳动力就业结构也发生了明显的变化，由原来的专一务农向兼业化发展。尽管农民的职业分化尚处在初级阶段，不那么明显与稳定，但是除个别没有壮劳力的农户外，绝大多数农户走向兼业化和收入来源多样化的道路。尤其是男劳力，几乎全部从事兼业生产，或亦工亦农，或林农兼顾。

对于大寨村民来说，生活的变化不仅表现在吃得好了，住得更宽敞了，而且生活也更自由了。过去大寨人的生活方式，在很长的时间里，生产与生活是融为一体的，谈不上对生活享受的主动追求，他们的时间大多被集体劳动和集体活动占据，由家庭和个人支配的时间极少，追求个人享受常常会遭到批评与批判。改革开放以来，他们能够自由支配的时间多了起来，不用天天“绑缚”在农业生产上。按原大寨党支部委员宋立英的话说：“还是现在更好，生产上自由了，生活上也自由了。”

大寨正在发生着历史性的变化，但与走在改革开放前列的一些村镇相比较，大寨的发展并不突出，与它在历史上曾有过的显赫地位相比较，更给人一种“今不如昔”的感觉。

大寨面对着发展社会主义市场经济的新形势，它有自己的优势，有自己的特点，它需要重新认识自己，重新为自己在社会发展中进行“定位”。

在这种情况下，人们又想到了郭凤莲。郭凤莲原是大寨“铁姑娘队”的队长，大寨村党支部副书记。陈永贵进京任职后，她接替陈永贵担任大

► 今日大寨住宅新区

寨大队党支部书记。在陈永贵被解除职务的同时，她的身份也发生了变化。1980年，32岁的郭凤莲卸去了大寨大队党支部书记等职务。两年之后，她被分配到位于榆次市北郊的晋中地区果树研究所任副所长。

1991年11月，郭凤莲又回到了大寨村，那一年她45岁。她此时的身份是：中共昔阳县委副书记、大寨乡党委副书记、大寨村党支部书记。这种一身在县、乡、村三级党组织中同时任职的情况，在如今不说绝无仅有，可以说也是十分罕见的。这至少从另一个方面说明上级领导对于大寨的关心与重视，说明上级领导对于郭凤莲的信任与重视。

郭凤莲上任不久，中国改革开放的总设计师邓小平视察广东深圳。邓小平在视察途中一再要求人们，改革开放胆子要再大点，步子要再快一点。东风吹来满眼春，邓小平的南方讲话极大地鼓舞了全党和全国人民，也极大地鼓舞了正在进行第二次创业的大寨人。

大寨正迅速赶上市场经济的大潮。改革开放后的十年间，大寨曾一度沉寂落后，当时村民人均年收入只有335元，大寨人深切感受到贫穷落后的滋味。在经历了“穷则思变”的思想变革后，大寨迈出了“二次创业”的坚实步伐，并结合自己的实际，精心打造大寨品牌，使大寨从政治品牌转向经济品牌。

大寨村办的8大集体企业、9大系列产品均冠以“大寨”牌。如“大寨”牌系列酒，大寨核桃露，大寨醋，大寨小杂粮，大寨羊毛衫，大寨衬衣，大寨水泥，大寨铝塑等，让世人重新认识大寨。郭凤莲还专门请来北京著名专业设计公司的设计师为大寨的品牌、发展进行策划，并将大寨品牌在国家工商局进行了注册。

如今大寨因其在社会主义市场经济中的突出成就再次成为人们关注的焦点。从1996年到2000年5年间，大寨村累计上交国家各种税收1280余万元，户均8万元，人均每年纳税5000元，成为昔阳县421个行政村的“纳税第一村”。2001年1至8月，全村实现税收285万元，比上一年同期增长48万元，同比增长25.8%。

依靠“名地”开发特色旅游，是大寨人精心打造大寨品牌的一个重要方面。大寨人富了之后，很快将目光瞄准了生态旅游开发上，先后投资

▶ 如今的虎头山已成为供人游览休闲的地方

1000 多万元绿化了虎头山，绿化面积达 1300 亩，森林覆盖率达 70%。

如今的虎头山万林葱郁，大寨人在虎头山上建起了森林公园，原来修建的梯田也有不少退耕还林。他们还在山上修建了大寨纪念馆、陈永贵墓、郭沫若诗魂碑等历史人文景观，每天都有许多人来此凭吊历史遗迹，接受传统教育，或旅游观光度假。

大寨优美的自然环境和浓厚的历史文化氛围，使大寨对于四面八方的来宾有了一种无形的、同时也是巨大的吸引力。近年来，到大寨来旅游、观光的人越来越多。每年 30 万游客给大寨带来 600 万元的毛收入。据统计，2001 年来大寨的游客日均 1500 余人，1 至 7 月份，旅游综合收入达 380 万元。旅游已成为大寨的支柱性产业，而且旅游还带动了宾馆、饭店和旅游纪念品等一系列相关行业的发展。如今，农业收入在大寨的经济收入中已居末位，全村 508 口人、100 余户农民，现在已没有单一从事种植、养殖的“纯农户”，80%以上的农民实现了向二、三产业的转移。2001 年，大寨人均纯收入超过 4000 元。

再版后记

《工业学大庆始末》和《农业学大寨始末》两本书，自2005年由湖北人民出版社出版以来，曾引起过业界和读者的热议。仅在新浪网读书频道，就有近百万的点击量。这个数字虽然不好与畅销文学作品比，但对于严谨的历史著作而言，也算是引人关注了。如今，仍不时有读者通过各种途径寻找这两本书。在这样的背景下，九州出版社提议再版本书，我自然乐意配合。

历史是现实的母版。读者喜欢《工业学大庆始末》和《农业学大寨始末》，实际上反映了人们渴望了解那段历史，并从中获得启迪的心情。作为两场群众运动，工业学大庆、农业学大寨已经与我们渐行渐远。但当年人们在运动中表现出来的英雄主义精神，如自力更生、艰苦奋斗、以国为怀、无私奉献等等，让今天的读者仍感热血澎湃；而当年在运动中出现的种种弊端，如形式主义、强迫命令、埋头蛮干、掠夺资源等等，即使在今天仍与我们不时邂逅相逢。从这样的角度看问题，《工业学大庆始末》和《农业学大寨始末》这两本书，不仅有自身的学术价值，也有一定的现实意义。

近年来，回顾工业学大庆、农业学大寨运动的话题时隐时现，我本人也参加过一些相关的写作与访谈活动。但从总体上讲，人们对这两场运动议论多，研究少，新披露的资料更少。受客观环境的限制，加以时间紧促，在本书再版的时候，作者只调整了书中的个别表述，未添加重要内容，亦未作大的修改。这是要向读者讲明白的。

宋连生

2011年5月

主要参考书目

文锦等著：《大寨红旗》，山西人民出版社 1974 年版。

丽泉等编著：《昔阳学大寨》，农业出版社 1975 年版。

《全国农业学大寨先进典型经验选编》，人民出版社 1975 年版。

《全党动员，大办农业，为普及大寨县而奋斗——全国农业学大寨会议文件和材料汇编》，人民出版社 1975 年版。

《普及大寨县》，北京人民出版社 1975 年版。

《人民文学》编辑部、人民文学出版社编：《怀念敬爱的周总理》，人民文学出版社 1977 年版。

中共中央文献研究室编：《三中全会以来重要文献选编》，人民出版社 1982 年版。

胡绳主编：《中国共产党的七十年》，中共党史出版社 1991 年版。

朱荣等主编：《当代中国的农业》，当代中国出版社 1992 年版。

薄一波著：《若干重大决策与事件的回顾》下卷，中共中央党校出版社 1993 年版。

陶鲁笳著：《一个省委书记回忆毛主席》，山西人民出版社 1993 年版。

秦怀录著：《扎白毛巾的副总理——陈永贵》，当代中国出版社 1993 年版。

孙启泰等著：《大寨红旗的升起与坠落》，河南人民出版社 1994 年版。

林蕴晖等著：《人民公社狂想曲》，河南人民出版社 1995 年版。

映泉著：《陈永贵传》，长江文艺出版社 1996 年版。

中共中央文献研究室编：《建国以来重要文献选编》第 15、16、17、18、19 册，中央文献出版社 1997、1998 年版。

徐勇著：《包产到户沉浮录》，珠海出版社 1998 年版。

谭成健著：《大寨——中国名村纪实》，中原农民出版社 1998 年版。

冯东书著：《“文盲宰相”陈永贵》，中国文联出版公司 1998 年版。

高化民著：《农业合作化运动始末》，中国青年出版社 1999 年版。

孔令贤著：《大寨》，山西经济出版社 2000 年版。

谢远学主编：《奠基》，东方出版社 2001 年版。